산업재산권의
일반이해

책미래

머리말

21세기 지식기반 사회에서 첨단과학기술은 국가 발전의 핵심요소이고, 국가 경쟁력의 핵심원천이다.

최근에 이르러 민법전에서 보호대상으로 하고 있는 이들 재산권 이외에 또 다른 재산적 가치가 있는 '인간의 지능적 창작'이라는 재화가 등장하여 보호를 요구하기에 이르렀는데, 그러한 창작물의 지배권을 '지식재산권' 또는 '무체재산권'이라 칭한다.

무체재산권(無體財産權)은 이처럼 인간의 지적 창작물에 대한 지배권을 말하지만, 그 창작물이 문화생활의 향상에 이용할 수 있는 것일 때에는 그 창작은 저작권(copy right)으로서, 산업발전에 이용할 수 있는 것일 때에는 산업재산권(industrial property right)으로서 각각 보호된다.

산업재산권은 다시 그 보호대상의 상이에 따라 발명에 대한 지배권인 특허권(patent right), 고안에 대한 지배권인 실용신안권(utility model right), 디자인에 대한 지배권인 디자인권(design right) 및 상표권으로 구분되며, 이들 네 종류의 개별권리를 포괄하여 말할 때 산업재산권이라는 총괄명칭이 사용된다.

특히 특허제도는 산업재산권을 구성하는 이상 네 가지 권리들의 객체 중 인간의 지능적 창작활동의 산물인 '발명(invention)'을 가장 효율적으로 보호·관리·규제함으로써 산업발전에 이바지하고자 하는 제도적 장치이다. 때문에 이 제도에는 산업발전적 측면에서 국가의 산업정책이 상당 수준 반영될 수밖에 없으며, 그러한 이유에서 특허제도의 운영방법은 국가별로 약간씩 상이하게 된다.

이제 이러한 산업재산권을 활용하지 못하는 나라는 국제사회에서 경쟁력을 확보할 수 없으며, 앞으로 우리나라가 국민소득 3만 달러 시대로 진입하기 위해서는 이러한 제도는 대중화를 통해 국민 모두의 생활 속에 정착되는 철학이 필요하다.

따라서 본서에서는 산업재산권 분야에 처음 접하시는 일반인과 수험생들이 쉽게 이해할 수 있도록 필자가 그동안 10여 년간 특허청 심사, 심판업무 등에 종사하면서 익힌 실무와 특허연수원, 각 대학의 강의 등을 하면서 얻은 실무경험을 토대로, 제1편에서는 급변하는 국제화시대에 지식재산권(산업재산권, 저작권)의 중요성과 이와 관련된 국제규정 등에 대하여 언급하였고, 제2편에서는 산업재산권을 분야별로 중점 사항에 대하여 설명함과 동시에 구체적인 실 사례와 판례 등을 예시하였으며, 특히 각종시험을 대비하는 초보자에게도 쉽게 이해할 수 있도록 각주에 세심한 설명을 심도 있게 제시하였고, 제3편에서는 뉴라운드 시대의 지식재산 보호정책을 다루었다.

2014년 본서 개정에서는 특히 한미 FTA와 한EU FTA 협정을 이행하기 위해 지식재산권법이 일부 개정된 법개정내용 등은 물론, 기존의 부족한 부분을 보충하였다. 그러나 이 분야가 너무 광범위하기 때문에 아직도 미흡한 부분이 많이 있으리라 생각된다.

아무쪼록 본서가 산업재산권에 관하여 관심을 가지고 연구하시는 분과 관련업계 종사자 그리고 각 대학교 교양과목 등으로 애독되어 산업재산권제도의 발전에 도움이 될 수 있다면 필자로서는 그 이상의 기쁨은 없겠다.

끝으로 출판업계의 어려운 여건에도 불구하고 본서의 발간에 적극 협조해 주신 책미래 사장님과 편집부 직원 여러분께 진심으로 감사 드립니다.

2014년 2월
대전청사를 바라보며
이 한 상

제1편 총칙

1장 지식재산권의 개념 _13

I. 지식재산권(知識財産權)의 의의(意義) _13

II. 지식재산권의 종류 _17
1. 산업재산권(産業財産權) _17
2. 저작권(著作權) _20
3. 신지식재산권(新知識財産權) _22
4. 기타 유사한 것 _27

2장 지식재산권의 특징 _32

I. 지식재산권의 특성 _32
1. 산업정책적 요소 _32
2. 경쟁적 요소 _32
3. 국제적 요소 _33

II. 권리발생의 특성 _34
1. 주체에 관한 요건 _34
2. 권리객체에 관한 요건 _35

3장 국제환경의 변화와 지식재산권의 국제적보호 _37

I. 국제환경의 변화 _37

II. WTO/TRIPs 협정과 국제조약 _41
1. WTO/TRIPs 협정의 특징 _41
2. WTO/TRIPs 협정 내의 분쟁해결절차 특칙 _44
3 지식재산권의 보호에 관한 국제조약 _45

제2편 산업재산권

1장 특허 · 실용신안제도 _59

I. 총설 _59
1. 특허제도 _59
2. 특허법의 목적 및 발명의 종류 _62

II. 발명의 특허요건 _64
1. 발명의 성립성 _64
2. 산업상 이용가능성 _65
3. 발명의 신규성 _65
4. 발명의 진보성 _66

III. 선원주의 _67
1. 의의 _67
2. 선원주의의 장단점 _68
3. 선원주의의 내용 _68

IV. 출원절차 _69
1. 특허출원서 _69
2. 명세서·도면 등의 작성 _70
3. 특허출원의 범위 _71
4. 출원의 보정 및 요지변경 _72
5. 분할출원 _75

V. 우선권제도 _76
1. 조약에 의한 우선권제도 _76
2. 국내 우선권제도 _77

VI. 국제출원 _78
1. 서언 _78
2. 국제출원의 장점 _78
3. 국제출원절차 _79

VII. 심사 _81
1. 심사주의 _81
2. 심사청구제도 _81
3. 우선심사제도 _82
4. 출원공개제도 _84
5. 거절결정 및 특허결정 _85
6. 등록공고제도 _86
7. 자유무역협정(FTA)에 따른 특허법 일부개정 _86

VIII. 특허권 _88
1. 개념 _88
2. 특허권의 효력 _89
3. 특허권의 존속기간 _91

IX. 실시권 _93
1. 의의 및 구분 _93
2. 전용실시권(exclusive license) _93
3. 통상실시권(nonexclusive license) _93

X. 특허권 침해 및 보호 _96
1. 특허권 침해 _96
2. 특허권 침해에 대한 구제 _97

XI. 심판 _100
1. 의의 _100
2. 심판의 종류 _100
3. 심판절차 일반 _102
4. 기타 _104

XII. 소송 _104

1. 행정소송 _104
2. 특허소송 _104
3. 침해소송 _106
4. 특허법 관련 주요 판례(사례) _106

XIII. 실용신안제도 _108

1. 서언 _108
2. 보호객체의 문제(형설과 고안설) _109
3. 타법과의 비교 _109
4. 실용신안제도의 주요 내용 _111
5. 실용신안권 _114
6. 실용신안권의 침해와 구제방법 _115

2장 디자인보호제도 _119

I. 디자인보호제도의 개요 _119

1. 디자인제도의 개념 _119
2. 디자인제도의 기원과 주요국의 디자인제도의 특징 _120
3. 디자인제도의 중요성과 산업발전 _124
4. 세계의 디자인보호법제의 유형과 다른 법률과의 관계 _126

II. 디자인보호제도의 제원칙과 보호목적 _129

1. 디자인법상 디자인의 정의 _129
2. 디자인법의 목적 _129
3. 의장과 디자인 _130
4. 디자인법상의 보호의 이념 _130

III. 디자인등록을 받을 수 있는 자 _131

1. 의의 _131
2. 행위능력자 및 권리능력자 _131
3. 창작자 _133
4. 공동창작자 _133
5. 승계인 _133
6. 직무디자인의 창작에 대한 디자인등록을 받을 수 있는 자 _134
7. 최선출원자 _134
8. 외국인 _134
9. 기 타 _134

IV. 디자인의 구성요건과 등록요건 _135

1. 디자인의 구성요건 _135
2. 디자인의 등록요건 _137

V. 디자인등록의 절차적 요건 _140

1. 선출원주의 _140
2. 1디자인 1출원주의 _140
3. 복수디자인 등록출원 _141

VI. 디자인등록출원 및 심사절차 _142

1. 디자인등록출원서 작성 _142
2. 출원의 변경과 분할 _143
3. 출원의 보정과 요지변경 _144
4. 디자인등록출원 공개제도 _145
5. 디자인일부심사등록 이의신청제도 _145
6. 조약에 의한 우선권 제도 _145
7. 심사 _146
8. 헤이그 국제디자인 출원제도 도입 _148

VII. 디자인보호법 특유의 제도 _148

1. 관련디자인제도 도입 _148
2. 한 벌 물품의 디자인제도 _150
3. 비밀디자인제도 _151
4. 부분디자인제도 _151
5. 동적디자인제도 _152
6. 글자체 디자인제도 _153
7. 화상디자인제도 _155

VIII. 디자인권 _156

1. 디자인권의 발생 _156
2. 디자인권의 성질 _156
3. 디자인권의 효력 _158
4. 디자인권의 효력의 확장과 제한 _158
5. 디자인권의 존속기간 _160
6. 디자인권의 이전 _161
7. 디자인권의 소멸 _162

IX. 디자인권의 침해와 구제 _164

1. 디자인권 침해의 개념 _164
2. 디자인권 침해의 유형 _164
3. 디자인권 침해의 성립요건 _165
4. 디자인권 침해에 대한 구제 _165
5. 디자인권의 침해 주장에 대한 방어수단 _167

X. 심판 및 소송제도 _168

1. 심판의 의의 _168
2. 심판의 종류 _168
3. 소송제도 _169
4. 재심 _169

XI. 디자인의 분쟁사례 _170

1. 자기의 기본의장과 유사 여부 판단(사례) _170
2. 자기의 의장과 타인의 의장과 상호유사 여부 판단(사례) _172
3. 의장출원 후 보정하였으나 거절결정(사례) _173
4. 이의신청 및 이의결정(사례) _184
5. 권리범위 확인 심판(사례) _191
6. 대법원 판례(사례) _193
7. 부분디자인 판결사례 _197

3장 상표제도 _199

I. 상표제도의 개요 _199
1. 상표보호제도의 기원 _199　　2. 상표보호제도의 변천과정 _200
3. 상표제도의 목적 _204

II. 상표법의 지휘 및 타법과의 관계 _205
1. 상표법의 범위 _205　　2. 타법과의 관계 _206
3. 상표법상 기본주의 _209

III. 상표법상 보호되는 표장의 종류 _212
1. 상표 _212　　2. 서비스표 _213
3. 업무표장 _213　　4. 단체표장 _213
5. 증명표장 _213　　6. 기타 _214

IV. 상표의 기능 _215
1. 출처표시 기능 _215　　2. 품질보증 기능 _215
3. 광고선전 기능 _215　　4. 재산적 기능 _215
5. 고객 흡인 기능 _215

V. 상표등록의 요건 _216
1. 주체적 요건 _217　　2. 객체적 요건 _217

VI. 상표의 동일·유사 _226
1. 서설 _226　　2. 상표의 동일·유사 _226

VII. 상표등록출원절차 _233
1. 서설 _233
2. 상표등록출원의 기재요건과 그 구비서류 _233
3. 부적법한 출원서류 등의 반려 _234　　4. 마드리드 의정서에 의한 국제출원 _235
5. 출원절차상의 제원칙과 제도 _236

VIII. 상표권의 발생·소멸 _240
1. 상표권의 법적성격 _240　　2. 상표권의 발생 _241
3. 상표권의 효력 _241　　4. 상표권의 사용권 _241
5. 상표권의 효력의 범위 _243　　6. 상표권의 효력이 미치지 아니하는 범위 _243
7. 상표권의 존속과 소멸 _243

IX. 상표권의 침해에 대한 구제 _244
1. 상표권 침해의 의의와 그 유형 _244   2. 상표권 침해에 대한 구제방법 _245

X. 상표권자의 의무 _250
1. 의의 _250   2. 등록상표의 사용의무 _250
3. 권리남용금지 _250

XI. 상표권의 이전 _251
1. 의 의 _251   2. 이전의 형태 및 제한 _251
3. 이전의 효력발생과 효과 _252
4. 상표권 분할이전시 유사상품 동시이전에 관한 외국의 입법동향 _253

XII. 심판 및 소송 _253
1. 심판(審判) _253   2. 소송(訴訟) _258

XIII. 상표의 분쟁사례 _261
1. 상표법 제6조 제1항 제3호 관련 판례 _261
2. 상표법 제6조 제1항 제7호 관련 판례 _263
3. 상표법 제7조 제1항 제7호 관련 판례 _263
4. 상표법 제7조 제1항 제11호 관련 판례 _265
5. 심사청구일 전 계속 3년 이상 상표 국내불사용 심판사례 _267
6. 현저한 지리적 명칭 관련 판례 _268
7. 상표등록 무효관련 판례 _270
8. 상표적 사용으로 보지 않은 관련 판례 _271

제3편 뉴라운드시대의 지식재산권

I. 뉴라운드시대의 지식재산권 보호정책 _275
1. 지식재산권의 국제적인 위상 제고 _276
2. 지식재산권 관련 전문인력 확보 필요성 및 지식재산 인프라 구축 _277
3. 자유무역(FTA)협정 이행을 위한 후속조치 _279

II. 전자상거래 관련 지식재산권 이슈 _280
1. WIPO PRIMER _280   2. 전자상거래와 국제사법 _284
3. 해외수출 기업의 상표분쟁현황 및 주요국의 구제제도 _285

III. 우리의 대응전략 _293

제1편 | 총칙

1장 | 지식재산권의 개념

I. 지식재산권(知識財産權)의 의의(意義)

오늘날 국경 없는 교역과 경쟁을 지향하는 국제 정치 경제적 상황의 전개는 산업사회로부터 정보사회로, 물질우위구조로부터 지식우위구조로 급격히 변화하면서 상품이나 서비스의 체화된 지적가치의 비중이 증대되고, 최근 첨단기술의 급속한 발달과 경제활동의 다양화로 인해 기존의 지적재산권법규로는 보호되지 않는 신지식재산권(新知識財産權)이란 새로운 범주의 지식재산권[1]이 등장하게 되었다.

흔히 21세기 미래사회상을 표현하는 대표적인 명칭들로서 탈산업사회(post-industrial society), 정보화사회(information society) 등이 거론되고 있으며 일반적으로 이와 같은 시대에서는 소위 지식기반 경제(knowledge based-economy)가 나타난다고 예측하고 있으며, 또한 21세기의 세계 기술환경은 WTO/TRIPs 협정[2]을 골간으로 지식재산권을 중심으로 그 축이 이동하면서 새로운 질서가 형성되어 있다.

---

1) '지식재산권'이라는 용어는 종전까지 '지적재산권'으로 통용되어 오던 것을 특허청에서 지난 1998. 4 특허행정 정책자문위원회의 심의를 거쳐 개칭 사용키로 하였음. 최근 지적재산권이라는 말과 지식재산권이라는 말이 혼용되어 쓰인다. 1980년대에 중반에는 지적소유권이라는 말이 유행하다가 1980년대 말~1990년대로 오면서 지적재산권이라는 용어가 많이 쓰이고 있다. 지적재산권이니 지적소유권이니 하는 말은 영미의 Intellectuall Property Right를 번역한 것이다. 2011년 7월 21일 시행된 "지식재산기본법"(2011, 5, 19일 제정·법률 제 10629호)에서 타 법령에 있는 "지적재산"을 "지식재산"으로 통일하도록 규정하고 있으므로, 본서에서도 이에 따르도록 하되 문장을 이해하기 쉽도록 경우에 따라는 지적재산권이라는 용어를 겸용 사용하기로 한다.

2) WTO/TRIPs 협정은 세계무역기구 설립 협정의 부속서(IC)의 하나로 "위조상품의 교역을 포함한 무역관련지적재산권에 관한 협정(Agreement on Trade-Related Aspects of Intellectual Property Rights, including Trade in Counterfeit Goods : TRIPs)"이라고 통칭되고 있으며, 1995년 1월부터 발효되었다.

이러한 국제 경제환경의 변화 속에서 선진국은 이미 오래전부터 전통적인 생산투입요소에서의 비교우위 대신 기술의 역할을 강조함으로써 생산이전 단계에서의 경쟁력을 키워왔던 것이다. 즉 기술력이 국가경쟁의 핵심이며 결국 한 나라의 기술경쟁력이 곧 그 나라의 국가경쟁력이라는 논리가 성립된 것이다. 이와 같은 선진국들의 기술경쟁력 최우선주의는 21세기 신질서의 개편과 함께 지식, 정보화, 하이텍사회의 도래를 목전에 두고 있는 기타 선발개도국 등에도 국가생존차원에서 심대한 영향을 끼치고 있다.

이렇게 인류문화의 발달사는 그칠 줄 모르는 가치창조활동의 역사라고 하여도 과언이 아니다. 인류는 사상 학문 문예·기술 등 다방면에 걸쳐서 가치를 창조하려는 정신적 활동을 계속하여 왔으나, 그 결과 서적, 미술공예품, 발명품 같은 많은 문화재를 물려받아 왔고, 또 새로운 것을 후손에게 물려주게 된다.

신지식재산권(新知識財産權)이란, 그 정의가 아직까지 구체적으로 명확하게 확립되지 않고 있으나, 사회적 또는 기술적 환경변화에 의해 그 범위 또한 가변적인 성격을 지니는 바, 과학기술의 급속한 발달과 사회여건의 변화에 따라 새로이 부각되어 종래의 지식재산권법규의 범주에 포함되지 않으며 경제적 가치를 지닌 지적창작물(知的創作物)을 의미한다고 할 수 있다. 최근의 과학발달은 제3차 산업혁명이라고 불리울 만큼 획기적이다.

이러한 신지식재산권으로 볼 수 있는 것은 여러 가지가 있으나 그 중 컴퓨터프로그램 및 소프트웨어권과 같은 산업상 저작권(industrial copyright) 반도체칩 회로배치설계권 동·식물의 신품종이나 생명공학의 산업응용(예컨대, bio chip)에 의한 첨단 산업재산권(尖端 産業財産權) 및 데이터베이스(database), 뉴미디어, 케이블 TV, 위성통신, 영업비밀(營業秘密)[3] 등 정보산업재산권(情報産業財産權) 등이 이른바 신지식재산권이라고 불리고 있다.

이들은 전통적인 지적재산권 분류기준인 산업재산과 저작권 중 어느 하나로 쉽게 판별될 수 없는 특징을 가지고 있다.[4] 이렇게 신지식재산권은 사회환경이 바뀌면서 나타난 새로운 형태의 권리이다.

지식재산권을 분류하는 데는 여러 가지 기준이 있으나, 가장 대표적인 분류에 따라 새로운 기술을 근거로 한 지식재산권의 대상확대, 상표 및 디자인의 보호대상범위확대, 부

---

3) 영업비밀이란 공연히 알려져 있지 아니하고 독립된 경제적 가치를 가지는 것으로서 상당한 노력에 의하여 비밀로 유지된 생산방법, 판매방법, 기타 영업활동에 유용한 기술상·경제상의 정보를 말한다.

4) 첨단산업재산은 특허법에서, 컴퓨터 프로그램·데이터베이스·멀티미디어 등은 저작권법에서, 노하우 등 영업비밀에 관한 것은 부정경쟁방지법에서 각 보호를 확장하여 해결하고 있는 경향이 있으므로 이들은 관계되는 곳에서 설명하기로 한다.

정경쟁행위에 대한 제재로서의 지식재산권으로 신지식재산권의 전반적 유형을 구분할 수 있다. 특히 신지식재산권의 대표적 유형 중에서 WIPO[5] 등 국제무대에서 현재 가장 논의가 활발히 진행되고 있는 생명공학·인공지능 프랜차이즈 캐릭터·인터넷 도메인 이름 타이프베이스·케이블TV·멀티미디어는 최근 국제적 동향, 문제점과 보호방안에 대한 상세한 검토가 필요한 것이다.

이러한 신지식재산권의 대상들은 그 창작이나 개발에 많은 시간, 노력, 비용이 드는 반면에 그 복제가 매우 쉬운 것이 특징이기 때문에 그 보호에 관한 대책 마련 또한 긴요한 과제이다.

제조분야에서 생산측면의 경쟁력이 점차 약화됨에 따라 기존 지식재산권 외에 새롭게 등장하는 신지식재산권을 무기로 후발개도국을 따돌리려 할 뿐 아니라 이를 새로운 통상압력의 수단으로 이용하려는 선진국들을 중심으로 세계 각국은 지식재산권을 보호하는 법령제도나 시책을 강화하고 있는 추세와 함께 기존 지식재산권의 보호대상도 확대화는 경향에 있다. 세계 각국은 과거에는 상상할 수 없었던 것들을 지식재산권으로 등록, 사용권을 독점하려 들고 있어 지식재산권은 무역전쟁의 화약고 역할을 하고 있다. 원천기술을 확보하고 있는 나라는 기존의 보유기술을 눈덩이처럼 굴려 무한대로 지식재산권을 확충해 가려는 강자의 논리를 펴가고 있다. 이는 기술분야에만 그치지 않고, 유형의 제품과 연관된 기술만이 보호를 받던 시대를 지나 점차 무형의 지식·정보서비스까지 통틀어 독점적 권리를 인정하는 추세이다. 영업비밀, 컴퓨터프로그램, 반도체칩 배치설계도, 동식물신품종, 유전자 조작기술 등은 멀지 않아 국제무대에서 지식재산권으로 확고한 위상을 차지할 것으로 예견되고 있다.

만화영화 주인공 등을 상품화하는 캐릭터(Character), 콜라병이나 트럭 등이 외관에 쓰여 독특한 제품의 이미지를 풍기는 트레이드 드레스(Trade Dress), 상표와 영업비밀을 한데 묶어 서비스하는 프랜차이징 등도 새로운 형태의 지식재산으로 등장했다.

최근에는 냄새상표, 소리상표(오토바이 엔진소리,[6] 병 딸 때 내는 소리), 동작상표(덩크 슛

---

5) 세계지적재산권기구(World Intellectual Prperty Organization : WIPO)는 1967년 7월 14일 스웨덴의 스톡홀름에서 체결되었고, 1974년부터 UN전문기구로 활동하고 있으며, 그 설립 목적은 국가 간의 협조를 통하여 모든 국제기구와 공동으로 전세계를 통한 지적재산권의 보호를 촉진하고 동맹국 간의 행정적 협조를 확보함에 있다.

6) 음향 냄새: TV드라마의 배경음악이나 물 흐르는 소리, 새소리 등 음향은 그것을 상품에 표시하거나 시각적으로 판단하는 것이 불가능하기 때문에 이를 상표로 인정치 않고 있으며 냄새도 상표로 인정하지 않는다. 따라서 일부 특정 국가를 제외하고는 대부분의 국가가 이들을 상표로서 인정하지 않고 있다.

7) 등도 일부국가에서 새로운 상표의 범주를 인식되고 있을 뿐만 아니라 최근 한미 FTA**8)**및 한EU FTA**9)** 지식재산권분야에서도 거론되고 있는 실정이며 우리나라의 경우 2012년 개정상표법에 소리·냄새 등 비시각적 상표에 대한 정의규정을 신설하여 보호대상에 포함시켰다.

또한 WIPO 등을 중심으로 인터넷 도메인 이름 보호, 인터넷상에서의 정보보호 및 전자상거래에 대한 규범마련을 위한 국제협상도 계속 진행 중이다.

결국 기술적 권리는 비기술적권리의 영역과 혼합되어 새로운 형태의 지식재산권을 창출하고 있다. 이제는 특허, 실용신안, 상표, 디자인의 영역을 구분하는 게 출원과 등록에 필요한 창구를 표시하는 데 유용할 뿐 기업이 지식재산권을 행사하는 데는 무의미해지고 있다. 따라서 고급기술, 인지도 높은 상표, 탁월한 상품이미지 및 영업비밀을 가지고 있는 기업이 그 만큼 지식재산권을 더 많이 창출할 수 있게 된 것이다.

아직까지 원천기술력의 부족으로 인하여 기술선진국의 대열에 확고히 진입하지 못하고 있는 우리나라에게 지식재산권의 보호문제는 간단한 문제가 아니다. 앞으로 과학기술의 발달로 더 많은 신지식재산권이 출현할 것으로 보인다. 향후 우리정부와 관련업계가 어떻게 이에 대응해 갈지 관심을 갖고 지켜봐야 될 것이다.

그리고 종래에 우리는 재산이라고 하면 가구·보석 등의 동산과 건물, 토지 등의 부동산을 생각하였다.

그러나 오늘날의 우리 사회는 첨단산업사회, 정보화사회로 탈바꿈하게 됨에 따라 유형의 물질우위의 구조에서 무형의 지식우위의 구조로 변화하고 있다. 따라서 이제는 유형의 재화보다는 무형의 재화의 가치와 중요성이 증대되어 지식재산에 관한 비중이 날로 증가하는 실정이다. 이러한 현상은 지난 1993년 12월 15일에 타결된 GATT**10)**의 우루과이라운드협상에서 지식재산권분야를 주요 협상의제의 하나로 채택한 바 있으며 그 협상 결과는 모든 상품의 자유무역을 추구하면서도 지식재산권분야는 오히려 보호주의를 강

---

7) 동(動)적인 상표 : 움직이는 인형 등을 동(動)적으로 파악하여 구성한 상표, 이른바 동적인 상표에 대하여 대부분 국가는 상표로 인정하지 않고 있으며 외국의 경우 일부 특정 국가만이 이를 상표로 인정하고 있다.

8) 국어주의란 관점에서 자유무역협정이라고 표현해야 하나 통상 약칭인 FTA(Free Trade Agreement)라고 쓰므로 특별한 경우가 아니면 한미FTA로 표기한다. 미국에서 KORUS FTA로 약칭하고 있는 것 같다. (http://www.ustr.gov/Trade_Agreement/Bilateral/Republic_of_korea_FTA/Section_Index.html 참조)

9) 한EU FTA는 2011년 7월 1일부터 협정이 발효되었다. 지식재산권 분야의 협정문 내용은 한미 FTA와 동일하다. 본문에서 서술하는 한미 FTA 협정내용은 한EU FTA 협정과 동일한 것으로 해석한다.

10) GATT(제네바 관세협정)란, 1947년 제네바에서 23개국이 관세철폐와 무역증대를 위해 조인한 "관세 및 무역에 관한 일반협정"으로서 우리나라는 1967년 4월 1일에 정회원으로 가입했다.

화함으로써 지식재산권의 가치비중을 더욱 크게 한 결과를 초래하고 있다. 따라서 앞으로의 국력부강과 국제경쟁력 증대를 위하여는 유형의 상품보다는 무형의 지식재산의 개발 확보가 중요함을 인식할 수 있다.

Ⅱ. 지식재산권의 종류

　지식재산권을 산업재산권, 저작권, 신지식재산권 등으로 크게 세 가지[11])로 분류하여 이에 속하는 내용을 간단히 분리, 정리하여 본다.

1. 산업재산권(産業財産權)

　산업재산권에는 일반적으로 특허권(patent), 실용신안권(utility model), 디자인권(industrial design), 상표권(trade mark) 등이 속하는 것으로 한다.

가. 특허권(特許權)

　특허권은 새로운 기술적 발명에 대하여 그 발명자가 일정한 기간 그 발명의 독점적 실

---

11)

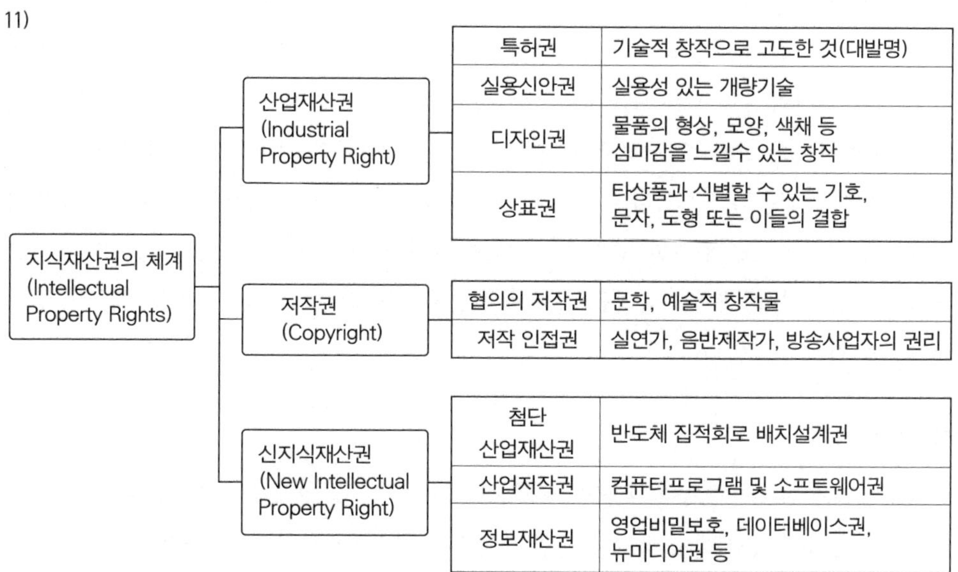

시권을 가지는 배타적 지배권을 말한다. 이 특허권은 여러 산업재산권 가운데서 가장 중요한 권리라고 할 수 있다. 또한 특허권은 같은 산업재산권의 하나인 실용신안권과 대비하면 그 발명의 신규성이 고도한 것이라는 데 차이가 있다.

그리고 특허권도 세부적으로 보면 새로운 제조방법이 발명에 인정되는 제법특허(process patent), 새로운 용도개발이 주어지는 용도특허(use patent), 새로운 물질 자체의 발명에 인정되는 물질특허(product patent) 등으로 나눌 수 있다.

제법특허는 어떤 물질의 제조방법 중 한 가지를 특허의 대상으로 하고, 용도특허 역시 여러 용도 중 한가지만을 특허의 대상으로 하기 때문에 만일 하나의 물질에 대하여 여러 가지 제조방법이나 용도가 있는 경우에는 각기 따로 제법특허, 용도특허가 인정된다. 그러나 물질특허의 경우에는 그 물질 자체를 권리의 대상으로 하기 때문에 동일물질에 대하여는 그 제법이나 용도의 차이에 관계없이 하나의 물질특허가 인정될 뿐이다. 그러므로 제법특허 또는 용도특허만 인정되는 법제도에서는 새로운 제법이나 용도를 발명하면 그 자유로운 활용이 보장되지만 물질특허제도에서는 그 물질특허권자의 허락이 없으면 제법특허나 용도특허의 독자적인 사용 또는 실시가 불가능하게 되어 실제적으로는 물질특허에 종속하게 된다. 현재 우리는 물질특허제도(物質特許制度)를 시행하고 있다고 볼 수 있다.

나. 실용신안권(實用新案權)

실용신안권은 새로운 기술적 고안에 대하여 그 고안자가 일정한 기간 배타적 독립적으로 실시하는 권리이다. 따라서 실용신안은 새로운 기술적 발명이라는 점에서 특허와 같으나 그 발명의 고도성을 요구하지 않는다는 점에서 차이가 있다. 그리하여 실용신안을 작은 발명이라 하여 주로 상품의 형태 구조 결합에 관한 기술적 창작에 대한 것으로 고안이라고 일컫는다. 이와 같은 실용신안권의 대상인 고안은 특허권의 대상인 발명과 비교하여 실제적으로 뚜렷한 구별이 어렵다는 이유에서 실용신안권을 인정하지 말자는 견해도 상당하며, 현재 우리나라를 비롯하여 일본, 이탈리아 등 10여 개 국가에서만 실용신안권을 인정하고 있다.

다. 디자인권

디자인권은 상품의 형상이나 모양 색채 또는 이들의 결합으로써 시각적으로 미감을 일으키는 고안을 등록받은 자가 그 디자인을 독점적 배타적으로 사용할 수 있는 권리이다.

디자인은 정신적 창조물이지만 발명이나 실용신안권과 같이 자연법칙을 이용한 기술적 창작이 아니고 외견상 미감을 느끼게 하여 상품의 가치를 높이는 작용을 한다.

디자인[12]을 보호하는 방식으로는 특허적 방법과 저작권적 방법[13]이 있으나 우리나라는 공업적 디자인에 대하여 심사를 거쳐 등록케 하고 일정기간 동안 독점적 이윤을 보장하는 특허적 방법에 의한 보호를 꾀하고 있는 한편, 저작권법에서도 무제한으로 응용미술을 보호하고 있어 이들 사이의 조정이 앞으로의 연구과제로 되어 있다.

라. 상표권(商標權)

상표권은 일정한 사업자가 자기의 상품을 타사업자의 상품과 구별하기 위하여 문자. 도형. 기호. 색채 등을 결합하여 만든 상징을 독점적으로 사용하는 권리이다.

상표는 일정한 상품의 동일성을 표시하는 식별표식라는 점에서 자연법칙을 이용한 기술적 창작인 특허의 대상과 다르다. 상표권은 일정한 상징을 특정한 상품에 사용할 것을 등록함으로써 그 상징의 배타적 사용권을 취득한다. 상표권은 상표권자의 상품을 타상품과 구별시켜서 상표권자의 상품의 품질·성능 등 우수성을 보장하는 작용을 하는 반면에 일반 소비자들이 상품구별을 쉽게 할 수 있도록 도와줌으로써 이들을 보호하는 작용도 한다.

그리고 같은 산업재산권인 특허권 실용신안권은 산업상 이용가능하고 신규이며 진보적인 것을 그 대상으로 하는 데 대하여 상표권은 자타상품(自他商品)을 구별할 수 있는 상징을 대상으로 한다는 데에 큰 차이점이 있다. 또한 상표권은 산업재산권 중에서 역사가 가장 오래된 것으로서 고대에 기원을 두고 있기도 하다.

상표보호의 본질은 창작행위에 있는 것이 아니므로 상표의 선택이나 구성에 있어서 신규성이나 독창성은 불필요하다. 상표보호제도는 기업자가 상표를 선택하여 표준화된 상품을 시기에 맞추어 계획적으로 판매할 수 있는 영업의 발전조성기능(Entwicklungs

---

12) 2005년 7월 1일 시행 디자인보호법 이전에는 '디자인'이라는 용어 대신 '의장'이라는 용어를 사용하였다. 현행 디자인보호법이 '의장'이라는 용어에서 '디자인'이라는 용어로 변경한 것은 현재 의장이라는 용어보다는 디자인이라는 용어가 디자인업계뿐만 아니라 매스컴, 기업체, 대학 등 교육기관에서도 일반적으로 사용하고 있으며, 신업재산권과 직접 관련이 없는 일반국민도 디자인이라는 용어에 친숙한 실정임을 감안한 것이다.

13) 디자인을 저작권적 방법으로 보호하고 있는 독일과 같은 나라에서는 디자인권을 소저작권(Kleines Kunstur heberrecht, Petty copyright)이라 하여 신규의 독창제품을 관할당국(현재는 특허청)에 기탁케 하여 저작물보다 단기간(연장하여 20년) 동안 복제금지의 형식에 의하여 저작권과 같은 원리에 의해 보호하고 있다.

begunstigung)을 촉진시키며 기업자가 상표를 사용함으로써 획득하게 된 명성이나 신용 (Geschaftwert)을 계속적으로 독점할 수 있는 법적 독점을 보장해줌과 동시에 경쟁자에 의한 상표의 모방행위를 금지시키고 상표에 의한 고객관계를 보호함으로써 경쟁질서를 깨끗하게 하고 거래활동을 보호한다는 제기능을 수행하는 것이다. 그러므로 상표법은 산업재산권법의 일부임과 동시에 경쟁법(Wettbewerbsrecht)[14]의 일부를 구성한다.

2. 저작권(著作權)

저작권은 학문 예술에 관한 사람의 정신적 창작물에 관한 권리이다. 또 저작권은 창작자의 인격에 뿌리를 두고 있는 권리이다.

저작권의 대상은 사람의 모든 정신적 창작물로서 논문, 도서, 음반, 그림, 사진, 악보, 조각물 등이다. 저작권자는 자신의 창작물에 대한 출판, 반포, 복제, 공연, 방송, 전시 등의 권한을 일정한 존속기간 동안 독점적 배타적으로 가지게 된다.

저작권은 산업재산권과는 달리 저작자가 자신의 저작물에 대하여 가지는 인격적 이익의 보호를 특징으로 하기 때문에 그 성질상 일신전속권인 저작인격권을 인정하고 있다. 뿐만 아니라 저작권은 다른 지식재산권과 같이 재산적 가치를 보호하는 배타적 지배권으로서의 저작재산권을 인정하고 있다. 저작재산권은 저작물의 복제권, 공연권, 방송권, 전시권, 배포권을 비롯하여 2차적 저작물작성권[15] 등을 포함한다.

그리고 직접 저작권은 아니지만 저작물의 실연, 방송물에 대하여는 저작물에 준하는 저작인접권을 인정하고 있다. 저작인접권은 그 보호기간이 저작권보다 짧은 것이 보통이며, 저작인접권으로서는 실연의 경우에 실연자의 녹음·녹화권, 사진촬영권, 실연방송권 등이 있고, 방송의 경우에는 방송사업자의 복제권·동시중계방송권 등이 있다.

저작물이 저작권의 보호를 받기 위하여서는 일정수준 이상의 창작성(originality)을 가지고 있을 것이 요구된다. 저작권에서 요구하는 창작성은 특허권 등 산업재산권에서 요구

---

14) 넓은 의미에서 경쟁법은 경제생활에 있어서 자유롭고 공정한 경쟁을 확보키 위한 법체계라할 수 있다. 경쟁의 자유는 독점에 의해서 파괴되므로 독점을 금지시키는 것이 경쟁의 자유를 지키는 길이 된다. 우리의 독점규제 및 공정거래에 관한 법률이 이에 해당하는 바, 경제법의 일부이기도 하다(좁은 의미에서의 경쟁법은 독점규제법만을 지칭한다.) 경쟁은 공정의 부정한 경쟁, 비기여적, 비건설적 경쟁행위를 금지시킴으로써 그 목적을 달성할 수 있다. 우리의 부정경쟁방지법이 그것인데 사법의 일부를 이루어 독점규제법과의 합리적인 체계정립이 이론상 매우 어렵다(Fikentscher, Wettbewerb und Gewerblicher Rechtschutz, 1958).

15) 2차적 저작물이란 원저작물을 번역, 편곡, 변형, 각색, 영상제작, 기타방법으로 작성한 창작물을 말한다.

하는 이른바 신규성과는 다른 의미를 가진다. 갑(甲)이 창작한 저작물과 완전히 동일한 저작물을 을(乙)이 창작하였다고 하더라도 을(乙)이 그것을 스스로 창작하였고, 갑의 저작물을 베낀 것이 아니라면 을(乙)의 저작물 역시 저작권의 보호를 받고 갑의 저작권은 을(乙)의 저작물에 미치지 아니한다. 또한 저작권은 기본적으로 특정한 사상(思想)이나 감정(感情), 즉 아이디어(idea)에 대한 표현(expression)을 보호하는 것이지 그 아이디어 자체를 보호하는 것이 아니라는 점에서 특허권과도 구별된다. 그러므로 하나의 문학적 사상을 표현하는 독자적인 창작물들은 각각 독자적인 저작권의 보호대상이 되나, 하나의 발명적 사상을 여러 개의 다른 방식으로 표현하였다고 하더라도 그중에서 특허법이 정한 요건을 갖춘 하나에 대하여서만 특허권이 성립될 뿐 각각의 표현방식에 따라서 별개의 특허권이 성립되는 것은 아니다.

가. 저작권으로 보호 받지 못하는 저작물

법령 및 국가나 지방자치단체의 고시, 공고, 훈령, 법원의 판결 그리고 사실전달에 불과한 시사보도 등은 사실상 저작물의 보호대상이 되지 않는다.

나. 저작권의 발생 및 보호기간

저작권은 창작과 동시에 발생하며, 그 보호기간은 원칙적으로 생존 시와 사망 후까지 존속하며, 이때의 기산일은 저작자가 사망하거나 저작물을 창작 또는 공표한 다음 해이다. 따라서 특허권 등의 산업재산권에서 기간의 계산이 날짜를 기준으로 하는 점과 특별히 상이한 점이다. 2011년 7월 1일 한EU FTA발효 후 저작권 보호 기간이 저작자 생존기간 및 사후 70년으로 연장하는 것으로 저작법을 개정하였다. 그러나 저작권 보호기간의 연장은 사회에 미치는 영향을 최소화하기 위해 발효 후 2년이 되는 날부터 시행하기로 유예기간을 설정하였다. 한미FTA도 한EU FTA와 동일하게 효력이 발생한다.

다. 저작권의 침해 행위 및 구제

저작권의 침해행위란 저작권자의 허락없이 저작물을 이용하거나 저작자의 인격을 침해하는 방법으로 저작물을 이용하는 행위이고 그 보호수단으로는 민사상 침해금지청구 및 손해배상청구권, 형사상으로는 저작권 및 저작인격권을 침해하는 경우 형벌이 가능하다.

3. 신지식재산권(新知識財産權)

신지식재산권은 사회환경이 바뀌면서 나타난 새로운 형태의 권리이다. 예전에는 보호를 해주지 않다가 컴퓨터가 등장하고 영업상의 비밀이 중요한 경제적 가치로 인식됨에 따라 새로운 보호대상이 된 셈이다.

산업저작권은 산업재산권과 저작권의 복합어로서 창작의 방법과 내용에서는 저작권적 성격이 있고, 그 용도는 산업적 활용이 주요 기능이라는 점에서 인정하고 있는 새로운 산업재산권의 일종이다.

산업저작권의 대상으로는 컴퓨터프로그램,[16] 소프트웨어, 반도체집적회로설계배치 등인데 이들의 개발은 저작권과 같은 창작에 유사하나 그 용도는 컴퓨터의 하드웨어를 움직이는 산업적 활용이나 전자제품의 주요부품으로 활용되고 있다.

산업저작권과 더불어 첨단산업재산권, 정보재산권을 합하여 신지식재산권이라고 일컫기도 한다. 첨단산업재산권은 유전공학·전자·정보산업 등 첨단기술의 급속한 발달에 따른 생체조직의 변화를 통한 변종 동·식물, 생명공학의 산업응용 등에 관한 산업재산권이고, 정보재산권은 상품의 제조·판매·영업 등의 분야에 관한 정보와 이의 전달수단에 관한 권리로서 영업비밀, 데이터베이스 등이 이에 속한다.

이러한 신지식재산권의 대상들은 그 창작이나 개발에 많은 시간, 노력, 비용이 드는 반면에 그 복제가 매우 쉬운 것이 특징이기 때문에 그 보호에 관한 대책 마련이 긴요한 과제이다.

가. 신지식재산권의 보호체계

신지식재산권 중에서는 기존 산업재산권 혹은 저작권 법률의 해석을 확장하여 종래의 산업재산권 혹은 저작권으로 보호하는 경우와 기존의 법률로는 보호하기 곤란하여 법률의 제정·개정 등을 통하여 보호하는 경우로 나누어 볼 수 있다.

여기에서 생명공학관련기술, 물질특허, 전자상거래관련기술 등은 종래의 특허보호대상의 범위를 확장하여 특허권으로 보호하고 있다고 볼 수 있다.

한편 법률의 제정·개정에 의한 보호대상으로는 '반도체집적회로의 배치설계에 관한

---

16) 컴퓨터프로그램(Computer program) 이란 기계가 해독할 수 있는 매체에 수납되었을 때에 정보처리능력을 가진 기계로 하여금 특정의 기능, 임무, 또는 결과를 지시, 이행 또는 달성시킬 수 있는 일련의 명령이며, 이에 대한 권리가 컴퓨터 프로그램에 관한 권리이다. 이 권리는 저작권법에 의하여 보호하되 구체적인 보호와 보호방법 등에 대한 필요사항을 따로 컴퓨터프로그램 보호법에 의해 보호하기로 하였다.

법률'을 제정하여 '반도체 배치설계권'으로 보호하고, 저작권법에서도 보호되는 데이터베이스는 데이터베이스의 구축, 검색방법 등과 같은 기술적 사상은 특허요건을 충족하면 특허 받을 수 있으며, 컴퓨터프로그램은 '컴퓨터프로그램 보호법'으로 보호하고 있다. 그리고 영업비밀은 부정경쟁방지법을 '부정경쟁방지 및 영업비밀보호에 관한 법률'로 개정하여 보호하고 있다.

나. 컴퓨터 관련 지식재산권

컴퓨터 관련 기술을 특허법으로 보호 받고자 하는 경우, 자연법칙의 이용 여부가 문제시 된다. 우리나라 특허법에서는 특허의 대상으로 발명을 들고 있으며 발명은 '자연법칙을 이용한 기술적 사상의 창작으로서 고도한 것'으로 정의되어 있기 때문이다.

우리나라에서는 컴퓨터프로그램은 컴퓨터를 실행하는 명령에 불과한 것이므로 컴퓨터프로그램 자체의 특허성을 부정하고 있는 경우가 많다. 따라서 컴퓨터프로그램 자체를 특허청구 범위에 기재하여 심사 청구하는 경우에는, 산업상 이용할 수 있는 발명에 해당하지 않게 되어 특허법에 위반이 된다. 또한, 컴퓨터프로그램은 물건의 발명인지 방법의 발명인지 그 카테고리가 불명확하므로 발명이 명확하고 간결하게 기재되어야 할 것을 규정한 특허법 관계규정에 위반한 것으로 인정되고 있다.

한편, 컴퓨터프로그램이 특허받기 위해서는 우선 "산업상 이용가능한 발명"이어야 한다. 이 요건은 산업상 이용가능성을 구비할 것이라는 요건과 발명이어야 한다는 요건 두 가지로 구분할 수 있다. 이 중 첫 번째 요건인 산업상 이용가능성은, 컴퓨터프로그램이 컴퓨터에서의 이용을 전제로 한 것이므로 특별한 사정이 없는 한 산업상 이용가능성은 인정될 것이고, 두 번째 요건 즉, 발명이어야 한다는 요건의 충족 여부가 특별히 문제가 된다. 그러나 이는 사안에 따라 컴퓨터프로그램 관련 기술을 기존의 체계에서 보호받는 방법으로는 특허법으로 보호받을 수 있고, 저작권법의 특별법적인 성격을 갖는 컴퓨터프로그램 보호법으로도 보호받을 수 있다고 볼 수 있으나 양자에는 보호의 성질에 있어서 매우 큰 차이가 존재한다. 저작권에 있어서는 권리의 범위가 저작물 자체에 미치지만, 특허권의 경우에는 특허출원 명세서의 특허청구범위에 기재된 내용에 한정하여 권리가 발생한다. 또한, 저작권은 저작물을 창작한 시점에 자동으로 발생하나, 특허권의 경우에는 특허출원을 하여 심사를 받고 특허결정을 받은 후 일정한 금액을 납부하여 특허권설정 등록을 하여야 권리가 발생한다. 또한, 저작권은 저작자의 창작성을 보호하는 취지의 규정이므로, 타인이 우연하게 동일한 저작물을 창작하는 경우에는 원저작자의 권리가 미치지 않는다. 즉, 저작권 침해에서는 특허권 침해와 달리 침해자가 저작물의 존재, 내용을 알고 있을 것을 요건으로 한다. 달리 말하면, 저작물에 대한 접근(access)이 침해의 요건 이다. 따라서, 비록 그 확률이 높진 않지만, 우연히 동일한 저작물이 창작된 경우에는 저작권 침해가 성립되지 않는다.

이에 반해서 특허권의 경우에는 신규한 발명을 보호하는 취지이므로 타인이 비록 모방을 하지 않고 스스로 창작한 경우에도 타인의 앞서는 발명과 동일한 경우에는 특허를 받을 수 없게 되어, 후출원이 특허받는 것을 배제할 수 있는 차단효(遮斷效, Sperrwir kung, block effect)가 생긴다는 점에서 매우 큰 차이가 있다. 이러한 점에서, 저작권으로 보호받는 경우가, 특허권으로 보호받는 경우보다 권리의 보호가 미흡하다는 단점이 있다.

따라서, 컴퓨터프로그램은 특허법으로 보호받는 편이 바람직하나, 현재 우리나라에서는 컴퓨터프로그램 자체는 특허받기가 곤란하므로[17] 프로그램이 담긴 매체로 청구범위를 작성하여 물건의 발명으로 보호받는 방안과, 프로그램을 다수의 단계의 절차를 수행하는 방법의 발명으로 보호받는 방안이 있다.[18]

다. 생명공학 관련 지식재산권

특허제도가 전제로 하는 발명은 그 연혁상 기계 혹은 제조방법에 관한 것이고 생명체는 인간이 새롭게 발명할 수 있다고 생각되지 아니하였으므로 생명체는 특허의 대상으로 관념되지 아니하여 원래 특허법에는 생명체에 관한 발명을 그 전제로 하지 않았으나, 식물에 대해서는 일정한 경우 특허의 대상으로 인정하고 있었다.

우리나라 특허법에서 동·식물과 관련된 조항으로는, 예전에는 특허법에서 '무성적으로 반복, 생식하는 변종식물은 특허받을 수 있다'고 규정한 조문이 있었다. 이 조문의 존재로 인하여 유성번식식물은 특허의 대상이 아니라고 일반적으로 해석되고 있었으나, 최근의 개정에 의하여 해당 조문이 삭제되어 식물발명은 유성, 무성에 관계없이 특허의 대상이 된다.

한편, 유성번식식물은 종자산업법에 의해서도 일정한 권리가 부여되고 있다. 동물에 대해서는 명시의 규정이 없으며, 이로 인하여 동물을 유전공학적으로 변형한 신규한 동물 등에 대해서는 특허를 실무적으로 부여하고 있다. 다만, 인간과 동물의 유전자를 결합

---

17) 컴퓨터프로그램으로 청구항을 작성하면, 물건의 발명인지, 방법의 발명인지 그 카테고리가 불명확하여 결과적으로 청구하는 발명의 내용이 불명확하다는 이유를 들어 특허법 위반으로 거절된다.

18) 신기술과 지적재산권. 김관식, 도서출판 글누리, 2008, pp. 71-74.

하여 만든 반인반수의 생명체와 같이 사회적·윤리적으로 논란의 여지가 있는 것은 특허법에 의한 "공공질서, 미풍양속에 반하거나 공중위생을 해할 염려가 있는 발명"에 해당하여 특허받을 수 없게 된다.

또한, 의료행위와 관련된 발명에 대해서는 대체적으로 세계적으로 특허권과 같은 독점 배타적 권리를 부여하는 데 소극적이다. 그러나 구체적인 양태는 나라에 따라서 상이하다고 볼 수 있다(Trips 협정 제27조 2항과 3항은 특허권 취득을 배제할 수 있는 대상을 규정하고 있다).

우리나라에서는 발명이 특허받기 위해서는 산업상 이용할 수 있는 발명일 것으로 요구하고 있다. 이를 발명의 성립성과 산업상 이용가능성 요건이라고 한다.

발명으로서 성립할 것은 우리나라 특허법상 발명을 자연법칙을 이용한 기술적 사상으로서 고도한 것으로 정의하는 것과 관련이 있다. 산업상 이용가능성 요건을 구체적으로 구분하여 산업에 해당하여야 한다는 점과 이용가능성이 있어야 한다는 점을 포함하고 있다. 여기서 산업은, 광의로 해석되어 제조업 이외의 운수업, 통신업도 포함된다.[19]

산업상 이용가능성이 결여된 예로는, 의료행위와 관련된 발명을 들고 있는데, 이는 '산업상 이용가능성' 중 '산업상'요건을 충족하지 않는 것으로 이해하고 있다. 즉, 의료업은 특허법상의 산업에 해당하지 않는 것으로 해석한다. '산업상' 이용가능성이 없는 다른 예로는, 단순히 학술적, 실험적으로 수행한 발명도 '산업상' 요건을 충족하지 않은 것으로 하고 있다. '이용 가능성'이 결여된 발명으로는 관념적, 이론적으로는 가능할 수 있으나, 현실적으로 구현이 불가능한 발명을 '이용가능성'이 결여된 발명의 예로 들고 있다.

결국, 우리나라에서는 의료업 관련 발명을 자연법칙을 이용한 기술적 사상으로 인정하는 데는 이론(異論)이 없어 보이고, 따라서, 특허의 대상인 발명으로는 인정되지만, 산업상 이용가능성 특히, '산업상' 이용가능성이 인정되지 않는다는 점을 특허 거절의 이유로 들고 있다.

한편, 일본에서도 그 사정은 우리나라와 유사하여 종래부터 골절의 치료방법, 피임방법, 타액을 검사하여 끽연의 유무를 판정하는 방법 등의 치료방법이라든지 인체 처치 방법의 발명에 대해서는 산업상 이용할 수 없다 하여 특허되지 않고 있다.[20] 그러나, 산업상 이용할 수 있는 발명에서 의미하는 산업은, 광의로 해석되어, 이 산업에는 제조산업

---

19) 특허청, 특허·실용신안 심사지침서, 2004, p. 2203.
20) 竹田和彦 著 김관식외 4인 譯,《特許의 知識》, 명현문화사, 2002, p. 152.

이외의 광업, 농업, 어업, 운수업, 통신업 등을 포함한다고 하고 있으며, 산업상 이용할 수 없는 발명에 해당하지 않으면, 원칙적으로 산업상 이용이 가능한 발명으로 보고 있다.[21]

라. 영업비밀 관련 지식재산권

영업비밀이란 19세기부터 영미의 보통법(common law)으로 확립된 개념으로서 일명 기업비밀, 재산적 정보, 트레이드 시크리트(trade secret), 노하우(know how) 등의 용어로 다양하게 불리고 있으나 이는 모두 유사한 개념으로 이해할 수 있을 것이다.[22]

그러나 나라마다 서로 다른 배경과 이유 등으로 구분 사용하고 있는 실정이나 일반적으로 영업비밀이라 함은 첫째, 공연히 알려져 있지 아니하고 둘째, 독립된 경제적 가치를 가지는 것으로서 셋째, 상당한 노력에 의하여 비밀로 유지된 생산방법, 판매방법 기타 영업활동에 유용한 기술상 또는 경영상의 정보를 의미한다고 볼 수 있다. 여기에서 기술상의 정보란 제조기술·설계방법·설계도면·실험데이터·연구보고서 등을 들 수 있고, 경영상 정보란 경영계획·투자계획·인사·노무·복지개선계획·고객명부·거래처명부·판매계획·시장정보 등을 들 수 있다. 그러나 이를 보호하는 방법에 있어서는 지식재산권에 의한 보호와 영업비밀로서의 유지보호방법으로 크게 나눌 수 있다. 먼저, 특허권으로 보호받는 경우의 장점으로는 타인이 동일한 기술에 대한 실시를 방지할 수 있는 독점배타적인 권리의 획득이 가능한 점을 들 수 있다. 하지만, 출원일로부터 20년이 지나는 시점에서 권리가 소멸되고 그 후로는 누구나 그 기술을 실시할 수 있게 되므로 그 배타적인 권리는 한시적이라는 단점이 있다. 또한, 기술의 진보가 빠른 영역에 속하는 기술은 특허출원으로부터 특허권설정등록에 의한 권리발생일까지 기간이 2년 이상의 장시간이 걸리는 경우가 있으므로 특허권이 확보되는 시점에서 이미 낡은 기술이 되어 특허권 획득의 실익이 없는 단점이 있다.

다음으로, 영업비밀로 보호받는 경우의 특징으로 볼 수 있는 경우에는 별도의 출원절차가 없으므로, 간편하게 보호받을 수 있다고 볼 수 있으나, 특허와는 달리 독점배타적인 권리가 발생하는 것이 아니므로, 타인이 동일한 기술을 정당하게 개발하여 실시하는 경우에는 특허권과는 달리 상대방의 실시를 막을 방법이 없게 된다. 또한, 영업비밀로 보호되고 있는 권리에 대한 공시절차가 있는 것이 아니고, 영업비밀의 내용이 불명확하므로 분쟁이 생긴 경우, 분쟁의 해결에 장시간이 소요될 수 있다.

---

21) 일본 특허청,《特許, 實用新案審査基準》, 2005.4., .
22) 황의창·황광연 공저,《부정경쟁방지 및 영업비밀보호법》, 세창출판사, 2007, p. 153.

반면에, 타인의 복제가 용이하지 않는 경우에는 영업비밀로 유지하면 일정한 기간이 경과한 후에 기술이 공개되는 특허의 경우와 달리, 영업비밀로 유지되는 기간의 제한이 없으므로 보호기간이 특허에 비해서 장기간이 될 수 있다.

한편, 영업비밀 침해행위로는 절취, 협박 등 부정한 수단으로 영업비밀을 취득하거나, 그 취득한 영업비밀을 사용하거나, 공개하는 행위인 부정취득행위 관련된 침해행위와 계약관계 등에 의하여 영업비밀을 비밀로서 유지하여야 할 의무가 있는 자가 부정한 이익을 얻거나 그 영업비밀의 보유자에게 손해를 가할 목적으로 그 영업비밀을 사용하거나 공개하는 행위인 부정공개행위와 관련된 침해행위 등이 있다. 그리고 법적구제 방법으로 영업비밀의 보유자는 영업비밀침해행위를 하거나 하고자 하는 자에 대하여 그 행위에 의하여 영업상의 이익이 침해되거나 침해될 우려가 있는 때에는 법원에 그 행위의 금지 또는 예방을 위하여 금지청구권, 손해배상청구권, 신용회복청구권 등을 갖게 된다.

4. 기타 유사한 것

나라에 따라서는 지식재산권으로 취급하기도 하지만 우리나라에서는 아직은 일반적으로 지식재산권에 포함시키지 않고 다만 지식재산권 유사의 것으로 취급하고 있는 것들이 몇 가지 있다. 물론 세계지적재산권기구설립협약에서는 이 유사분야의 것까지도 지식재산권 개념에 포함시키고 있기는 하다.

지식재산권에 유사한 것으로는 노하우(knowhow)[23], 상호·원산지 표시, 캐릭터, 트레이드 드레스, 도메인 이름 등을 들수 있다.

가. 노하우(knowhow)

노하우는 처음에는 실무계에서 기업비밀의 뜻으로 쓰인 것으로서, 물품의 제조·처리·가공·사용·보존방법 등에 관한 지식이나 경험 또는 설계도 등으로 산업상 이용할 수 있는 기술적 비결을 말한다.

---

23) 노하우는 기업의 무형의 재화로서 양도, 실시계약, 현물출자 등의 목적으로 되고 있지만 물권적, 배타적 권리가 아니므로 그에 대한 불법유출, 사용 등 침해에 대하여는 계약법적, 부정행위법적 또는 형법적인 보호에 그치고 있었으나 최근의 신지식재산권의 강화 경향과 더불어 노하우를 포함한 영업비밀보호를 위한 특별규정을 마련하여야 한다는 국제적 요망에 부응하여 1991년 12월 31일 개정된 부정경쟁방지법에 의한 보호가 주어지게 되었다.

노하우는 무체재산[24]으로서 양도·실시계약 현물출자 등의 목적으로 쓰이기도 한다.

나. 상호(商號)

상호는 상인이 영업상의 활동에서 자기를 표창하는 명칭을 말한다. 따라서 영업자체를 표시하는 영업표나, 상품을 직접 표창하는 상표와는 다르다.

물론 상호는 상법상 보호의 대상이 되기도 한다. 상호는 하나의 명칭이므로 문자로 구성되어서 호칭될 수 있어야 한다. 따라서 상호는 도형이나 기호만으로는 이루어질 수가 없다.[25]

다. 원산지 표시(appellations of origin)

원산지는 특정한 생산물이 상품으로서 교역성(交易性)을 갖는 주된 요소로서 생산, 제조, 가공된 일정한 실질적 장소·지방·나라 등을 말한다.

원산지 표시는 특정상품의 출처를 표시하여 품질보증을 목적으로 하는 표지이다. 원산지 표시를 통하여 생산지의 신용을 축적하고 생산물의 품질을 보증하는 한편 그 생산물을 소비하는 일반 소비자들을 보호하는 기능도 한다.

좀더 구체적으로 살펴보면 원산지 명칭(appellations of origin)이란 상품과 그것의 생산 지역간의 품질상의 관련이 배타적 또는 본질적으로 기후·토양 또는 전통적 생산방식과 같은 지리적 기원에 기인되는 경우에만 사용할 수 있는 개념이다.

다음으로, 지리적 표시와 원산지 명칭을 서로 비교해보면, 지리적 표시는 WTO/TRIPs 협정에서 "동 협정의 목적상 '지리적 표시'란 어떤 상품의 특정 품질, 명성 또는 그 밖의 특성이 본질적으로 그 지리적 근원에서 비롯되는 경우, 회원국의 영토 또는 그 영토의 지역이나 지방을 원산지로 하는 상품임을 명시하는 표시이다."라고 정의하고 있어 특정품질, 명성 또는 그 밖의 특성이 본질적으로 지리적 근원에서 비롯될 것을 요구하지만, 원

---

24) 지식재산권은 법률용어로 '무체재산권(intangible proporty right)'이라고 부르기도 한다. 이는 독일의 코울러(Kohler)가 주장한 무체재산권설에 근거를 두고 있다. 무체재산권이란 무체물에 대해서 성립하는 재산권이다.

25) 상호에 관한 권리는 상인이 어느 명칭을 상호로 선정하여 사용함에 의하여 발생하는 점에서 특허청에 등록하여 권리가 설정되는 상표와는 다르다. 예를 들어 'SONATA'(지장상품: 제9류, 12류, 39류, 41류, 43류 등)는 상표 또는 서비스표이고, 상표권자는 현대자동차 주식회사이다. 소나타 자동차에 부착된 상표는 'SONATA'이고, '현대자동차 주식회사'는 상호이다. 모나미 볼펜에 부착되어 있는 'Monami 153'이라는 표장은 볼펜의 상표이고, 그 볼펜을 생산하여 판매하는 회사는 '모나미 주식회사'가 상호이다. 상호는 오랜 기간 동안 영업과 일체로 사용되면서 그 기업의 제품, 서비스의 가치나 상인의 대외적 명성 등이 축적되기 때문에 상호권은 상표권처럼 재산가치를 갖게 된다.

산지 명칭은 리스본 협정상 "'원산지 명칭'이라 함은 상품의 원산지를 나타내는 국가, 지역이나 지방의 지리적 명칭으로서 그 품질 및 특성이 배타적으로 또는 본질적으로 지리적 환경(자연적 및 인간적 요소를 포함한다)에 기인하는 것을 말한다"라고 규정하고 있어 특정 품질 및 특성이 자연적·인간적인 요소를 포함한 지리적 환경에 배타적 또는 본질적으로 기인될 것을 요구하고 있다. 이로써 원산지 명칭은 지리적 표시보다 엄격한 요건을 요구하고 있음을 알 수 있다.

또한 원산지 명칭은 반드시 지리적 명칭(geographical name)이어야 하지만 지리적 표시의 경우에는 지리적 명칭에 한정하지 않으며, 원산지 명칭의 경우 상품을 명명(designate)하는 것이지만 지리적 표시의 경우 상품을 식별(identify)하는 것이고, 원산지 명칭의 경우 명성(reputation)을 포함시키지 않고 단지 품질 및 특성에 한정하지만 지리적 표시의 경우 명성도 포함하며, 원산지 명칭의 경우 지리적 환경(geographical environment)이라는 표현을 사용하지만 지리적 표시의 경우보다 광범위한 지리적 근원(geographical origin)의 개념을 사용한다는 측면에서 차이를 보이고 있다. 따라서 모든 원산지 명칭은 지리적 표시라고 볼 수 있지만, 그 반대는 반드시 성립한다고 볼 수 없다.[26]

결론적으로, 출처표시는 원산지 명칭이나 지리적 표시를 포함하는 가장 광범위한 개념이며, 지리적 표시가 원산지 명칭보다는 광의의 개념이다.[27]

라. 캐릭터(Character)

캐릭터라 함은 극이나 소설, 만화 등에 등장하는 인물이나 동물 또는 그의 역할을 나타내는 용어를 말하는데, 우리나라 상표법은 이에 대한 보호규정을 두고 있지 않다. 본래 캐릭터는 상품의 식별표지로 사용되는 것은 아니므로 상표법상의 상표는 아니라 하겠으나 최근에 이르러 캐릭터가 현저한 광고기능이나 고객흡인력을 갖게 되면서 상품의 선전이나 고객흡인력을 높이기 위하여 캐릭터를 상품에 사용하게 되자 캐릭터에 대한 보호문제가 대두되었다.

우리 상표법상 캐릭터는 보호대상이 아니나 캐릭터의 제명이나 명칭·도형 등을 사용한 상품을 지정상품으로 하여 상표등록출원한 경우에 상표로서 등록을 할 수 있다 할 것

---

26) 특허청, 《상표법 해설(조문별)》, 2007, p. 13

27) 상표법 제2조 1항 제3의2호에서 "지리적 표시"를 다음과 같이 정의하고 있다. 지리적 표시라 함은 상품의 특정 품질·명성 또는 그 밖의 특성이 본질적으로 특정 지역에서 비롯된 경우에 그 지역에서 생산·제조 또는 는 기공된 상품임을 나타내는 표시를 말한다. 지리적 표시는 주로 농산물, 특히 포도주와 증류주에 많이 사용되고 있으나 기타 농수산, 심지어는 공산품에도 사용될 수 있다.

이다. 한편, 캐릭터가 저작물인 경우(만화 속에 등장하는 인물·동물의 그림)에는 그 인물이나 동물의 그림은 저작권법에 의하여 보호받을 수 있다 하겠으나 캐릭터의 제명, 명칭 등은 저작물이 아니므로 저작권법에 의하여 보호받지 못하며 상표법상 보호문제가 대두된다 하겠다.

마. 트레이드 드레스(Trade Dress)

트레이드 드레스(trade dress)는 원래 영·미법의 보통법에서 발전된 법 이론으로, 초기에 영국에서는 출처 허위표시(passing-off) 법리를 위주로 발전되어 온 것인데, 트레이드 드레스란 물품의 크기, 외관, 형태, 빛깔, 색채의 조합, 소재, 도형 등의 요소를 모두 포함하여 다른 물품과 구별하게 해주는 개념으로 상품의 외장(外匠)으로부터 인식되는 독특한 이미지를 의미한다.

즉, 상품이나 서비스의 경우에도 외관의 모양·색채 등을 통해 독특한 전체적인 이미지(distinctive, total image of a product or service)를 갖고 있을 경우 이를 트레이드 드레스라고 하며[28](예; 코닥칼라 필름 포장지의 노란색과 검정색의 배합, 업존사의 흰색과 회색의 배합된 약품의 포장지 등) 식당의 실내장식, 메뉴, 서비스 방식까지 트레이드 드레스의 일종으로 파악하기도 한다. 그리고 국내법에는 '트레이드 드레스'라는 개념이 아직 도입되어 있지 않아 그 보호 여부, 보호의 범위 및 요건이 불명확한 것은 사실이다. 하지만 이미 '부정경쟁방지 및 영업비밀보호에 관한 법'과 '상표법' 등에서 요구하는 요건들을 만족시킬 경우에는 미국법의 트레이드 드레스와 같은 권리들을 현재 국내에서도 보호받고 있다.[29]

바. 도메인 이름(Domain Name)

'도메인 이름(Domain Name)'은 인터넷상의 주소로 호스트 컴퓨터에 해당하는 숫자로 된 주소(IP Adress)에 알파벳 및 숫자의 일련의 결합으로 구성된다.

상표는 문자뿐만 아니라 기호·도형·입체적 형상이나 색채로 구성되나 도메인 이름은 문자 일부 숫자·특수기호로만 구성되는 점에서 상이하며, 또 상표는 자타상품의 식별표지이므로 식별력이 없는 상표는 등록을 허용하지 않고 있으나 도메인 이름의 경우는 컴

---

28) 미국연방상표법(The Lanham Act of 1946)이나 다른 지식재산권 관련법 어디에도 트레이드 드레스(Trade Dress)라는 용어는 없으며, 구체적으로 개념 정의된 것도 없다. 즉, 트레이드 드레스라는 용어는 법률용어가 아니고 지금까지 다수의 법원판례서 형성된 개념적인 용어라 할 수 있으며, 판례법상 부정경쟁법 원칙이 적용됨이 일반적이다.
29) 김미성, 〈한-미간 트레이드 드레스의 보호범위〉《지식과 권리》 2012년(제15호). 대한변리사. 2012. p. 113

퓨터의 주소적 성질을 기본으로 하기 때문에 관용표장, 성질표지 표장 등도 도메인 이름으로 등록될 수 있다.

그러나 문자상표의 경우 그 구성이 도메인 이름과 유사하여 양자는 모두 상품이나 서비스업의 출처표시 기능을 할 수 있다는 점이 유사하다. 또한 실제로 대부분의 기업의 경우 자기 상호나 대표적인 상표를 도메인 이름으로 사용하고 있어 상표로서의 기능을 도메인 이름도 가지고 있는 경우가 많아 양자가 충돌하는 경우가 많다.

우리나라는 상표와 도메인 이름 간 상표법상의 조정규정을 두고 있지 않다. 다만, 당해 도메인 이름이 상호로서의 성격을 가질 경우에는 상표와 상호에 관한 상표법상의 조정규정이 적용된다 할 것이며, 도메인 이름이 상표적 기능을 수행하여 상표의 사용으로 인정되는 경우라면 상표법이 적용된다 할 것이다.

한편, 부정한 이익을 목적으로 국내에서 널리 알려진 상표와 표지를 도용해 도메인 이름으로 등록하는 소위 사이버스쿼팅(Cyber-squating)[30]행위는 부정경쟁행위로 인정되어 부정경쟁방지 및 영업비밀보호에 관한 법률이 적용된다.[31]

---

30) 전자상거래의 활성화로 도메인 이름 그 자체가 상품이나 서비스업의 출처표시로서의 기능을 하게 되었다. 타인의 상표를 부정한 목적으로 등록하여 정당한 상표권자에게 비싼 값에 되팔려는 사이버스쿼팅(Cybersquarting)행위가 증가함에 따라 상표와 도메인 이름 간의 분쟁이 증가하고 있다.

31) ① 최근 인터넷을 통한 상품판매 등의 행위가 활발해지면서 부정한 이익을 목적으로 타인의 유명 상표와 동일하거나 유사한 도메인 이름을 등록·사용하는 행위가 빈번해지자 이를 부정경쟁행위로 추가하였다(2004.1.20. 부정경쟁방지 및 영업비밀보호에 관한 법률 개정, 법률 제7095호) ② 도메인 이름은 원래 인터넷상의 서로 연결되어 존재하는 컴퓨터 및 통신장비가 인식하도록 만들어진 인터넷 프로토콜 주소(IP 주소)를 사람들이 인식·기억하기 쉽도록 숫자·문자·기호 또는 이들을 결합하여 만든 것으로, 상품이나 영업의 표지로서 사용할 목적으로 한 것이 아니었으므로, 특정한 도메인 이름으로 웹사이트를 개설하여 제품을 판매하는 영업을 하면서 그 웹사이트에서 취급하는 제품에 독자적인 상표를 부착·사용하고 있는 경우에는 특단의 사정이 없는 한 그 도메인 이름이 일반인들을 그 도메인 이름으로 운영하는 웹사이트로 유인하는 역할을 한다고 아더라도, 도메인 이름 자체가 곧바로 상품의 출처표시로서 기능한다고 할 수는 없다.(대법원 2004.5.14. 선고, 2002다13782)

2장 | 지식재산권의 특징

I. 지식재산권의 특성

지식재산권은 다른 일반의 재산과는 달리 권리발생에서의 특징과 거래상 국제적 보호주의의 특징을 가지고 있다.

1. 산업정책적 요소

지식재산권은 사권(私權)이기는 하지만 국가의 행정처분에 의하여 발생하는 방식을 취하고 있다. 즉 지식재산권 중에서 산업재산권에 특허·실용신안, 디자인, 상표 등의 권리는 심사주의에 의하여 일정한 법정요건을 구비하였는지의 여부를 심사하여 권리로서의 인정 여부를 결정한다. 심사 후 권리로 인정하는 결정이 있는 때에는 그에 관한 사실을 등록원부에 등록함으로써 온전한 권리가 발생한다.

한편 지식재산권법 중 산업재산권법은 산업정책적 요소가 강하고, 저작권법은 문화정책적 요소가 강하다.

산업재산권법의 궁극적의 목적은 국가의 산업발전에 있으므로, 국가의 산업정책이나 기술수준에 따라 영향을 많이 받는 점에서 다른 법 특히 보편성과 항구성을 가지는 소유권 등 물권에 관한 법과는 다른 특징을 가지는 것이다.

2. 경쟁적 요소

지식재산권법은 영업활동에 있어서 이해관계자의 경쟁을 금지시키고 권리소유자에게

합법적인 독점을 보장하는 수단이 되므로 경쟁적 요소를 가진다.[32)]

특히 상표, 서비스표, 상호, 영업표, 원산지 표시 등의 모용은 그 자체가 경쟁의 순정을 해치므로 부정한 경쟁행위로 되어 일반적으로 금지된다(부정경쟁방지법, 상표법, 상호에 관한 상법규정 등).

그러므로 영업상의 표지에 관한 보호법은 경쟁법의 일부를 구성하며 이들 표지에 대한 권리는 경쟁적 요소가 가장 강하다.

이에 비하여 발명이나 저작물은 그것이 경제계에 나타나게 될 경우에 법률이 이들 소유자에게 일정기간 독점배타적으로 보호대상인 발명이나 저작물을 사용할 수 있도록 보장하고 제3자의 무단이용행위를 금지시키기 때문에 경쟁법적 요소가 가미되어 있지만 이들 권리의 보호본질이 창조적 인간정신의 산업상, 문화상 기여를 보호하자는 데 핵심이 있는 것이고, 경쟁의 순정 그 자체를 보호함을 목적으로 하는 것은 아니므로 경쟁적 요소는 그만큼 희박하다고 할 수 있다.[33)]

3. 국제적 요소

현대사회는 국가 간의 거래의 자유를 확대하는 과정이 있다. 따라서 일정한 국가의 독점적 배타적인 거래제도는 그 설자리를 잃어가고 적자생존의 논리에 따라 우수하고 강한자만이 세계를 무대로 살아남을 수 있는 국제적 자유경쟁을 확립해 가는 중이다. 여기에서 가장 큰 영향을 끼치고 있는 것의 하나가 지식재산권의 국제적 주장과 활용이다.

특히 지식재산권은 국제화에 친하기 쉬운 성격을 가지고 있다. 오늘날 교통·통신의 눈부신 발달은 지식재산권의 비중도 매우 높아지게 되었다.

발명특허권을 비롯하여 상표권·저작권 등은 이제 자국 내는 물론 제3국에서의 침해도 용이하므로 국제적 보호를 요구하고 있기 때문에 그 경제적 수익성과 활용성이 그만큼 확대되고 있는 셈이다. 따라서 지식재산권은 다른 재산과는 달리 그 권리의 독점적 배타적 성질을 국제무대에서 주장할 수 있는 장점을 지니고 있다.

이러한 국제적 요소가 필요하기 때문에 일찍부터 산업재산권보호에 관하여는 파리조

---

32) 지식재산권은 경쟁자(競爭者)의 경업(競業) 즉, 시장 참가를 금지시키므로 단기적, 정적으로는 경쟁제한적이지만 합법적 독점을 보장함으로써 기업의 기술투자 등 끝없는 자유경쟁을 촉발시키게 된다. 즉, 장기적, 동적으로는 자유로운 시장경제 발전의 다이나믹한 요인을 제공함으로써 유효하고 능률적인 경쟁을 촉진하려는 경쟁법(競爭法)의 이른바 기여원리(寄與原理, Leistung- sprinzip)에 부합된다.
33) 송영식외 2人,《지적소유권법》육법사, 1996. p. 67

약이 성립되어 있고, 저작권보호에 관하여는 베른조약이 성립되어 있다. 이들 조약은 각 국별로 독자적인 지식재산권제도의 존재를 전제로 하고 있으나 그 보호대상이 기술이나 지식에 관한 것이어서 민족적 색채가 희박하고 기술과 지식의 지구촌화에 따라 구제방식 역시 국제화됨이 큰 특징이다.

실질상 독자성을 상실(예컨대, 컴퓨터프로그램의 저작권법에 의한 보호는 국제적 보호를 맞추기 위하여 필연적이고 각국이 다른 보호제도를 창안하는 것은 허용되기 어렵다)하고 각국은 그 이용을 용이하게 할 수 있도록 조화하는 데 그 목적이 있으며, 그 나라의 문화와 산업에 고유한 제도라는 것은 시인되지 아니하고 국제적으로 통일적인 개념과 규제방식이 불가피한 특색을 가지는 점에서 다른법과 현저하게 다른 특징을 가지고 있다.

그것은 WTO/TRIPs의 성립을 보아도 알 수 있다.

II. 권리발생의 특성

지식재산권은 사람의 정신적 창작물을 그 보호대상으로 하기 때문에 일반적인 재산권과는 다른 특징을 가지고 있으며, 권리발생의 요건에는 권리주체에 관한 요건과 권리객체에 관한 요건으로 구분할 수 있다.

1. 주체에 관한 요건

지식재산권의 권리주체가 될 수 있는 자는 자연인과 법인이다. 따라서 법인격이 없는 단체는 지식재산권의 주체가 될 수 없고 다만 대표자·관리인이 있는 경우에는 타인의 지식재산권에 대한 심판을 청구하거나 이의신청을 할 수 있다. 그리고 외국인은 상호주의에 의하되 우리나라에 거주(居住) 또는 영업소(營業所)가 있어야 권리주체의 능력을 가진다.

가. 산업상 사람의 창작적 활동의 경우

지식재산권의 주체로 될 수 있는 자는 원칙적으로 산업상의 창작자 또는 그 승계인이다. 또 2인 이상이 공동으로 창작하였으면 공유가 되므로 공유자도 지식재산권 주체가 될 수 있다. 2013년도 개정특허법에서는 권리가 공유인 경우에도 공동출원하도록 하였다.

나. 직무상 창작활동의 경우

지식재산인 창작물이 사용자 등의 업무범위에 속하며, 동시에 그 발명, 고안, 디자인의 창작이 피용자(被用者) 등의 현재·과거의 직무에 속하는 것인 때에는 이를 직무발명·직무고안·직무디자인 등으로 부른다. 그리고 피용자인 창작자가 국가공무원인 경우에는 그 지식재산권의 소유를 국유로 하고 창작자에게는 보상금을 지급하고, 피용자인 창작자가 기업체의 직원인 경우에는 그 지식재산권의 소유는 직원인 창작자로 하고 기업체는 보상금을 지급하고 통상실시권을 가지게 된다.

다. 산업활동에서의 식별표식의 경우

지식재산권 중 상표권은 자신의 상품과 타인의 상품을 구별하는 표지를 그 보호의 대상으로 하기 때문에 상표권의 주체가 되기 위하여는 자기의 업무와 관련된 상품에 대하여 상표를 사용하는 자이어야 한다. 즉 특정한 상품과 관련없는 상표만의 보호를 목적으로 하는 상표권은 인정할 수 없다는 의미이다.

그리고 여기에서의 업무는 "업으로서 상품을 생산·가공하여 증명하거나 양도하는 일"을 의미한다.

2. 권리객체에 관한 요건

권리객체에 관한 요건에는 지식재산권이 권리로서 갖추어야 할 적극적 요건과 배타적 독점성이 부정되는, 갖추어서는 안 되는 소극적인 요건으로 구분하여 설명할 수 있다. 여기에서는 지식재산권의 종류에 따라 살펴본다.

가. 적극적 요건

특허권의 경우 첫째, 특허권이 갖추어야 할 적극적 요건에는 산업상 이용가능성, 신규성, 진보성, 선원성이 있어야 한다. 만일 이들 중에 어느 한 가지라도 갖추지 못하면 특허권이 부여되지 않는다.

둘째, 실용신안권의 대상인 고안은 특허권의 대상인 발명에서와 같이 산업상 이용가능성, 신규성, 진보성이 있어야 하고, 다만 진보성에서 발명보다 고도한 것이 아니라도 무방하다는 데 차이가 있다. 그리고 실용신안은 물품의 형상, 구조, 조합에 관계되는 것이 필요하다.

셋째, 디자인권의 대상인 디자인은 공업적 방법에 의하여 양산되는 공업상이용가능성이 있어야 하고 신규성과 진보성이 있어야 함은 특허권의 경우와 같이 갖추어져야 한다.

넷째, 상표권의 경우는 문자, 도안, 입체적 형상, 색채 등을 결합하여 법정(法定)의 자타상품식별력을 구비하여야 한다.

그리고 일반적으로 그 상품에 사용되는 보통명칭이거나 관용상표가 아니어야 한다. 즉 국수, 라면, 떡, 술과 같은 명칭은 상표로서 인정될 수 없다.

나. 소극적 요건

특허권의 경우, 첫째 특허의 대상인 발명이 미풍양속을 해하거나 공중의 위생을 해칠 우려가 있는 것이어서는 안 된다. 발명 자체뿐 아니라 그 발명의 실시가 필연적으로 미풍양속을 해하거나 공중위생을 해칠 우려가 있는 것이어서는 안 된다.

둘째, 실용신안의 경우에도 특허에서와 같이 미풍양속·공중위생을 해칠 염려가 있는 것이어서는 안 된다.

셋째, 디자인의 경우에도 디자인이 미풍양속을 해칠 우려가 있어서는 안 된다. 그리고 디자인은 경영상 상표와 같이 식별력을 가지고 또 심미성을 도와서 판매 촉진의 작용을 하는 것이기 때문에 자타상품을 혼동시킬 우려가 있는 것이어서는 안 된다.

넷째, 상표는 자타상품의 식별력을 가짐으로써 상거래질서를 확립하는데 목적이 있기 때문에 국기(國旗), 국장(國章), 훈장(勳章) 등과 동일하거나 유사한 것이어서는 안 된다. 그리고 국가, 공공단체, 이들의 기관 및 공익에 관한 단체 또는 공익에 관한 사업으로 영리를 목적으로 하지 않는 것을 표시하는 저명한 표장과 동일하거나 유사하여서도 안 된다.

또한 상표는 타인의 초상(肖像), 성명(姓名), 아호(雅號), 예명(藝名), 필명(筆名) 등을 사용하여서는 안 될 뿐 아니라 타인의 알려진 상표와 동일하거나 유사한 상표로 그 상품 또는 그와 유사한 상품에 사용하는 것이어서는 안 된다. 더 나아가 상표가 미풍양속을 해칠 우려가 있는 것이어서는 안 된다.

저작권은 지식재산권에 속하면서도 산업재산권과는 달리 권리발생의 절차가 단순·간편하다. 즉 특별한 저작권 발생의 절차가 필요하지 않다는 점이 특징이다.

저작권은 저작자가 저작물을 창작한 때에 자동적으로 발생하는 무방식주의에 의한다. 따라서 저작물을 창작한 때가 언제인지는 본인 이외의 자는 알기가 어렵다. 그리하여 저작권을 제3자에게 대항하려면 일반에게 공표하는 것이 필요하다.

3장 | 국제환경의 변화와 지식재산권의 국제적 보호

I. 국제환경의 변화

국가 간 기술개발 경쟁이 치열해지고 산업의 국제경쟁력을 결정짓는 핵심 요소로서 지식재산권에 대한 각국의 관심이 높아지고 있다. 특히 국제교역에서 개도국의 비중이 증대하면서 미국을 비롯한 선진국들은 개도국의 경제발전이 선진국의 축적된 과학기술의 무임승차에서 비롯됐다는 입장을 보이고 있다. 기술의 공공재적 성격이 약화되고 하나의 상품으로서의 가치가 강화되면서 지식재산권 보호를 국제화하려는 움직임이 최근 국제경제의 중요한 현상 중의 하나로 대두되고 있다.[34]

지식재산권 국제화의 움직임은 대체로 두 가지 방향에서 이루어지고 있다. 하나는 UR 다자간 협상(多者間協商)이 지식재산권을 주요 의제로 다룸으로써, 다자간 규칙과 규율을 정하는 것이고, 다른 하나는 미국, EC 등의 쌍무적(雙務的)인 입장에서 외국에 대한 자국의 지식재산권 보호를 강화하는 것이다.

지식재산권의 국제적 보호 문제는 기존의 UN산하기구인 세계지적재산권기구(WIPO)를 중심으로 한 산업재산권 보호에 관한 파리조약, 문학적, 예술적, 저작물의 보호를 위한 베른협약(Berne Convention for the protection of Literary and Artistic Works), 특허협력조약(PCT), 상표법조약(TLT), 상표등록조약(TRT) 등이 보호·시행되고 있다.

---

34) 산업혁명 이후 근대 자본주의 경제의 확립과 함께 교통통신기관의 발달과 국가 간 무역거래가 확대되고 한 나라에서 생산되는 상품이 세계 각지에서 거래(去來)됨에 따라 해외에서의 부정경쟁행위 등으로부터의 피해를 방지하기 위해서는 상품표식을 보호하는 상표권을 국제적 차원에서 규제할 필요가 생기게 되었다.

그럼에도 불구하고 지식재산권보호 문제가 GATT 협상에서 다루어지게 된 것은 기존의 관련 국제협약이 지식재산권의 국제적 보호 수단으로 미흡하다는 선진국의 기술보호주의적 인식 때문에 기인한 바가 크다.

현재 WIPO 관장하의 국제협정에는 위조상품에 대한 방지수단이 부족할 뿐만 아니라 신분야에서의 지식재산권 보호규정이 매우 미비한 실정이다. 더욱이 지식재산권보호를 위한 파리협약도 권리보호를 각국의 국내법에 위임하는 속칭 속지주의원칙을 채택하고 있어 국제적으로 통일된 분쟁해결절차나 벌칙규정 및 제재수단이 결여된 형편이다.

반면에 GATT는 분쟁해결 기능을 어느 정도 갖추고 있을 뿐만 아니라 지식재산권 협상이 타분야 협상과 연계되어 일괄 타결되도록 되어 있다.

또한 지식재산권 보호는 국제무역과 독립된 것이 아니라 국제무역과 긴밀한 관련을 지녔다는 인식 때문에 WIPO 중심의 기존의 협상으로부터 GATT로 지식재산권 보호에 대한 논의가 옮겨가게 된 계기가 된 것이다.

GATT의 지식재산권 협상의 타결은 WIPO 감시하의 전통적인 지식재산권 보호보다 훨씬 강력한 수준의 국제적인 지식재산권 보호를 의미하며, 향후 직접적인 국제기술교역뿐만 아니라 지식재산권을 기초로 한 각국의 상품 및 서비스 교역 양식에 있어서도 커다란 변화가 예상된다.

그리고 각국 간에 교역량이 증대하고 경제발전을 위한 기술분쟁이 치열해짐에 따라 기술우위국에서 보호를 받고 있는 기술이 경쟁국 혹은 후발국에서 도용 혹은 모방되는 등 지식재산권의 국가 간 침해에 대한 문제가 점증하게 됨에 따라 외국의 지식재산권의 내용 및 시행의 지체에 대한 불만이 고조하게 되었다.[35]

이 같은 지식재산권에 대한 국가간 문제를 해결할 수 있는 새로운 국제규범의 모색이 활발해지고 있다.[36]

1980년대에 들어와 전자, 신소재, 바이오테크놀로지 등 이제까지의 중화학공업기술을 넘어선 새로운 기술혁신으로 파고가 시작되자 산업사회는 제3차 산업혁명으로도 불릴 만큼 변혁의 시대를 맞고 있다. 이런 상황하에서 선진제국 간에는 새로 도래하는 신사회

---

35) 세계경제의 중요한 구조적 변화 중의 하나가 국제교역의 확대, 특히 기술관련교역의 급속한 확대이다. 기술관련교역은 첨단산업 등 기술의존도 높은 산업의 교역뿐만 아니라 직접투자, 기술교역 등 다양한 형태를 포괄하는 광범위한 국제교역이다. 또한 일국에 있어서 기술의 경제성장을 지탱하는 대들보와 같은 역할을 하듯이 지식재산권 보호의 국제화는 국제무역, 직접투자, 기술무역 등에 직·간접적인 영향을 미치는 중요한 요인이다.

36) 김광두·남성일, 〈한국의 지적재산권제도의 개선방안에 관한 연구〉, 서강대 기술관련연구소, 1990, p. 106

의 주도권 쟁탈이 치열해지고 있다.[37]

1990년대 들어 미국, 일본 등 선진국 중심의 새로운 국제교역 질서 및 규범의 개편이 진행되면서 국제교역 여건도 과거와는 새삼 달라질 수밖에 없게 되었고, 1994년 WTO[38] 체제의 출범으로 미, 일 등 주요 선진국과의 지식재산권 분야에서 양자간 협상 추진 및 타결, WTO/TRIPs와 같은 다자간 지식재산권 협상 추진 및 국제 규범의 수용이 이루어지게 되었다.[39]

일명 TRIPs라고 불리는 UR 지식재산권 분야의 주요 목표는 "지식재산권의 효과적이고 적절한 보호의 필요성을 감안하여 지식재산권의 국제교역상의 왜곡과 장애를 완화하고 GATT의 규정을 명확히 하며, 적절한 경우에는 새로운 다자간 규칙과 규율을 마련하는 것"으로 요약될 수 있다.

한편 지식재산권 문제는 100여 년 이전부터 이미 논의되기 시작하였는데 국제화 논의가 처음 제기된 것은 1883년 체결된 공업소유권 보호에 관한 파리협약에서였다. 파리협약 본래 목표는 세계적으로 통일된 특허제도를 실시하는 데 있었으나, 이의 완전한 실현은 이루지 못하였다.

지식재산권의 국제화는 이와 같이 오래 전부터 진행되어 왔을 뿐만 아니라 국제사회에서 그 중요성이 널리 인식되어 왔음에도 불구하고, 한동안 경제 여건 등에 의거 지식재산권 분야 역시 어느 정도 이상은 국제화가 이루어지지 않았다. 그러던 중 세계경제의 국제화 추세가 급격히 진행되자 각종 제품 생산의 해외이전 사례가 급증하게 되었고, 이로 말미암아 자국에서뿐만 아니라 제3국에서도 특허, 상표 등 지식재산권을 취득하지 않으면 안 되게 되었으며, 또한 그 지식재산권이 충분히 보호되지 않으면 국제적 기업생산이 불가능한 상황에까지 이르게 되었다. 이러한 현상은 전세계 어느 나라에서나 공통적인 현상이며 지식재산권이 최근 국제화 시대를 맞이하고 있는 배경을 이루는 것이다.

주요 선진국은 이미 지식재산권의 중요성을 인식하고 특허제도를 15세기부터 도입 발

---

37) 증전우사(增田祐司), 〈지적재산권(知的財産權)에 따른(による) 기술전략(技術電略)의 전개(展開)〉《제평가(濟評價)》, 1987, p. 7.

38) 1995년 1월1일 세계무역기구(WTO: World Trade Organization)가 출범하였다. WTO 본부는 스위스 제네바에 있고 2013년 2월 현재 회원국은 158개 국가이며, 우리나라는 1995년 1월1 일 가입하였다. WTO는 국제통화기금(IMF)과 함께 국제무역을 지원하는 세계에서 가장 구심력 있는 국제기구라 할 수 있다. 특히 WTO는 국제통상의 모든 면을 포함하는 규범을 제정하고, 이 WTO 규범이 회원국에 의해 준수될 수 있도록 하는 분쟁체결 절차를 기지고 있다. WTO는 2년마다 1회 개최되는 WTO 각료회의(Minnisterial conference)가 최고 의사결정기구이다.

39) 특허청,《20년사》pp. 909-918.

전시켜 왔으며, 19세기 후반부터 오늘날의 세계 지식재산권기구(WIPO)를 중심으로 자국의 지식재산권 보호와 지역 및 국제협력을 강화하여 왔다. 뿐만 아니라 1995년 WTO의 발족으로 이제는 지식재산권이 주요 통상과제와 연계되어 향후 지식재산의 패권을 확보하기 위한 경쟁은 더욱 가열화할 것으로 전망된다. 더욱이 지식재산권의 범위는 전통적인 특허, 실용신안, 상표, 디자인 및 저작권 등의 범위를 벗어나 컴퓨터 소프트웨어, 반도체 집적회로, 생명공학, 상품화권(Merchandising Rights), 영업비밀(Trade Secrets) 등 신지식재산권은 물론 노하우, 데이터베이스, 혁신능력 등 인간의 무한한 지적 창작활동으로 그 영역이 확대되어가고 있는 추세이다.[40]

한편 지식재산권과 경제성장과의 관계에서 애덤 스미스(Adam Smith, 국부론 : 1776) 이래 많은 경제학자들은 18세기 이래의 눈부신 산업발전 및 경제 성장의 요인을 자본, 노동 및 천연자원 등 물리적인 요소의 결합으로 설명해왔다. 따라서 상당기간 대부분의 경제학자들은 눈부신 공업발전에 바탕을 둔 경제성장의 이면에는 산업재산권, 광의의 지식재산권의 역할이 뒷받침이 되었다는 것을 간과해왔던 것이다.

다만, 일부 선견지명이 있는 학자들은 기술의 중요성을 역설하고 나아가 "한 국가의 부는 국민의 창의력과 그들이 창출하는 새로운 아이디어와 기술혁신에 의존한다."고 하였다. 주요 학자, 기업전문가들의 주장[41]을 종합하여 보면 이론적 측면만 아니라 세계의 주요 기업은 벌써부터 지금까지의 고정자산 및 금융자산 중심의 기업성장의 전략에 지적자본(Intellectual capital)으로 성장 전략의 핵심을 전환하고 있음을 알 수 있다.

---

40) 최근에는 인류의 문화, 문명이 고도화되면서 생소한 명칭의 새로운 내용의 지식재산권(신지식재산권)이 등장하고 있다. 권리 보호의 영역 안으로 계속 진입하면서 지적재산권의 범위도 확대 추세와 이들 신지식재산권의 보호방식 및 범위에 대해서는 아직까지는 국가별로 상이한 입장이지만, 앞으로 이들 권리에 대한 보호 시책이 강화될 것으로 예상된다.

41) 서주석, 〈21C를 향한 지적재산 대약진 정책방향 연구 자료(知的財産 大躍進 政策方向 研究 資料)〉, 국제특허연수원(國制特許研修院), 1998, p. 3-10.·슘페터(J. Schumpeter, 1911)는 경제성장(經濟成長)을 '경제, 정치 및 이윤 동기와 경제 성장에 대한 욕구에 의한 기술개발의 조합(Combination)으로 이는 기술혁신(Technological Innovation)에 의해 가속화'된다는 소위 동학적(Dynamics) 산물로 보았다. 슈무클러(Jacob Schmookler)교수 (1967)는 지금까지 경제학자들이 국부의 증대를 위해 '새로운 지식의 창출과 확산 및 이용이라는 물적 자원의 확산보다 국민소득의 증대에 치중'하였다고 비판하였다.·OECD의 《경제정책과 지적재산권 보고서》(1989)에서도 "지적재산권은 시장원리에 근거한 경쟁력 경제 체제가 제 기능을 발휘하기 위해 필수적인 요소이며 장기적으로 경제발전의 원동력인 경쟁 확산에 도움이 된다"고 분석하고 있다.·IBM의 과학기술 담당 부사장인 암스트롱(John Amstrong)은 국제문제자문회 연차회의(1992. 1)에서 "지적재산권 제도는 한 국가의 경제기반을 이루는 각종 제도 중에서 핵심적인 제도"라고 설파하였다. 스웨덴의 전세계적 금융 기업인 스칸디아(Scandia)는 1994년 연차보고서의 부록인 "Visualizing Intelletual Capital"에서 지식자본이란 통상의 지식재산보다 광범위한 개념으로 권리화되지 않은 지적재산까지를 포함하는 개념으로 인식하고 있다.

이와 같이 지식재산이 경제성장과 국부증가의 원천으로 크게 부각됨에 따라, 최근 주요 선진국의 금융기관은 기업에의 금융지원 결정을 위한 평가 지표로 종래의 부동산 및 재무 지표 중심에서 지식 자본에 더 큰 비중을 두어 활용하고 있다는 점을 주시하여야 한다.

II. WTO/TRIPs협정과 국제조약

1. WTO/TRIPs협정의 특징

WTO/TRIPs협정은 우루과이라운드 다자간 협상의 결과로 1994년 4월 15일 타결되었다. 동 협정은 회원국들이 준수하여야 할 지식재산권보호의 최소기준을 설정하고 위반행위에 대한 강제성 있는 제재수단을 강구하여 지식재산에 대한 해적행위를 상당히 감소시켰으며 WTO/TRIPs협정은 기존의 다자간협약을 흡수 적용하는 광범위하고, 포괄적인 협정이라는 점이 첫째의 특징이다.[42] 세계지적재산권기구 설립협약은 기존의 다자간 협약과 병렬적인 관계에 있는 협약으로 기존 다자간 협약의 관리업무를 수행하기 위한 국제사무국을 두고 있는 것이 큰 차이라고 할 수 있다.

과거의 GATT가 구속력이 없는 국제협정이었음에 비하여, 세계무역기구(WTO)는 공식 국제기구로서 WTO협정 위반 시 제재를 가할 수 있는 공권력을 가진 조직이다.

1986년 9월 UR 각료선언문에서 "보다 효과적이고 실시 가능한 GATT규칙과 규율의 제정을 위하여 분쟁해결과정의 규칙과 절차를 개선하고 강화하는 데" 협상의 목표가 있다고 한 바에 따라 "WTO는 특히 의사결정이나 분쟁해결 절차 등의 측면에서 보다 큰 구속력"을 갖게 된 것이다. 그동안 WTO는 국제통상에 관한 글로벌 규범을 다루는 국제기구로서 WTO는 출범 이래 수많은 분쟁 해결을 통하여 각국이 시행 중인 무역 정책수단의 정당성과 문제점을 지적하면서 산업정책 결정에 중요한 역할을 하고 있다.[43]

WTO/TRIPs는 세계무역기구 헌장의 부속서로서 제정되어 세계무역기구의 전체구조

---

42) GATT가 결성된 1940년대 이후 1960년대 초까지도 지적재산권의 보호문제가 현재처럼 심각하지 않았으므로, 제2차 세계대전 이후 세계무역에 중요한 역할을 해온 GATT의 본문과 관련 의정에서도 지적재산권 보호관련 규정이 구체적으로 포함되어 있지 않았다.

43) 오원석 외 2인, 〈WTO 보조금 분쟁을 대비한 수출신용제도 운영방한에 관한 연구자료〉, 한국무역상무학회 (무역상무연구집) 2013. p. 284.

는 본 협정(WTO Charter)과 부속서(Annex)로 다음과 같이 구성되어 있다. 특히 상표분야에 관해서는 보호대상으로서의 상표는 성명을 포함한 문자·숫자 및 색채결합과 같은 표식 또는 그러한 표식들의 결합으로서 타 상품 또는 서비스와의 식별력 있는 표지로 규정하고 있다. 또한 상표의 보호기간도 최소 7년으로 하고 그 등록갱신은 무제한으로 인정되도록 규정하고 있으며 한편 파리조약 제6조의 2의 유명상표조항 즉, 등록되지 않은 상표라도 관련업계에 알려진 정도와 상표사용의 증대로 그 체약국에 저명하게 알려진 경우는 보호한다는 규정은 각국의 상호주의원칙에 따라 적용하여야 한다고 규정을 둔 점도 특징이다.

또한 TRIPs 협정에서는 모든 기술분야에서 신규성, 진보성, 산업상 이용가능성이 있어야 특허를 취득할 수 있다고 규정하고 인간, 동물, 식물의 생명 또는 건강의 보호를 포함하여 필요한 경우, 공공질서 또는 공서양속을 보호하기 위한 경우, 환경에 심각한 피해를 주는 특허를 부여하지 않을 수 있음을 규정하고 있다.

여기에서 지식재산권 이사회는 WTO협정문 부속서 IC에 수록된 "무역관련지식재산권에 관한 협정(Agreement on Trade Related Aspects of Interllectual Property Rights : TRIPs)"을 관장한다.

지식재산권의 국제적인 보호문제는 유엔의 전문기구인 세계지식재산권기구(WIPO)를 중심으로 관련국제조약(파리협약, 베른협약, 로마협약, 특허협력조약, 워싱턴 협약, 세계저작권협약 등)에 의하여 규율되고 있으나 지식재산권의 보호를 각국의 국내법에 위임하는 속지주의의 원칙을 택하고 있어 회원국 간에 발생하는 권리침해에 대한 구체적인 벌칙규정과 제재수단을 갖고 있지 않다. 따라서 TRIPs는 WIPO의 보완적 기능을 한다고 볼 수 있다.[44]

또한 WTO협정은 일반이사회의 지침에 따라, TRIPs 협정의 기능을 감독하기 위하여 무역관련 지식재산권 이사회(TRIPs 이사회)를 두고 있다. TRIPs이사회 회원은 모든 회원국들에게 개방되어 있다. TRIPs 협정 규정하에서 TRIPs 이사회는 TRIPs 협정의 운영과 회원국들의 TRIPs 협정상의 의무 준수 여부를 감독할 권한을 갖고 있다. TRIPs 이사회는 또한 개도국들을 위해 인정된 유예기간 만료 후(즉, 2000년 1월 1일 이후), 그리고 그 이후 매 2년마다 TRIPs 규정의 이행 여부를 점검한다(제71조 제1항). TRIPs 이사회의 첫 번째 회의가 1995년 3월 9일 개최되었다.

그리고 TRIPs 협정은 지식재산권에 관한 WTO와 WIPO 간의 협력을 위한 규정과 상호

---

44) 양영환·오원석, 《무역상무론》, 법문사, 1998, pp. 156-160.

[그림 1-1] 협정문의 구성

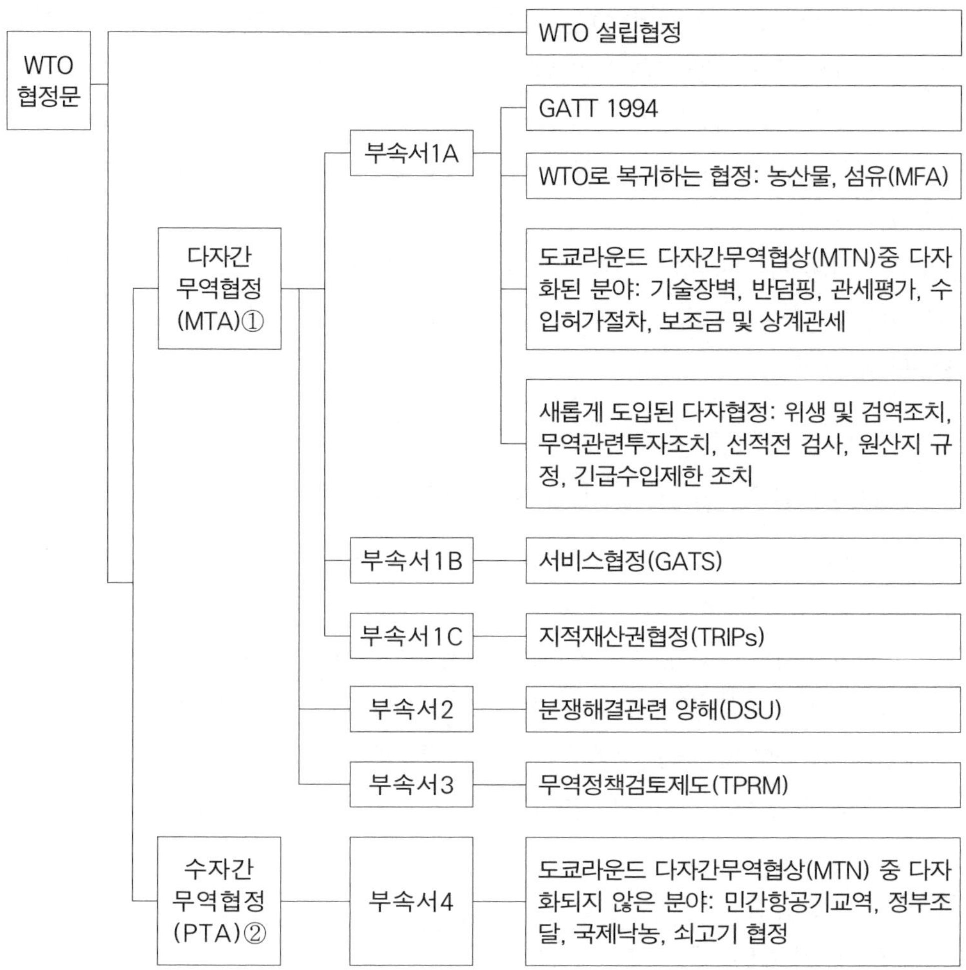

(주) : ① 다자간무역협정은 WTO협정의 일부로서 모든 회원국에 적용됨.

② 수자간무역협정(Plurilateral Trade Agreement; PTA)은 WTO협정의 일부이기는 하나 이 협정들을 수락한 회원국에게만 적용됨.

③ 1A : 전통적인 GATT관장사항. MFN협정의 일부

④ 1B : 서비스교역에 관한 일반협정 (General Agreement on Trade in Service : GATS)

⑤ IC : TRIPs 부속서

※자료 : 양영환 · 오원석,《무역상무론》. 1997, p. 156-4.

지원 관계를 확립하기 위한 협의가 이루어질 수 있도록 하고 있다. TRIPs 협정의 서문은 이에 대한 표현으로서 "WTO와 다른 관련 국제기구 및 WIPO와의 상호협력관계를 확립하도록 노력한다"라고 언급하고 있다.[45]

또한 TRIPs는 기술혁신의 촉진, 기술이전과 전파, 기술·지식의 생산자와 이용자 간의 상호이익의 증진을 기본이념으로 한다. TRIPs는 국제무역의 왜곡과 장애를 줄이고, 지식재산권의 유효하고 적절한 보호를 촉진하며, 지식재산권 보호가 자유무역의 장벽이 되지 않도록 지식재산권의 시행을 위한 수단과 절차를 확보하는 것을 목표로 한다. TRIPs의 기본원칙은 내국민대우의 원칙,[46] 최혜국(最惠國)대우의 원칙,[47] 권리소진(權利消盡)의 원칙[48]이다.

2. WTO/TRIPs 협정 내의 분쟁해결절차 특칙

TRIPs 협상은 국제법의 영역 내에서 전반적인 지식재산권의 보호를 강화하고자 하는 노력의 일환으로 이루어졌으며, 동 협상에서 협상국들은 지식재산권의 효과적인 시행제도의 마련에 합의를 이루어, 그 일환으로 지식재산권 분쟁에 있어서 다자간 협의와 분쟁해결절차의 설치를 공동목표로 삼게 되었다. 그러나 지식재산권 분쟁해결에 대한 선진국과 개발도상국 간의 입장에는 차이가 있었는데, 미국과 유럽공동체의 국가들은 무역관련 지식재산권의 영역에서 GATT의 분쟁해결 규정과 절차를 따르고, 이와 조화되도록 관련

---

45) 특허청,《지적재산권총론》, 1998, pp. 873. ※ TRIPs 협정은 WIPO와 WTO 간에 협력을 함에 있어서 특별한 분야에 대해 협의가 이루어질 수 있도록 하고 있다. 특히, 회원국들에 의한 TRIPs이사회에서 법규통지에 관한 제63조 제2항은 "이사회는 이러한 의무를 수행함에 있어서 회원국의 부담을 최소화하도록 노력하고 만일 이러한 법규를 수록하는 공동 등록소(common register) 설치에 대한 협의가 성공적으로 이루어진다면 이사회에 직접 그러한 법규를 통지할 의무를 면제하도록 결정할 수 있다"라고 규정하고 있다.

46) 내국민대우의 원칙: 각 회원국은 지식재산권 보호에 관하여 자국민에 대하여 부여하는 것과 똑같은 대우를 다른 회원국의 국민에게 보장하여야 한다(TRIPs 제3조). TRIPs의 내국민대우(National Treatment) 원칙의 내용은 파리협약과 베른협약에서 규정하는 원칙과 동일하다.

47) 최혜국(MFN : Most-Favored-Nation Treatment)의 원칙-TRIPs에서 최혜국대우를 최초로 도입하였다. MFN에 의하여 WTO회원국은 다른 회원국의 국민에 대해 제공하는 모든 이익·혜택·특전 또는 면제는 즉시 조건없이 다른 모든 회원국의 국민에게 제공되어야 한다(TRIPs 제4조). 이는 대부분의 지식재산권조약이나 협정은 속지주의 원칙을 준수하여 내국민대우보다 상위수준으로 보호해줄 수 있다는 것을 의미한다.

48) 권리소진의 원칙-권리소진의 원칙(exchaustion doctrine)은 "first-sale doctrine"이라고도 하는데 적법하게 만들어진 특허품(복제품)을 일단 판매하면 그 특허품의 권리자는 원권리자의 독점권에도 불구하고 이를 재판매하거나 다른 방법으로 처분할 수 있다는 원칙이다(TRIPs 제6조). 즉 제1의 판매로써 특허권, 저작권 등의 권리자의 권리는 소진된다는 원칙이다.

국내법규와 절차를 개정, 집행하도록 하는 협상안을 제출하였다.[49] 그리고 분쟁해결 결과를 이행하지 않는 경우 보복조치를 허용할 것을 제안하였다. 그러나 개발도상국의 입장은 이와 상이하였다. 즉, 미국이나 유럽공동체의 입장은 GATT 내의 분쟁해결제도를 주장한 반면, 개도국들은 WIPO를 중심으로 한 분쟁해결을 추구하였으며, 당사국 간의 협의를 중심으로 분쟁해결을 도모하며, 협의에 의하여 분쟁이 해결되지 않는 경우, 알선, 조정, 중개, 중재제도를 활용할 것을 제안하였다.[50] 결국 선진국의 입장이 다수 반영된 TRIPs 협정이 체결되었으며, 동 협정은 제5부에서 분쟁의 방지 및 해결에 관하여 규정하고 있다.

지식재산권 분쟁에 관하여 규정하고 있는 TRIPs 협정 제5부는 2개의 조문으로 이루어져 있다. 제63조는 분쟁의 방지에 관한 규정이며, 제64조는 분쟁해결에 관한 규정이다.

TRIPs 협정은 1995년부터 발효되어 현재에 이르고 있지만 국가 간 이해관계의 변동과 생명공학, 전자상거래 등 기술발전의 과정을 거치면서 여러 측면에서 변화의 필요성을 절감하게 되었다.

3. 지식재산권의 보호에 관한 국제조약

가. 산업재산권보호 관련 국제조약

1) 파리협약

(1) 파리협약(Paris Convention)이란 산업재산권 관련 조약 가운데 대표적인 조약으로 산업재산권의 국제적 보호를 위해 1883년 파리에서 체결된 국제적 규범으로서 협약의 가맹국은 상호동맹을 형성한다. 파리협약은 ① 내외국인 동등대우의 원칙, ② 우선권제도의 인정, ③ 각국 특허독립의 원칙을 주요 기본정신으로 채택하고 있다.

(2) 우리나라도 동 협약의 가맹국이며, 파리협약상 규정된 사항에서 상표법과 관계된

---

49) Draft Agreement on Trade-Related Aspects of Intellectual Property Rights, Commuication from the European Community, GATT Doc. No. MTN. GNG/NG11/W/68 (Mar. 29, 1990), Art. 8 : Draft Agreement on the Trad-Related Aspects of Intellectual Property Rights, Communication from the U.S., GATT Doc.NO.MTN.GNG/ NG11/W/70(May 11, 1990).

50) Communication from Argentina, Chile, China, Colombia, Cuba, Egypt, India, Nigeria, Peru, Tanzania, and Uruguay, GATT Doc. No. MTN.GNG/NG11/WZ1(May 14, 1990) Art. 19 : T. P. Stewart, The GATT Uruguay Round : A Negotiating History (1986-1992), Vol. II : Commentary, Deventer : Kluwer Law and Taxation Publishers, 1993, pp. 2310-2313.

것을 열거하면, 등록상표의 불사용에 대한 제재·변경사용·공유자의 동시사용 및 등록표시의무 면제 규정, 상표권의 독립(협약 6), 주지상표의 보호(협약 6의2), 동맹국의 국가기장, 감독용 또는 증명용의 공적 기호 및 인장 또는 정부 간 국제기관의 기장의 보호(협약 6의3), 외국 등록상표에 관한 규정(협약 6의5), 서비스 마크의 보호에 대한 규정 외 많은 규정 등이 있으며 우리나라는 1980년 5월 4일 스톡홀름 개정협약에 가입하였다.[51]

2) 특허협력조약

(1) 특허협력조약(Patent Cooperation Treaty : PCT)이란 특허출원절차의 국제적 통일화를 기하는 한편 각 체약국의 심사의 편의를 고려하여 파리협약 가맹국가 중의 일부의 국가가 체결한 국제출원을 위한 다자간 국제조약이다.

파리협약이 권리능력 인정 등 실체에 관한 조약인 반면, PCT는 다수 국가에 특허를 용이하게 취득하기 위한 '절차적 조약'이다.

(2) PCT에 의한 국제출원은 수리관청에의 국제출원일이 특허의 보호를 요구하는 개별 지정국가에서의 실제의 출원일로 간주되는 점 이외에 국제단계에서의 국제조사를 통하여 파악된 선행기술을 출원인 또는 각 지정 국가가 적절히 활용할 수 있다는 장점이 있다. 특허협력조약은 한국은 1984년 8월에 가입하였다. 1970년에 제정되어 1979년과 1984년 8월에 각각 개정(amendment) 및 수정(modification)된 국제특허출원, 국제조사 및 예비심사 등의 절차를 규정하고 있다.

3) 특허법조약(PLT)

1980년대 초부터 세계 각국은 특허제도의 국제적 조화(harmonization)가 중요한 과제라는 인식이 급속하게 확산되어 왔다. 1995년 9월 WIPO정기총회 결정으로 특허법조약(PLT: Parent Law Treaty)의 검토가 개시되었다. 그 후 수차례의 전문가회의를 개최한 결과 2000년 6월 1일에 조약이 채택되었고, 2005년 4월 28일부터 조약이 발효되었고 2013년 현재 영국, 프랑스 등 32개국이 가입했다. 우리나라는 현재 미가입한 상태이나 2015년 시행목표로 특허법 개정을 추진하고 있다. PLT의 목표는 국내 및 지역 출원절차 및 방식요건의 통일화, 출원인의 편의도모를 위한 출원방식요건의 완화, 특허방식 요건에 대한 상이한 국제표준 도입을 배제하고, 국내 및 지역특허청에서 정하는 요건의 통일화 및 간소화 이다. 조약의 주요 내용은 명세서를 대신하는 도면의 제출만으로 출원일 인정이 가

---

51) 파리협약 체약국을 2012년 2월 현재 174개국 국가이다.

능하고, 출원서 양식 및 요건에 관해서는 개정될 PCT국제단계 요구조건을 준용하고, 재외자에 대한 강제대리 예외사항의 채택 여부를 규정하고 있다.

4) 유럽특허조약

(1) 유럽특허조약은 유럽의 모든 국가를 가맹국으로 하고 있는 특허제도사에 있어서 획기적인 광역특허제도이다. 유럽특허조약은 소위 제1조약(유럽특허부여에 관한 조약 : EPC)과 제2조약(공동시장을 위한 유럽 특허에 관한 조약 : CPC)의 두 가지가 있다.

(2) 제1조약에 의한 유럽 특허청이 부여하는 하나의 특허는 출원인이 희망(지정)한 나라의 국제특허의 집합(bundle)이라 할 수 있다. 그 유효·무효·특허권의 효력, 침해 등은 모두 각국의 특허법에 의하므로 국가에 따라 유·무효 등의 판단이 다를 수가 있다.

한편 제2조약에 의하여 유럽 특허청이 부여하는 하나의 특허는 EEC국 전체에 효력을 갖는 초국가적인 특허로서 각국의 국내특허(EEC 가맹국은 국내특허법을 가질 수 있다)와 구별되어 그 효력·무효는 유럽 특허청의 무효부에 의하여서만 심리된다(각 국별 유·무효는 있을 수 없다). 다만, 특허침해소송의 심리는 원칙적으로 각국 법원이 행한다. 또한 유럽 특허출원에 있어 공동체의 1국을 지정한 때에는 공동체의 모든 국가를 지정한 것으로 간주된다.

5) 부다페스트(Budapest)조약

(1) 이 조약은 특허절차상 미생물기탁의 국제적승인에 관한 조약으로서 1977년 4월 28일 헝가리 부다페스트에서 체결되었는데 그 조약이 체결된 지명을 따서 부다페스트조약이라고 칭한다. 우리나라는 1987년 12월 가입서를 기탁한 후 이듬해인 1988년 3월에 동 조약에 가입하였다.

(2) 이 조약의 체결로 미생물에 관련한 발명을 여러 나라에 출원하는 경우 각 개별국에 그 미생물을 일일이 기탁하여야 하는 불편을 해소하게 되었다. 따라서, 우리나라에 미생물에 관련한 발명을 출원하고자 하는 자는 부다페스트조약에서 지정한 국제기탁기관이나 우리나라 특허청이 지정한 기탁기관에 선택적으로 기탁을 한 후 출원하면 된다.

6) 상표법조약(TLT)

(1) 상표법조약(Trademark Law Treaty: TLT)은 1994년에 체결되어 1996년 8월 1일에 발효된 조약으로서 우리나라는 2002년 11월 25일에 가입하였다. 본 조약은 WIPO 가맹국 및 파리협약의 가맹국 및 정부간기구에도 그 가입이 개방되어 있으며 상표법조약에 가

입하기 위한 비준서 또는 가입서는 WIPO 사무총장에게 기탁하여야 한다.

(2) 상표법조약의 규정 대부분은 특허청에 대한 절차에 관한 것으로 ① 상표등록출원 절차, ② 등록 후의 변경절차, ③ 갱신절차로 3단계로 구성되어 있다.

상표등록출원의 경우 상표법조약에서 규정하고 있는 요건을 충족하는 경우 출원일을 인정하여야 하며(출원일 인정), 상표등록을 위한 상품 및 서비스업의 분류로서 니스분류(NICE Classification)를 사용하여야 하고, 한 출원서에 여러 상품류 구분의 상품을 지정하여 출원·등록할 수 있는 다류 1 출원등록제도를 허용하여야 하며, 특허청은 출원인이 어떠한 상업적 활동을 하고 있다고 표시하게 한다든지 또는 당해 출원상표가 타국의 상표 등록원부에 등록되어 있다는 증거를 제공하도록 요구할 수 없도록 규정하고 있다.

7) 마드리드의정서(Madrid Protocol)

마드리드의정서는 마드리드협정이 지니고 있는 문제점을 극복하고 탄력적으로 국제 등록제도(Global protection system)를 창설할 목적으로 '표장의 국제등록에 관한 마드리드 협정에 대한 의정서(protocol Relating to the Madrid Agreement Concerning the Intrenational Registration of Marks)'라는 명칭으로 1995년 12월 1일 발효되어 1996년 4월 1일 시행된 조약이다. 우리나라는 2003년 4월 10일에 가입하였다. 2001년 상표법에 반영된 마드리드의정서에 근거하여 마드리드의정서 체약국에 대해서는 국내 특허청을 통해 하나의 국제출원서를 영어로 작성하여 출원하면 출원인이 국제출원서에 지정한 국가에 동일한 날짜에 출원한 것으로 간주되기 때문에 국내 기업의 해외 상표등록 절차가 매우 간소화되는 한편 비용도 매우 저렴하다. 다만, 이러한 국제출원을 하기 위한 전제 조건으로 국내에 기초가 되는 상표등록 또는 상표등록출원이 있어야 한다. 따라서 국내에 등록상표나 출원상표가 있어야 하며, 국내에 아무런 등록상표나 출원상표가 없는 경우에는 마드리드 의정서를 통한 국제출원을 할 수 없다.[52]

8) 상품의 국제분류에 관한 니스협정

(1) 본협정은 WIPO의 전신인 '지식재산권사무국(BIRPI)'이 1891년 마드리드협정에 따른 상표의 국제등록업무 수행과 국제사무국에 의한 선행상표조사 등의 편의를 도모하기 위하여 체결된 조약이다. 나라마다 상이한 상표등록을 위한 상품 및 서비스업의 분류를

---

52) 마드리드의정서 제2조(국제등록을 통한 보호)의 규정에 따라 특허에 관한 국제등록 제도인 PCT처럼 WIPO 의 국제사무국 등록원부에 상표를 등록함으로써 체약국의 영역 내에서 자신의 상표를 보호받을 수 있다.

국제적으로 통일한 조약으로서 1957년 6월 15일에 니스외교회의에서 채택되었으며, 1967년 스톡홀롬, 1977년 제네바에서 개정되었고, 1979년에 수정되었다.

(2) 본 협정의 주요내용은 상표나 서비스표의 등록을 위한 상품 및 서비스업을 국제적으로 통일된 기준에 의해 분류하기 위한 조약이다. 따라서 각 체약국은 주분류 또는 보조분류로서 상표공보 및 등록원부 등의 공식문서 및 발행문서에 당해지정상품이 속하는 상품분류의 번호를 기재하도록 요구하고 있다. 그러나 니스분류가 동일·유사한 상표를 저촉되는 상표로 볼 것인지는 회원국이 개별적으로 결정하도록 하여 동 협약이 상표권의 실체적 내용을 구속하지 않도록 규정하고 있다.

니스분류[53)]는 모든 체약국으로 구성된 전문가위원회에서 개정되어 매 5년마다 개정되고 있다. 현재 2007년 개정된 니스분류는 제9판으로 1류부터 34류까지 34개류의 상품류와 35류부터 45류까지 11개류의 서비스류로 구성되어 있다.

9) 디자인의 국제등록에 관한 헤이그협정

(1) WIPO는 헤이그협정을 미국, 일본, 우리나라, 호주, 영국 등 신규성 등의 엄격한 내용심사를 하는 심사주의 국가에서 가맹하도록 확대하는 것을 목적으로 1999년 7월 2일 제네바에서 개최된 WIPO회원국의 대표로 구성된 외교회담에서 '디자인의 국제등록에 관한 헤이그협정(The Hague Agreement Concerning the International Registration of Industrial Designs, 이하 '신헤이그협정'이라 한다)'이 채택되었다.

(2) 헤이그협정은 심사주의를 채용하고 있는 미국이나 일본의 각 국내법으로부터의 요구를 거의 받아들여 실질적으로 심사주의 국가의 가입에 장애가 되는 규정을 개정하여 심사주의 국가의 가입을 유도하고, 협정 가입국의 증대를 통한 동 협정의 지역적 규율 범위를 확대하며, 심사주의 국가의 다양한 법제를 수용함으로써 출원절차의 국제적 통일화를 도모하고, 대리인 선임을 강제하지 않고 단일어로 출원할 수 있도록 하며 번역문 제출을 의무화할 수 없도록 하는 등 출원절차의 간소화 및 국제출원 비용의 경제성을 추구하고 있다. 우리나라는 현재 이 협정의 가입을 전제로 국제디자인 출원제도를 도입하고

---

53) '표장의 등록을 위한 상품 및 서비스업의 국제분류에 관한 니스 협정(Nice Agreement Concerning the International Classification of goods and services for the purpose of the registration of marks)' 에는 최근 70여 개국 등이 가입해 있으며 WIPO 국제사무국, 베네룩스상표청, 유럽공동체상표·의장청 및 아프리카지식재산권기구(OAPI) 등 여러 국가의 특허청이 된 분류를 사용하고 있다. 본 협정은 파리협약의 가맹국들에게 그 가입이 개방되어 있으며, 동 협정에의 비준서 또는 가입시는 WIPO사무총장에게 기탁하여야 한다. 우리나라는 1998년 3월 1일부터 니스분류의 주 분류로서 채택·사용하고 있으며 니스협정에는 1999년 1월 8일 가입하였다.

있으며, 개정 규정은 헤이그협정이 대한민국에 대하여 그 효력을 발생하는 날부터 시행하기로 하고 있다.[54]

10) 디자인의 국제분류의 설정에 관한 로카르노협정

(1) 디자인에 관한 통일적인 국제분류의 확립을 목적으로 하는 '디자인의 국제 분류의 설정에 관한 로카르노협정(The Locarno Agreement Establishing an International Classifica tion for Industrial Designs, 1968)'은 1968년 10월 8일 조인되어, 1971년 4월 27일에 7개국(체코슬로바키아, 덴마크, 서독, 아일랜드, 노르웨이, 스웨덴, 스위스)의 비준에 의하여 발효되었으며 그동안 전문가회의에 의해 수차례 개정되었다.[55]

(2) 로카르노협정은 디자인이 표현되는 물품에 관한 국제분류를 정한 것으로 그를 위한 단일분류를 채용하고 있다.

국제분류는 32개류(class)로 분류되고 그 하위분류인 세류(subclass)로서 223종이 채용되어 있으며, 알파벳순 품목목록에는 약 6,600개의 구체적인 물품이 예시되어 있다.

나. 저작권보호 관련 국제조약

1) 저작권의 국제적 보호의 필요성

19세기경 유럽의 여러 나라들에서 인쇄술의 발달과 함께 제정되기 시작한 저작권법은 처음에는 특허법과 같이 단지 당해 국가의 영토 내에서만 저작자의 권리를 보호하였다.

그 후 교통 및 저작물 이용수단이 급격히 발달함에 따라 점차 저작권의 국제적 보호문제로 관심이 폭이 넓어지게 되었다. 즉 어느 특정한 역사시점에 이르자 이제 저작권을 일국의 영토 내에서만 보호하는 것은 저작자의 권리보호에 있어 매우 불완전하고, 심지어는 그 보호를 완전히 무의미하게 할 수 있다는 인식이 생겨나게 된 것이다. 이론적으로 볼 때, 저작권자가 자신의 창조적인 노력으로 작성한 저작물에 대하여 그 본국의 영토 안에서만 경제적 또는 인격적인 이익을 보호받아야 하는 합리적 이유를 설명하기는 어렵다. 저작권이 저작물의 창작으로부터 발생하고 어떤 다른 행정절차에 기한 것이 아니라는 생각은 자연스럽게 일단 저작권이 발생하면 그 저작권은 어느 곳에서나 유효한 것이

---

54) 헤이그협정은 2003년 12월 23일에 발효되었다. 우리나라를 포함 미국, 일본 등의 국가는 아직 이 협정에 가입하고 있지 않으나 디자인의 광역보호를 위한 국제화의 추세에 따라 가입할 것으로 보인다. 2013년 3월 현재 스위스, 유럽연합, 싱가포르 등 45개국이 가입되어 있다.

55) 2012년 2월 현재 독일, 스페인, 러시아, 중국 등 52개국이 가입되어있다. 우리나라는 2011년 4월 17일자로 가입하였다.

어야 한다는 생각으로 이어진다.

그러나 그런 이론적인 측면보다 훨씬 중요한 것은 "악화가 양화를 구축한다"는 국제통화에 관한 그레샴의 법칙(Gresham's law)이 저작물과 저작권에 관한 문제에도 적용된다는 사실이다. 만약 A라는 나라에서 저작권보호를 받는 저작물 B·C 등 나라에서는 보호받지 않아서 자유롭게 복제될 수 있다면, 그 복제물들이 A국으로 수입되어 정상적으로 저작권사용료를 지불한 제품들과 경쟁을 벌이게 될 것이다. 저작권사용료를 지불하지 않은 수입복제물이 싼 가격으로 출시되어 정상적인 국산제품들이 시장에서 '구축'하게 될 것임은 명약관화하다. 사람과 재화의 이동성이 커지면 커질수록 이러한 현상은 더욱 심각하여질 것이다.

19세기 중엽부터 유럽의 몇몇 나라들을 중심으로 저작권의 국제적 보호를 모색하는 흐름이 강하게 일어난 것은 바로 그러한 현실적 필요성에 기한 것이다.

2) 저작권의 국제적 보호의 방법

저작권의 국제적 보호의 방법에는 크게 보아 다음과 같은 세 가지의 유형이 있을 수 있다.

(1) 국내입법에 의한 외국저작물의 일방적 보호

이것은 저작권의 국제적 보호에 대한 최초의 시도로서 과거 프랑스가 채택한 바 있는 방법이다. 즉 프랑스는 저작자의 권리는 자연법적으로 저작자에게 주어진 권리이므로 인위적인 국적이나 국경에 의하여 제약되어서는 안 된다는 철학적인 근거와 자국의 선진 저작물을 다른 나라에서도 동일하게 보호하여 주기를 기대하는 실용적인 고려에서 1852년에 모든 외국저작물을 일방적으로 보호하여 주기로 하는 법령을 제정·공포하였다.[56] 당시 프랑스가 취한 이러한 입법조치는 주위의 다른 나라에 외국저작물의 보호에 관한 관념을 변화시키고, 저작권의 보호에 관한 양자간 조약체결을 유도하는 데 긍정적인 영향을 미친 것으로 평가되고 있다. 그러나 프랑스의 이러한 일방적 보호방법을 그대로 따른 것은 벨기에뿐이고, 나머지나라들은 모두 외국저작권의 일방적 보호에 인색한 태도를 보여왔다.

오늘날에는 외국저작물에 대한 보호를 일방적·전면적으로 승인한다는 것은 필요하지도 않고 가능하지도 않은 일이 되었다. 저작권무역 등으로 얻은 수익이 한 나라의 국민소

---

56) 이성호, "외국인의 지적소유권 보호와 저작권을 중심으로", 〈지적소유권에 관한 제문제(하)〉《재판자료 제57집》, 법원행정처, 1982, pp. 597.

득에서 차지하는 비중이 이미 무시할 수 없을 정도로 커졌기 때문에 상호주의적인 고려를 하지 않을 수 없게 된 것이다. 프랑스도 1957년의 저작권법부터는 위와 같은 입장에서 후퇴하여 프랑스가 가입한 다자간 협약에 가입하지 않았고, 또한 프랑스에서 최초로 발행된 저작물에 대하여 적절하고도 유효한 보호를 실시하지도 아니하는 나라에서 최초로 발행된 저작물에 대하여는 보호를 승인하지 아니하는 규정을 두었다.[57]

결국 외국저작물에 대하여 아무런 조건 없이 국내저작물과 같은 보호를 일방적으로 승인하는 나라는 현재로서는 전혀 없다고 할 수 있다.

(2) 양자간 조약에 의한 보호

상호주의(reciprocity)에 입각한 양자간 조약(bilateral agreement)에 의하여 체결당사국 국민의 저작물을 보호하는 방법은 역사적으로 저작권의 국제적 보호가 이루어지기 시작한 초기단계의 유럽 국가들 사이에 널리 성행하였고, 이것이 대다수의 유럽 국가들과 라틴아메리카의 일부 국가들 사이에 광범위하게 이루어진 것이다.[58]

그러나 이와 같은 양자간 조약에 의한 방법은 그 효력범위에 근본적 제약이 있을 뿐만 아니라 조약마다 상이한 조건에 의하여 규율됨으로써 저작권의 국제적 보호질서가 조화와 통일보다는 오히려 혼란과 불일치를 향해 나아가게 하는 문제가 있음이 발견되어 차츰 다음 항에서 보는 다자간 협약에 의한 보호방법을 강구하게 되었다.

(3) 다자간 협약에 의한 보호

다자간 협약에 의한 보호방법은 오늘날 저작권의 국제적 보호를 위하여 가장 보편적으로 채택하고 있는 방법으로서, 1886년에 '문학적 및 미술적 저작물의 보호에 관한 베른협약(The Berne Convention for the Protection of Literary and Artistic Works)'[59]이 성립한 것이 그 출발점이었다. 베른협약은 성립된 후 지금까지 1세기가 넘는 기간 동안 일관되게 세계에서 가장 큰 영향력을 가진 저작권협약으로 인정되어 왔다. 한때는 세계저작권협약(The Universal Copyright Convention : UCC)[60]의 체약국이 베른협약의 동맹국보다 많

---

57) S.M. Stewart, International Copyright and Neighbouring Rights, 2nd ed., Butterworths, 1898, p. 36.

58) 자세한 내용은 이성호, 전게논문, p. 598 참조.

59) 베른협약의 기본원칙 : ① 법정지법주의와 내국민 대우의 원칙 ② 최소 보호의 원칙 ③ 무방식주의 ④ 예외적상호주의 ⑤ 소급보호의 원칙※자세한것은 오승건, 이해원공저,《저작권법》, pp. 517-536. 참조

60) 세계저작권협약의 성립 ; 베른협약이 채택한 무방식주의 원칙은 미국의 저작권법체계와는 큰 괴리가 있었으므로 국제저작권 관계에 있어서 중요한 나라의 하나인 미국이 오랫동안 이에 가입하지 아니하였고, 아메리카 대륙의 여러 나라들은 이와 별도로 몇 개의 지역적인 다자간 조약을 체결하여 저작권 관계를 규율하였

아진 적도 있었지만, 베른협약의 실체적 조항이 저작권영역에 있어서의 여러 가지 개념에 대하여 명확한 정의를 내리고, 많은 문제에 대하여 명확한 해답을 내린 점에서 각국의 저작권법에 대한 영향은 베른협약이 항상 '수위'를 점해왔다고 할 수 있다.

오늘날은 무역관련 지식재산권협정(TRIPs)에서 세계저작권협약보다 전반적인 보호수준이 높은 베른협약을 저작권의 국제적 보호를 위한 기본적인 틀로 수용함으로 말미암아 더욱 베른협약의 위상이 높아지고 세계저작권협약의 주요성은 감소하였다.

세계적인 범위의 다자간 저작권협약에는 베른협약과 세계저작권협약 외에도 로마협약,[61] 음반협약,[62] WIPO저작권조약 및 실연·음반조약 등이 있다. TRIPs 협정도 그 속에 포함된 저작권관련조항이 다자간 저작권협약과 같은 역할을 수행한다고 볼 수 있을 것이다.

우리나라는 1987년 7월 1일 세계저작권협약에 가입신청하여 1987년 10월 1일부터 효력이 발생하였고, 1987년 7월 10일 음반협약에 가입신청하여 1987년 10월 10일 효력이 발생하였다. 베른협약에 대하여는 1966년 6월 21일 WIPO에 가입신청서를 제출하여 1966년 9월 21일 효력이 발생하였다 1966년 12월에 체결된 WIPO저작권조약 및 실연·음반조약에도 우리나라가 가입되어 있다. 또한 우리나라는 세계무역기구(WTO)의 회원국이므로 세계무역기구협정의 불가분의 일부를 이루고 있는 TRIPs 협정을 준수해야 할 의무를 부담하고 있다.[63]

다. 한편 베른협약은 개정을 거듭하면서 선진국들의 입장에 치우쳐 보호의 수준이 점차 높아져 왔으므로 많은 개발도상국들은 그 가입을 꺼리게 되었다. 이러한 이유로 제2차 세계대전 이전부터 더욱 많은 나라가 참여할 수 있는 새로운 국제저작권협약을 성립시키려는 노력이 있어 오다가 제2차 대전이 끝난 후 유네스코(UNESCO)의 주관하에 그 노력이 본격화되어 1947년부터 1951년까지 네 차례에 걸친 전문가회의에서 새로운 협약의 초안이 마련되었다. 위 초안을 기초로 하여 1952년 8월 18일부터 9월 6일 사이에 제네바에서 열린 50개국 대표들의 외교회의에서 세계저작권협약(Universal Copyright Convention ; UCC로 약칭됨)이 체결되어 1955년 9월 6일 발효되게 되었다. 세계저작권협약은 베른동맹국이 아닌 나라들에 중점을 두어 만들어졌다.

61) 저작인접권의 국제적 보호를 위한 논의는 1908년의 베른협약에 관한 베를린개정회의에서부터 시작되어 1961년 로마에서 열린 '인접권조약외교회의'에서 "실연자·음반제작자 및 방송사업자를 위한 국제협약"(International Convention for the Protection of Performers, Producers of Phonograms and Broad casting Organization)이 체결되었으며, 1964년 5월 18일 협약이 발효되었다.

62) 1960년대 이후 복제기술의 급속한 발달과 더불어 음반의 무단복제가 성행하자 이를 방지하기 위하여 1971년 10월 29일 스위스의 제네바에서 '음반의 무단복제로부터 음반제작자를 보호하기 위한 협약(Conven tion for the Protection of Producers of Phonograms against Unauthorized Duplication of their Phono grame)'이 채택되어 1973년 4월 18일 발효되었다. 이 협약은 로마협약이 다수 가입국을 확보하지 못한 등의 사유로 현실적으로 음반해적판의 횡행을 방지하는 데 큰 도움을 주지 못함에 따라 일종의 '응급조치'로서 마련된 협약이라고 할 수 있다.

63) 오승건, 이해완저, 《저작권법》 pp. 517-536.

한편, 앞으로 FTA(자유무역협정 : Free Trade Agreement)은 지식재산권 분야에서 특허, 저작권과 관련하여 저작권 기술적 보호조치, 저작권 침해에 대한 문제 등이 쟁점사항으로 보인다.**64)**

다. WIPO의 최근동향

1) 국제등록시스템 확대

WIPO는 급변하는 기술 발달 추세에 부응하기 위해 특허는 PCT협정에 의한 국제특허출원, 상표는 마드리드협정**65)**을 개정한 마드리드의정서(Madrid Protocol)**66)**, 디자인은 헤이그(Hague)협정**67)**을 개정한 제네바 법(Geneva Act) 등으로 법과 규칙을 개정 하는 등 제도를 정비하였다. WIPO의 주요업무는 국제조약을 권장하고 체결하며, 국제규범을 제정하고, 개발도상국가의 지원을 위한 개발협력사업 및 PCT 등 국제등록을 담당한다. 한편, WIPO는 21세기 경제기반 사회의 변화에 부응할 수 있는 지식재산권 보호를 강화하기 위하여 2010년부터 2015년 까지 중장기 전략계획(Medium Term Strategic plan)을 단계적으로 추진하고 있고 또한, WIPO는 뉴밀레니엄시대에 맞는 지식재산권 제도(Global Intellectual Property system)를 정착시키기 위해서 각 협정의 회원국을 대폭 확대를 추진하고 있다.

---

64) 고영희, 〈한미 FTA, 지식재산권분야 쟁점〉.《지식과 권리》, 대한변리사회 2006년 여름호 대한변리사회. pp. 119-129.

65) 표장의 국제등록에 관한 마드리드협정[Madrid Agreement Concerning the International Registration of Marks (1891)]. 본 협정은 WIPO 국제사무국에 대한 표장(상표와 서비스표)의 국제등록절차에 관해 규정하고 있다. 본 협정에 따른 국제등록의 혜택을 누리기 위해서 출원인은 체약국 중의 한 나라의 국민이거나, 체약국 중의 한 나라에 주소 또는 이들 국가 내에 실질적인 산업상 혹은 상업상 영업소를 가지고 있어야 한다.

66) 표장의 국제등록에 관한 마드리드협정 관련 의정서[Protocol Relating to the Madrid Agreement Concerning the Internatonal Registration of Marks(1989)] 마드리드 의정서는 협정에 따른 국제표장등록제가 일부 국가들의 마드리드협정 가입을 어렵게 하는 여러 가지 문제점들을 제거하기 위한 새로운 제도들의 도입을 위해 채택되었다. 마드리드의정서는 마드리드협정과 상호보완적으로 운영된다.

67) 디자인의 국제기탁에 관한 헤이그협정[Hague Agreement Concerning the International Deposit of Industrial Designs(1925)]은 헤이그협정 중 현재 시행 중인 협정문(Act)은 1934년 협정문 및 1960년 협정문으로서 1999년 7월에는 제네바법(Geneva Act)이라는 추가협정이 제네바에서 체결되었다. 디자인의 국제기탁은 본국(the State of Origin)법이 허용하는 경우 본국 특허청의 중개를 통해 또는 직접 WIPO 국제사무국에 할 수 있다. 국제기탁은 출원서 한 장 이상의 사진 또는 여타 디자인의 그래픽 표현물로 구성되며 출원서에는 디자인을 보호받고자 하는 체약국리스트를 포함하여야 한다. 즉, 하나의 출원절차로 동시에 복수의 협정국에 디자인등록출원을 할 수 있는 WIPO의 관장조약이다.

2) 새로운 지식재산권 논의

WIPO는 산업재산권에 관한 파리협약(Paris Convention) 등 18개, 저작권에 관한 베른협약(Berne Convention) 등 6개 도합 24개 조약을 관장하고 있다. 최근 디지털 혁명과 인터넷의 급격한 발달로 전통적 지식재산권의 기본원칙인 속지주의[68] 적용문제에 논란이 제기(提起)되고 있다. 새로운 보호 대상으로 등장한 지식재산권은 "인터넷상의 도메인네임, 디지털 저작권, 유명상표, 지리적 표시 등록 시스템, 유전공학 및 생명공학발명의 보호, 전자상거래상의 지재권 보호" 등이다.

3) WTO와 WIPO의 협력문제

WIPO는 세계적으로 지식재산권의 보호를 증진하기 위하여 전력해온 최대기구이다. 그럼에도 불구하고 지식재산권에 대한 논의를 WTO에 내주게 된 것은 WIPO가 가진 구조적 결함, 즉 WIPO에는 국가간 분쟁해결을 위한 시스템과 공식적으로 강제집행기구와 방법이 없다는 것, WIPO총회에서의 도덕적 압력만으로는 회원국들에게 조약상 의무를 이행시킬 수 없었다는 점에 기인한다. 이는 결국 일부 개발도상국들로 하여금 문제를 WTO로 갖고 가게 만들었다. 그 밖에 파리협약의 현대화를 위한 10년 이상의 노력에도 불구하고 성공적인 결론에 이르지 못한 점, 특히 선진국들은 파리협약에 특허강제실시요건을 강화하는 등 보다 상세한 특허원칙이 포함되길 요구하였으나 미국은 협약의 약화를 주장하는 등, 결국 선후진국 간의 협상이 교착상태에 빠져 1967년 이래 개정하지 못한 점, 베른협약 역시 1971년 이래 개정하지 못한 점, 기술발전과 사회환경의 변화에도 불구하고 WIPO의 규범들은 지난 수년간 본질적인 변모를 하지 못한 점도 WTO에 논의의 주도권을 내준 이유라고 한다.[69] 그러나 결론적으로 쌍방간에 협력하는 것이 원칙일 것이다.

4) WTO와 FTA(Free Trade Agreement)

세계무역기구(WTO)는 우루과이라운드 협정의 결과로서 1995년 1월 정식 출범하였으며 GATT에 주어지지 않았던 세계무역분쟁조정, 관세인하요구, 반덤핑규제 등 막강한 법

---

68) 속지주의란 지적재산권의 성립·소멸과 그 내용은 그 지적재산권을 부여한 국가의 법률에 의하여서만 결정되고 그 효력은 부여국의 영토주권에 미치는 범위 내에만 인정된다는 원칙을 말한다. 종래 지적재산권은 속지주의의 원칙의 지배를 받아 지적재산권의 효력은 그 부여국의 영토 내에만 미치고 그 권리의 성립, 효력, 변동, 소멸 등은 그 권리부여국의 법에 따르는 것으로 이해되었다.

69) 한국산업재산권법학회, 《지적재산권의 현재와 미래》, 2004, pp. 39-43.

적권한과 구속력을 행사하게 되었다.

세계무역기구 체제에서는 크게 두 가지 무역형태가 존재하는데, 1) 모든 회원국이 자국의 고유한 관세와 수출입제도를 완전히 철폐하고 역내의 단일관세 및 수출입제도를 공동으로 유지하는 방식과, 2) 회원국이 역내의 단일관세 및 수출입제도를 공동으로 유지하지 않고 자국의 고유관세 및 수출입제도를 그대로 유지하면서 무역장벽을 완화하는 방식이다. 전자의 경우 유럽연합(EU)이, 후자의 경우 북미자유무역협정(NAFTA)이 대표적인 예이다.

WTO가 모든 회원국에게 최혜국 대우를 보장해주는 다자주의를 원칙으로 하는 세계무역체제인 반면, 자유무역협정(FTA)은 양자주의 및 지역주의적인 특혜무역체제로, 회원국에만 무관세가 낮은 관세를 적용하는 것을 의미한다.

1995년부터 2011년 사이에 체결된 자무협정은 206건에 이른다. 이처럼 현재 세계무역제도는 완전 경쟁을 지향하는 자유무역주의로 향하고 있다.[70] 자유무역협정은 세계경제가 지속적으로 성장한다고 전제할 때 매우 이상적인 제도라고 볼 수 있으나, 그러나 자유무역을 향한 대세적 흐름에도 불구하고 각국은 자국의 지식재산권 보호를 위해 특단의 조치를 강구할 수밖에 없는 특허 전쟁의 시기에 돌입하는 상황에 있다고 할 것이다.

---

70) 오세일, 〈보호무역주의강화와 지식재산권〉, 《지식과권리》 2012년 통권 제15호, 대한변리사회, pp. 10-11

제2편 | 산업재산권

1장 | 특허·실용신안제도

Ⅰ. 총설

1. 특허제도

가. 의의

특허(patent)제도는 근대산업의 발달과 함께 채택된 제도로서 발명자가 연구개발한 유용한 발명을 사회일반에 공개하여 산업발전에 이바지하게 하는 한편 발명자에게는 일정 범위 내에서 보호하여주는 것을 법으로 체계화한 제도이다.

나. 특허제도의 필요성

발명이 법으로 보호되지 않는다면, 발명자는 자기의 발명이 타인으로부터 모방당할 것을 우려하여 자기 발명을 비밀리에 실시하려 할 것이므로 발명이 사회에 공개되지 않게 되어 기술발전 촉진을 기대할 수 없다.

따라서 특허제도는 발명자가 신규로 개발한 유용한 발명을 가장 신속하고 효과적으로 공개시켜 그것의 이용을 통하여 기술개발촉진에 의한 산업발전을 도모하기 위하여 필요하며, 특허제도의 존재이유이다.

다. 특허제도의 기원

세계 최초의 특허법은 1474년의 베니스법(Venetian Patent Law)이라 하겠으나 그 후 이 법은 지속적으로 유지·발전되지 못하고 중단되었으며, 지금까지 계속 시행되고 있는 세계 최초의 성문화된 특허법은 영국에서 1624년에 제정된 전매조례라 할 수 있고, 시대순으로 보면 1790년에 미국이, 1791년에 프랑스가, 1877년에 독일이 그리고 동양에서는 1885년(명치18년)에 일본(전매특허조례)이 각각 제정 시행하였다.

라. 주요국의 특허제도의 특징

1) 일본의 특허제도

우리나라의 특허제도와 가장 유사한 일본의 특허제도는 1871년, 즉 명치 4년부터 이다. 이것은 일본이 봉건제도를 타파하고 일어선 명치유신 정부가 식산흥업과 부국강병의 의기에 불타 국민의 창조적인 연구를 장려하기 위하여 채택한 것이다. 명치유신 정부는 특허제도의 도입으로 인하여 기술혁신을 가져왔고 그러므로 일본의 공업은 현저하게 발전되었으며, 오늘날의 경제대국을 이루게 된 것이다.

그 후 일본은 특허법을 비롯하여 산업재산권 전반을 통하여 여러 번의 개정을 하였고, 현재의 산업재산권법은 1950년에 설치된 산업재산권개정심의회에서 6년 동안 심의한 끝에 1959년 국회에서 통과한 것이다. 이 법은 1960년 4월 1일부터 시행되었고, 그 후 일부 개정을 통하여 오늘에 이르게 된 것이다. 현재의 일본특허제도의 수준은 세계의 정상급이라 할 수 있으며, 산업재산권의 출원건수만도 세계 상위권이다.

일본 특허법의 특징을 열거하면, ① 심사주의 및 선출원주의 ② 등록공고제도 및 이의신청제도 ③ 출원공개제도 및 심사청구제도 ④ 심사전치주의 ⑤ 추가특허제도 등이 있다.

2) 미국의 특허제도

미국의 특허제도는 영국으로부터 독립한 이후 미국헌법에 근거를 두고 있다. 1790년 특허제도 창시 이래 수십년 간에 걸쳐 제출된 특허출원은 거의 모두가 소공장의 기술자들에 의한 것으로서 간단하고 용이한 발명의 것이다. 그러나 1950년 이후부터는 산업이 급속히 신장함에 따라, 특허출원은 동력기계로부터 전기 및 화학분야에까지 미치는 광범위하고 복잡한 발명에 관한 것이었으며, 그 수도 점차 증가하여 특허출원의 건수는 세계 제3위 이내이다.

한편, 미국은 선발명주의(First to Invent)를 오랫동안 유지하여 왔으나, 2011년 9월 16일 미국 버락 오바마(Barack Obama) 대통령이 특허개혁법안인 미국발명법안(America Invents Act, H.R. 249)에 서명함으로써, 그동안 고수해왔던 선발명주의를 포기하고 선출원주의

(First to File)를 취하기에 이르렀다. 이는 그동안 선출원주의를 취하고 있던 세계 대다수의 국가와 같이 선출원주의를 취함으로써 지식재산권 관련 영향력을 높이려는 의도도 내포하고 있는 것으로 보이며, 그 외 특허제도의 주요 특징으로는, ① 심사주의 ② 물질특허(substance patent), 식물특허(plant patent) 등이 있다.

3) 독일의 특허제도

독일은 다른 나라의 공업 수준에 미치지 못했던 1877년 경까지는 특허제도가 존재하지 않았지만, 그 후부터는 특허권의 부여뿐만 아니라 연구 및 발명에 대한 보조금을 지급해서까지 발명을 장려하여 오늘날의 공업국가를 이루어놓았다.

독일의 특허제도의 특징을 열거하면, ① 선출원주의 ② 출원공개제도 ③ 심사청구제도 ④ 특허이의신청제도 등이 있다.

4) 영국의 특허제도

16세기에 들어선 영국 왕실은 재정상 수입을 늘린다는 이유와 은혜를 준다는 이유로 많은 전매권을 주었는데, 이러한 조치는 1624년 의회에 의해 전매조례를 통하여 폐지될 때까지 계속되었고, 이 전매조례는 새로운 발명이 아닌 것에 대해서는 독점적 배타적 권리를 부여하는 것을 금지하는 등 영미특허제도의 선구자적 역할을 하였다.

영국의 특허제도의 특징을 열거하면, 선출원주의, 심사주의, 가명세서 및 원전명세서, 특허청구범위의 다항제 등이 있다.

한편 유럽에서 특허를 받을 수 있는 방법은 세 가지인데, 첫 번째 방법은 각 국가마다 특허를 출원하고 소정의 절차를 거쳐 특허를 등록하는 방법이며, 두 번째는 유럽특허청(EPO)에 특허를 출원하면서 특허를 보호받고자 하는 국가들을 지정하고, 심사결과 특허를 받게 되면 이 특허를 당초에 지정하였던 국가들에 등록하는 방법이다. 세 번째 방법은 세계지식재산기구(WIPO)의 국제특허조약(PCT)에 의해 국제특허를 신청하는 방법이다. 따라서 EU에서 특허를 출원하고 등록받기 위해서는 각 EU 회원국 개별 특허청에 출원하고 등록하거나, EU와는 독립적으로 운영되고 있는 유럽특허청에 출원한 후 원하는 회원국에 개별적으로 등록하는 방법을 선택할 수 있다.[71]

---

71) 박진석, 〈2012년 지식과 권리(EU특허제도통합의 추진경과와 전망)〉, 대한변리사회, 2012. p 53.

2. 특허법의 목적 및 발명의 종류

가. 특허법의 규정

특허법은 제1조에서 "발명을 보호·장려하고 그 이용을 도모함으로써 기술의 발전을 촉진하여 산업발전에 이바지함을 목적으로 한다"라고 규정하고 있다.

1) 발명의 보호

(1) 독점적 실시

특허법은 "특허권자는 업으로서 그 특허발명을 실시할 권리를 독점한다"라고 규정하여 특허발명을 독점적으로 실시할 권리를 부여하여 발명자를 보호

(2) 침해에 대한 구제

- 민사상 보호 : 침해금지 청구, 신용회복 청구, 손해배상 청구 등
- 형사상 보호 : 고의로 침해되었을 때에는 침해자를 고소

2) 발명의 이용

발명을 산업에 이용하거나 또는 연구개발에 이용하는 것을 말하며 이것은 발명의 공개와 실시에 의하여 이루어짐

(1) 발명의 공개

기술내용을 일반에 공표하는 것을 의미하나, 개인이 일반에 직접 개시하는 것을 뜻하지는 않음

(2) 발명의 실시

발명이 산업에서 실시되는 것으로서, 특허권자가 독점적으로 실시하는 것이 원칙이나, 일정한 경우에는 제3자도 실시 가능

나. 발명의 종류

1) 물건의 발명과 방법의 발명

이는 발명의 대상을 기준으로 한 구별이다. 특허법 제2조에서 물건의 발명과 방법의 발명을 인정하는 데, 물건의 발명에 있어서는 업으로서 그 물건을 생산·사용·양도 대여 또는 수입하거나 전시할 권리를 독점하며, 방법의 발명에 있어서는 업으로서 그 방법을

사용하거나 그 방법에 의하여 생산된 물건의 사용·양도 대여 또는 수입하거나 전시할 권리를 독점한다. 또한 물건의 발명이란 생산물 그 자체를 대상으로 하므로 이것을 생산하는 방법에는 발명이 없어도 되며, 방법의 발명은 물건을 생산하는 방법 그 자체를 대상으로 하므로 발명도 그 자체에 있어야 하며, 이에 의하여 생산된 물건에는 발명성이 없어도 된다.

여하튼 특허법은 물건의 발명과 방법의 발명, 식물발명만을 규정하고 있으나, 전기통신관계에 있어서의 배선회로의 방식발명이라든가, 용도발명 등은 이러한 경우에 속하는 것으로서 전자는 물건의 발명에, 후자는 방법의 발명이나 물질발명에 속한다고 본다.

2) 기본발명과 개량발명

이 구분은 발명이 기본이냐 개량이냐에 따른 구별이다. 기본발명은 일명 독립발명이라고 하며, 이는 기술문제의 해결을 위하여 신규의 발명이 된 경우를 말한다. 이 기본발명에는 선행발명의 기술적 구성을 포함하지 않는 것이 통례이다.

개량발명은 상기 기본발명 또는 선행발명에 기술적인 하자 또는 결함이 있는 경우, 이를 보완하고 개량을 한 발명을 말한다. 이 경우 기본발명을 독립의 발명, 주발명, 원발명이라고도 하며 이에 대한 특허를 독립특허, 원특허, 기본특허, 개량특허라고도 한다.

3) 독립발명과 종속발명

독립발명이란 발명 실시에 대하여 다른 발명을 이용하는 것을 필요로 하지 않는 발명을 말한다. 종속발명이란 다른 발명을 실시하지 않으면 실시할 수 없는 발명을 말한다.

4) 영업방법 관련 발명

영업방법 관련 발명은 사업 아이디어에 정보시스템을 결합한 형태로서, 그 실시를 위하여 영업방법에 대한 아이디어를 소프트웨어 또는 하드웨어에 의하여 실현되는 논리단계가 필요한 발명을 의미한다.

5) 비즈니스 모델(Business Model)

재화나 용역의 거래에 있어서 거래를 어떻게 할 것인가를 나타내는 사업 아이디어의 유형이라고 할 수 있다. 비즈니스 모델(Business Model)은 현물시장의 거래방법이나 경제법칙 자체 또는 이를 응용한 상거래방법 등을 의미한다.[72]

---

72) BM 발명은 컴퓨터와 인터넷을 이용하여 사업을 하는 방법이나 시스템과 관련된 발명을 말한다. BM 발명

6) 직무발명과 자유발명

직무발명은 일명 근무발명이라고도 한다. 이는 종업원·법인의 임원 또는 공무원이 그 직무에 관하여 발명한 것이 성질상 종업원·법인 또는 직무를 집행하게 하는 자의 업무범위에 속하고, 그 발명을 하게 된 행위가 종업원 등의 현재 또는 과거의 직무에 속하는 발명을 말한다.

자유발명이란 고용원이 사용주의 간섭을 받음이 없이 또는 그 직무에 관계없이 한 발명을 말한다.

7) 식물발명과 동물발명

식물발명이라 함은 생존하는 식물의 유전적 소질에 대하여 개선을 하는 것, 즉 품종을 개량하는 것에 대한 발명이다.

동물발명은 우리나라도 인정하고 있으나 안정성, 기술성 등 심사기준에 적합해야 하고 또 윤리적인 측면도 고려하여 특허허여 여부를 고려하고 있다.[73] 그 밖에 발명의 특성에 따라 분류하면, 결합발명,[74] 공동발명,[75] 용도발명[76] 등이 있다.

Ⅱ. 발명의 특허요건

1. 발명의 성립성

가. 발명의 의의

발명의 성립성은 특허출원한 발명이 특허법 제2조에서 규정한 발명의 정의요건을 충

은 그 실시를 위하여 영업방법에 대한 아이디어를 소프트웨어 또는 하드웨어에 의하여 실현하는 논리단계가 필요한 발명이다.

73) 홍봉규,《기술과 특허》, 한국교육문화원, 2006, pp. 83-85.

74) 결합발명이란 발명이 복수 개의 공지기술의 결합으로 완성되는 경우 각 공지기술의 결합으로 특별한 효과가 있도록 유기적으로 상호결합된 발명을 결합(combination)발명이라 한다.

75) 단독발명은 한 명의 발명자가 발명을 하는 것이고, 공동발명은 여러 명의 발명자가 참여하여 창작한 발명이다.

76) 용도발명이라 함은 주로 화학물질과 관련하여 어느 특정물질 또는 화합물에 대해서 특정용도를 발견한 경우이다. 살충제로 널리 알려진 DDT가 용도발명으로 특허를 받은 대표적인 사례이다.

족하는지 여부를 말하는데, 특허법 제2조에서 발명의 정의를 "자연법칙을 이용한 기술적 사상의 창작으로서 고도한 것을 말한다"고 규정하고 있다.

나. 발명의 성립성 판단

- 판단시기 : 출원 시를 기준
- 판단기준 : 특허출원서에 최초로 첨부된 명세서·도면을 참작하여 특허청구범위에 기재된 사항을 근거로 파악.

2. 산업상 이용가능성

가. 산업의 범위

- 공업·광업·농업·수산업 등 생산업을 의미
- 금융업·보험업 등은 산업에 포함시키지 않고 있으며, 의료업 중 진단방법·치료방법 등은 산업상 이용할 수 없는 발명으로 특허받을 수 없다.

나. 산업상 이용가능성

발명이 산업에 실제 활용되는 것을 의미하며, 현재 산업에 이용되고 있지 않더라도 향후 이용될 가능성이 있으면 족하다.

3. 발명의 신규성

가. 의 의

발명이 사회일반에 아직 알려지지 않은 것을 의미하는 것으로서 특허법에서는 발명의 신규성을 규정하여 이에 해당되지 않는 경우에는 신규성(novelty)이 있다.

나. 신규성 상실사유

1) 특허출원전에 국내에서 공지되었거나 공연히 실시된 발명(국내주의)
2) 특허출원전에 국내 또는 국외에서 반포된 간행물에 기재된 발명(국제주의)

※우리나라는 국제주의와 국내주의를 범용하는 절충주의(준국제주의)를 채택하고 있다.

다. 신규성이 있는 것으로 보는 경우

1) 의의

발명이 출원 전에 공지된 경우 원칙적으로 그 발명은 신규성을 상실하나, 그것이 특허법에서 규정한 경우에 해당하면 신규성이 있는 발명으로 본다.

2) 신규성이 있는 것으로 보는 경우

- 발명의 시험, 간행물에의 발표, 학술단체가 개회하는 연구집회에서의 서면으로 발표하여 공지된 경우[77]
- 의사에 반하여 공지된 경우
- 법 소정의 국내외 박람회에 출품한 경우

3) 절차

- 6월 이내 출원 : 신규성 상실일부터 6월 이내에 출원해야 한다.
- 신규성 주장 : 신규성이 있는 것으로 인정받고자 하는 취지를 기재한 서면을 특허출원과 동시에 제출해야 한다.
- 증명서 제출 : 증명할 수 있는 서류를 특허출원일부터 30일 이내에 제출해야 한다.

4) 효과

- 신규성이 있는 것으로 보는 경우에는 그 발명은 신규성을 상실하지 아니한다.
- 선원주의에 대한 예외는 아니다.

4. 발명의 진보성

가. 의의

발명의 진보성(inventive step)이란 당해 기술분야에서 통상의 지식을 가진 자가 선행기술(종래 기술)에 의하여 그 발명을 용이하게 발명할 수 없는 것을 의미한다.[78]

---

77) 학위논문 반포시점은 그 내용이 논문심사 전후에 공개된 장소에서 발표되었다는 등의 특별한 사정이 없는 한 최종심사를 거쳐서 공공도서관 또는 대학도서관 등에 입고되거나 불특정인에게 배포된 시점을 반포시기로 인정한다(대법원 1996.6.4. 선고, 95후 19 판결)

78) 신규성과 진보성의 기본적인 상위는 '신규성'은 출원발명의 공지발명과 동일하면 특허를 받을 수 없다는 취지이며, '진보성'은 출원발명이 공지발명과 동일하지는 않아 신규성은 있다 하더라도 그 발명의 창작수준이

여기에서 기술이란 언어는 그리스어인 테크네(Techne)에서 연유된 유럽계 언어의 번역어에서 비롯된 것이며, 어원적으로는 예술·의술 등도 포함되지만, 우리가 흔히 사용하는 기술의 의미는 물건을 제조·생산하는 가술을 의미한다.

나. 취지

진보성이 없는 발명에 대하여 특허를 허여할 경우에는, 특허권 상호 간 권리관계가 불명확하게 되고 특허권 난립으로 분쟁이 유발될 우려가 있으며 창의적 발명보다는 모방발명에 치우치게 되어 기술발전을 기대하기 어렵다.

다. 진보성 판단의 기준

1) 시기적 기준 : '특허출원시'를 기준으로한다.
2) 주체적 기준 : '그 발명이 속하는 기술분야에서 통상의 지식을 가진 자'가 용이하게 발명할 수 있는지 여부에 의하여 판단한다
   - 통상의 지식을 가진 자 : 특허출원 발명이 속하는 기술분야에서 보통 정도의 기술적 지식을 가진 자(평균적 수준에 있는 자)를 말한다.
3) 실체적 기준 : 당해 출원 발명과 공지발명을 대비하여 판단한다.

라. 진보성 판단밥법

발명의 목적, 구성 및 효과의 3요소를 기초로 하여 목적의 특이성, 구성의 곤란성, 효과의 현저성 유무에 따라 진보성 여부를 판단한다.

III. 선원주의

1. 의의

동일한 발명에 대하여 누구에게 특허를 허여할 것인가에 대한 기준으로 선원주의와 선발명주의[79)가 있는데 우리나라는 선원주의를 채택하고 있다.

낮을 경우 특허를 허여할 수 없다는 취지이다.
79) 선발명주의는 진정한 최선발명자를 보호할 수 있다는 점에서 형식을 중시하는 선출원주의보다 이상적이다.

선원주의라 함은 동일한 발명에 대하여 가장 먼저 출원한 자에게 특허를 허여하는 주의를 말하며 선원주의는 발명과 실용신안(고안) 사이에도 적용된다.

2. 선원주의의 장단점

가. 장점

새로운 발명에 대하여 출원을 빨리하도록 유인함으로써 발명이 사회에 조속히 공개되어 기술발전을 촉진할 수 있고, 선·후원관계의 판단이 용이하다.

나. 단점

선원주의는 진정한 최선의 발명자를 보호하는 데 소홀한 점이 있고, 선원의 지위를 확보하기 위하여 출원을 서두르게 되어 기술적 결함이나 미완성의 발명이 출원되는 경우가 있다.

3. 선원주의의 내용

가. 본래의 선원(특허법 제36조)

동일한 발명에 대하여 다른 날에 2이상의 특허출원이 있는 때에는 먼저 특허출원한 자만이 특허받을 수 있으며, 동일한 발명에 대하여 같은 날에 2이상의 특허출원이 있는 때에는 협의에 의하여 정하여진 하나의 특허출원인만이 특허를 받을 수 있다.

선원의 지위가 주어지는 범위는 특허청구범위에 기재된 발명에 한한다.

나. 확대된 선원(특허법 제29조 3항)

1) 특허출원한 발명이, 당해 특허출원전에 출원하여 당해 특허출원후에 출원공개 또는 등록공고된 타특허출원 또는 타실용신안등록출원의 출원서에 최초로 첨부된 명세서 또는 도면에 기재된 발명 또는 고안과 동일한 경우에는 특허받을 수 없다.

반면, 발명의 선후관계의 확인이 곤란하고, 후에 선발명자가 등장할 경우 권리자의 변동이 따르게 되는 등 권리관계가 불안정하고, 발명을 굳이 조기에 공표하려 하지 않기 때문에 발명이 비밀의 상태에 장기간 놓이게 된다.

2) 선원의 지위를 청구범위에 기재된 발명뿐만 아니라 명세서와 도면에 기재된 발명에
    까지 확대

3) 당해 출원의 발명자와 타출원의 발명자 또는 고안자가 동일하거나 당해 출원 시의 출
    원인이 타출원의 출원인과 동일한 경우에는 적용 안 된다.

Ⅳ. 출원절차

1. 특허출원서

가. 특허출원서 의미

특허출원이란 발명에 대하여 특허를 받을 수 있는 권리를 가진 자가 국가에 대하여 발명의 공개를 조건으로 특허권의 부여를 요구하는 의사표시행위를 말한다.

나. 특허출원서 기재사항

- 출원인의 성명, 주소
- 대리인의 성명, 주소나 영업소
- 발명자의 성명, 주소
- 발명의 명칭
- 제출 연월일
- 우선권을 주장하는 경우 관련 사항

다. 첨부서류

- 명세서
- 도면(필요한 경우)
- 요약서
- 위임장(대리인이 있는 경우)
- 우선권주장서류

라. 명세서 기재사항

- 발명의 명칭
- 도면의 간단한 설명(도면이 있는 경우)
- 발명의 상세한 설명
- 특허청구범위

2. 명세서·도면 등의 작성

가. 명세서

명세서는 특허를 받고자 하는 발명을 상세히 기재한 서류로서 발명의 명칭, 도면의 간단한 설명, 발명의 상세한 설명, 특허청구범위의 순으로 기재하여야한다.

1) 발명의 명칭

당해 발명의 분류·정리·검색 등을 용이하게 하기 위하여 기재하는 것이므로 발명의 내용을 간단명료하게 기재

2) 도면의 간단한 설명

도면을 첨부한 경우에만 기재하는 것으로서 제1도는… 평면도, 제2도는… 입면도, 제3도는… 단면도와 같이 기재하고, 도면의 주요한 부분을 나타내는 부호의 설명을 기재

3) 발명의 상세한 설명

발명의 상세한 설명은 그 발명이 속하는 기술분야에서 통상의 지식을 가진 자가 용이하게 실시할 수 있을 정도로 발명의 목적·구성 및 효과를 기재하여야 한다.

발명의 내용을 제3자에게 공개하는 기술문헌으로서의 역할을 하는 부분이다.

(1) 발명의 목적

당해 발명의 산업상 이용분야, 종래기술 및 해결하고자 하는 과제를 기재

(2) 발명의 구성

종래기술의 문제점을 해결하기 위하여 어떠한 수단을 강구했는지를 작용과 함께 기재. 필요한 경우에는 실시예도 기재할 수 있다.

(3) 발명의 효과

당해 발명에 의하여 생기는 특유의 효과 즉 종래기술에 비해 성능·사용의 편의성 등에서 유리하거나 유효한 점을 기재한다.

4) 특허청구범위

특허청구범위는 출원인이 특허를 받고자 하는 부분으로서, 기재한 항(청구항)이 1 또는 2 이상 있어야 하고, 청구항은 ⅰ)발명의 상세한 설명에 의하여 뒷받침되어야 하며 ⅱ)명

확하고 간결하게 기재되어야 하며 ⅲ)발명의 구성에 없어서는 아니 되는 사항만으로 기재되어야 한다

(1) 특허청구범위의 기능

- 보호범위적 기능 : 특허발명은 특허청구범위에 기재된 사항에 한하여 보호받을 수 있다.
- 구성요건적 기능 : 특허청구범위에는 발명의 구성에 없어서는 아니되는 사항을 모두 기재하여야 함을 의미한다.

(2) 독립항(independent claim)과 종속항(dependent claim)

- 독립항 : 타청구항을 인용하지 않고 독립적으로 기재한 청구항
- 종속항 : 독립항을 한정하거나 부가하여 구체화하는 청구항. 필요한 경우 종속항을 한정하거나 부가하여 구체화하는 종속항 기재 가능
- ※ 1999년 7월 1일 이후는 다른 독립항의 인용도 가능(개정, 시행령 제5조4항)

나. 도면

도면은 필요한 경우에 제출하도록 되어 있어 제출 여부는 출원하는 발명과 관련지어 판단하여야 할 것이나, 기계·장치 등과 관련된 발명의 경우에는 성격상 도면을 반드시 제출하여야 한다.

다. 요약서

발명의 내용을 간결하게 기재한 것으로서, 발명이 속하는 기술분야, 발명이 해결하려고 하는 기술적 과제, 해결방법의 요지, 발명의 용도 등을 기재한다.

라. 명세서 기재불비 등의 경우

- 상세한 설명 및 청구범위 기재불비 : 거절이유, 이의신청이유 또는 무효사유
- 청구범위 기재방법 불비 : 거절이유

3. 1특허출원의 범위

가. 의의

1) 1특허출원의 범위란 하나의 출원으로 할 수 있는 발명의 범위를 의미한다.

2) 관련 규정 : "1발명을 1특허출원으로 한다. 다만, 하나의 총괄적 발명의 개념을 형성하
는 1군의 발명에 대하여는 1특허출원으로 할 수 있다."(특허법 제45조)
3) 1특허출원의 범위는 1발명 1출원이 원칙이나 예외적으로 1군의 발명인 경우에도 1출
원으로 할 수 있도록 한것이다.

나. 취지

오늘날 산업의 발전과 과학기술의 발달 등으로 어떤 발명을 완성함에 있어서 관련되
는 여러 발명을 동시에 발명하는 경우가 많으므로 이와 같은 발명은 일정한 경우 1출원
으로 할 수 있도록 함으로써 출원인의 출원 용이, 심사관의 기술문헌조사 용이, 일반인의
관련기술이용 용이 등을 도모하기 위함이다. 따라서 1발명1출원주의는 특허제도상 당연
히 요구되는 원리는 아니며, 행정절차의 편의상 채택되는 원칙이다.

다. 1특허출원의 범위에 위반한 경우

1특허출원의 범위에 위반된 경우에는 거절이유가 되나, 특허출원인이 자진하여 또는
심사관으로부터 이에 대한 거절이유통지를 받은 경우에 분할출원함으로써 구제 가능하
다. 1특허출원범위의 위반 여부는 다른 특허요건과는 달리 2 이상의 특허출원으로 해야
할 것을 하나의 출원으로 한 출원절차상의 문제에 불과하므로 전문가인 심사관의 판단
에 맡기면 그것으로 제도의 취지는 달성될 것인바 굳이 이의신청이유 또는 특허의 무효
이유로 규정할 필요는 없다고 본다.(※최근 특허법 개정에서 공동출원의 경우 공동출원 대상
을 명확화하였으며 권리가 고유인 경우에도 공동출원하도록 개정: 2013. 3. 22 시행)

4. 출원의 보정 및 요지변경

가. 절차의 보정

특허청장은 특허출원서가 기재방식에 위반되거나 수수료를 납부하지 아니한 경우, 대
리권에 흠결이 있는 경우 등에는 보정을 명할 수 있다.

나. 명세서 또는 도면의 보정

1) 보정을 인정하는 이유

선출원주의를 해치지 않으면서 출원인의 발명을 최대한 보호하기 위함이다.

2) 보정의 범위

특허출원서에 최초로 첨부된 명세서 또는 도면의 요지를 변경하지 않는 범위 내에서 보정 가능.

3) 보정의 효과

보정이 적법한 것으로 인정되면 그 보정된 내용은 최초 출원 시에 출원한 것과 같이 취급된다. 2013년 개정 특허법에서는 2회 이상 보정 시 이전 보정은 취하된것으로 간주한다.(2013. 7. 1 이후 출원부터 적용)

다. 보정이 요지변경이 된 경우

1) 요지변경

(1) 요지변경이란 명세서 또는 도면의 보정이 출원서에 최초로 첨부된 명세서 또는 도면에 기재된 기술적 사항의 범위를 벗어나는 것을 의미

(2) 요지변경을 인정하지 않는 이유는 최초 출원 시의 명세서 또는 도면에 포함되지 않았던 발명이 보정에 의하여 추가된 것이 특허된다면 이는 선원주의에 반하게 되며 또한 일반공중에게 선의의 피해를 입히게 되어 법적 안정성을 해친다.

2) 요지변경이 된 경우

(1) 출원계속중인 경우 심사관은 특허결정등본 송달 전에 한 보정이 요지변경된 것으로 인정되는 경우에는 결정으로 보정을 각하하여야 한다.

(2) 특허권 설정등록 후 특허결정등본 송달 전에 한 보정으로서 그 보정이 요지를 변경하는 것으로 특허권 설정등록이 있은 후에 인정된 때에는 그 특허출원은 그 보정서를 제출한 때에 특허출원한 것으로 본다.

3) 보정각하

(1) 보정각하란 명세서 또는 도면에 관하여 보정한 것이 요지를 변경하는 것인 때에 결정으로 그 보정을 각하하는 행정처분을 말한다.

(2) 출원인이 그 각하결정에 승복하면 당해 출원에 대한 명세서 또는 도면에 관한 보정은 없었던 것으로 된다.

[요지변경의 사례]

- 청구범위의 보정에 의하여 요지변경이 되는 「예」

- 구성요소의 부가에 의한 요지변경

출원당초 명세서	보정 후 명세서
[발명의 명칭] 캔(can)의 천공구	[발명의 명칭] ___________
[특허청구범위] 몸체(1)의 선단부에 하향의 예리한 칼날부(2) 및 이 칼날부의 후면에 미소한 간격을 두고 부리모양의 갈고리부(3)을 형성하고, 탄단부에는 손잡이(4)가 형성된 캔 천공구	[특허청구범위] ___________ ___________ 형성됨과 동시에 몸체의 내부에 보조손잡이(5)를 연장가능하게 수납한 ___
[발명의 상세한 설명(발췌)] 캔(a)의 내부에 충전된 음료수 등 충전액을 마시기 위해서는 제2도에서와 같이 본 발명의 천공구를 캔의 모서리부(6)에 걸어서 화살표 방향으로 말아올리면 천공구 선단의 칼날부(2)에 의하여 캔의 상단부(c)에 구명을 뚫을 수 있다.	[발명의 상세한 설명(발췌)] ___________. 또 보조손잡이(5)를 연장하면 손잡이의 전체 길이가 길어지도록 지레대의 원리에 의해 작은 힘으로도 캔에 구명을 뚫을 수 있고, 원통의 직경이 아주 작은 캔의 상단부에 본 발명의 천공구를 용이하게 부착시킬 수 있다.
〔도면〕	〔도면〕

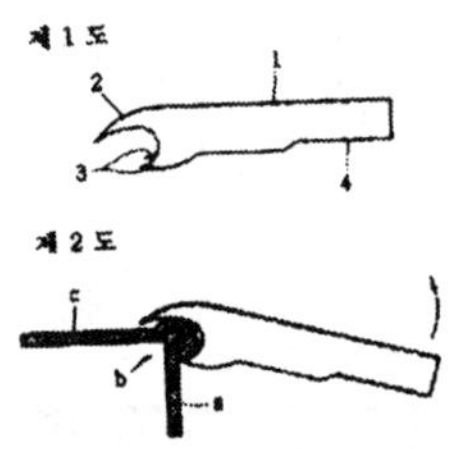
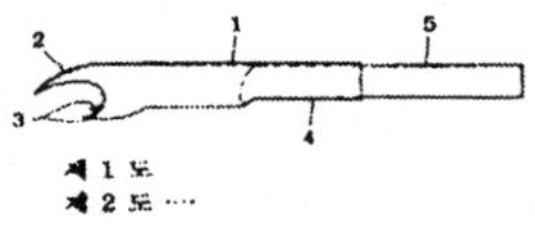

【설명】 출원 당초의 명세서에는 손잡이부(4)가 고정길이였으나 보정에 의하여 보조손잡이(5)가 발명의 구성요건으로 부가되었다.[80]

---

80) 이한상·김준학 공저, 《산업재산권의 이론과 실무》, 제일법규, 2001, p. 182.

5. 분할출원

가. 의의

하나의 특허출원에 2이상의 발명이 포함된 경우 그 일부를 별개의 특허출원으로 하는 것을 말한다

나. 분할출원의 요건

1) 원출원이 계속중일 것　　　2) 분할할 수 있는 기간 내일 것
3) 출원인이 동일성이 유지될 것　　4) 원출원에 2이상의 발명이 포함되어 있을 것
5) 원출원한 발명에 포함되었던 어느 하나의 발명일 것

다. 분할출원 절차

1) 분할출원할 수 있는 시기 : 명세서 또는 도면에 대한 보정을 할 수 있는 때 또는 보정을 할 수 있는 기간 내에 분할출원 할 수 있다.
2) 분할출원서 제출 : 원출원에 포함된 2 이상의 발명 중 하나의 발명에 대하여 새로운 출원서를 제출해야 하며, 아울러 원출원에 대해 서도 명세서·도면을 보정한 보정서를 제출해야 한다.

라. 분할출원의 효과

1) 출원일의 소급 : 분할출원은 당초 출원한 때 출원한 것으로 보아 출원일이 원출원일까지 소급됨(선원주의의 예외)
2) 분할출원의 독립성 : 분할출원은 독립된 별개의 출원이므로 원출원과는 별도로 심사절차가 진행되며, 원출원의 심사결과와도 무관함
3) 심사청구의 특례 : 심사청구기간이 경과된 후라도 분할출원을 한 날부터 30일 이내에 출원심사 청구 가능
4) 2013년 개정 특허법에서는 국내·외 환경변화에 대응하기 위하여 우선권 주장증명서류를 분할(변경) 출원일로 부터 3개월까지 제출을 우선일로부터 1년 4개월 및 분할(변경) 출원일로부터 3개월 중 늦은 날까지 제출할 수 있도록 조정(2013. 3. 22이후 분할(변경) 출원부터 적용)

V. 우선권제도

1. 조약에 의한 우선권제도

가. 의의

동맹국 중 제1국에 특허출원을 한 자가 동일한 발명을 1년 이내에 다른 동맹국에 특허출원하여 우선권을 주장하는 경우에는 신규성, 진보성, 선후원관계 등의 규정을 적용함에 있어 제1국에 특허출원한 날에 출원한 것으로 취급하여 주는 것을 말한다.[81]

나. 취지

동맹국 여러 나라에 동시에 출원을 하는 것은 거리, 시간, 언어, 비용, 절차 등의 제약으로 곤란하므로 이러한 제약을 극복하고 진정한 선원자의 지위를 국제적으로 보호하기 위함이다.

다. 우선권주장 절차

1) 우선권주장 기간 내 출원 : 우선권주장 기간은 특허 및 실용신안등록출원에 대해서는 12개월, 디자인 및 상표등록출원에 대해서는 6개월이다.
2) 우선권주장 : 특허출원 시 출원서에 우선권주장의 취지, 최초로 출원한 국명 및 출원 연월일 기재
3) 우선권증명서의 제출 : 최초로 출원한 국가의 정부가 인정하는 특허출원의 연월일을 기재한 서면, 발명의 명세서 및 도면의 등본을 특허청장에게 일정기간 이내에 제출하여야 한다.

라. 우선권주장의 효과

우선권주장이 인정된 출원은 특허법 특허요건 및 선원 등의 규정을 적용함에 있어서 제1국에 출원한 날을 우리나라에 특허출원한 날로 본다.

---

81) 파리협약은 국제적인 발명보호를 위하여 그 협약의 기본정신 중에 우선권제도(협약 제4조)를 두고 있는바, 동 협약상의 우선권제도는 동맹국이 준수할 의무이기도 하다. 따라서 파리협약의 동맹국인 우리나라는 이 협약상의 우선권제도를 존중하여야 함은 당연하다.

2. 국내우선권 제도

가. 의의

국내우선권(internal priority rights)제도란 우리나라에 특허출원 또는 실용신안등록을 한 자가 우리나라에 먼저 한 자기의 특허출원 또는 실용신안등록출원(선출원)의 출원서에 최초로 첨부된 명세서 또는 도면에 기재된 발명을 기초로 하여 주장하는 우선권을 말한다.

나. 취지

선출원의 명세서·도면의 기재가 불비하여 보정을 하면 요지변경으로 될 우려가 있거나, 선출원에 대한 개량발명이나 이용발명을 별개의 출원으로 하면 선출원과 저촉을 이유로 거절될 우려가 있는데, 이러한 경우 선출원발명과 개량발명을 하나로 묶어 별개의 출원을 할 수 있도록 함으로써 내국인의 기술개발 의욕을 고취하고 발명자 및 출원인에 대한 권익을 보호하기 위함이다.

다. 국내우선권주장 절차

1) 국내우선권주장 기간 내 출원 : 우선권주장의 기초가 되는 선출원의 출원일부터 1년 이내에 출원하여야 한다.
2) 국내우선권 주장 : 특허출원시 출원서에 국내우선권주장의 취지 및 선출원표시
3) 국내우선권에 따른 증명서 제출은 필요없다.

라. 국내우선권주장의 효과

국내우선권주장을 수반하는 특허출원된 발명 중 그 우선권주장의 기초가 된 선출원의 출원서에 최초로 첨부된 명세서 또는 도면에 기재된 발명은 산업상 이용가능성, 신규성, 진보성 및 선원의 지위의 확대 등의 규정을 적용함에 있어서 선출원의 출원시에 출원한 것으로 본다.

마. 선출원 및 국내우선권주장의 취하

1) 국내우선권주장의 기초가 된 선출원은 그 출원일부터 1년3월을 경과한 때에 취하된 것으로 본다.
2) 선출원의 출원일부터 1년3월을 경과한 후에는 우선권주장 취하불가

※ 참고; 우선권 주장의 취하는 선출원의 계속을 위하여 필요하므로 선출원이 이미 1년3
월이 경과되어 취하된 상태에서는 우선권 주장만의 취하는 의미가 없다.

VI. 국제출원

1. 서언

국제출원이라 함은 특허협력조약(PCT : Patent Cooperation Treaty)에서 정한 절차에 따
라 하는 출원을 말한다.

특허협력조약은 출원방식 및 절차를 상세하게 규정하고 있으며 PCT체약국[82]은 PCT
에서 규정한 사항 이외의 어떠한 추가적 사항을 요구하지 못한다.

2. 국제출원의 장점

가. 장점

- 절차와 방식(출원양식, 언어 등)이 통일되어 있어 출원인에게 편리하다.
- 하나의 국제출원으로 특허를 받고자 하는 국가 또는 지역에 대하여 각각 따로 출원하
  는 것과 같은 효과가 있다.
- 각 나라마다 일일이 출원을 해야 함에 따르는 시간, 노력 등의 부담이 절감된다.
- 국제조사, 국제예비심사 결과를 이용할 수 있어 특허성 여부 예측 가능하다.

나. 단점

- PCT 국제출원 비용이 별도로 소요되고, 지정국의 국내 단계에 진입하는 경우에는 개
  별국 출원 시와 동일한 비용이 추가로 필요하므로 비용부담이 가중

---

82) PCT는 특허 또는 실용신안을 해외에 출원할 경우 절차를 간소화하고 비용을 절약하며 기술교류협력을 위
하여 체결된 다자간 조약이다. PCT는 1970년 6월 19일 워싱턴외교회의에서 조약이 체결되었으며 체결시
20개국이 서명하였다. 1978년 1월 24일자로 PCT조약이 발효되었으며, 2012년 2월 현재 PCT 체약국
(contracting parties)은 144개 국가이다. 우리나라는 1984년 8월 10일 PCT에 가입하였고, 특허청은
PCT 수리관청, 지정관청, 국제조사기관(ISA) 및 국제예비심사기관(IPEA)으로 지정되어 국제출원 업무를
처리하고 있다.

- 국제예비심사를 받았음에도 불구하고 국내단계 진입 시 각국마다 새로운 심사를 받게 되므로 심사절차가 이중적으로 진행.

3. 국제출원절차

가. 국제출원

1) 국제출원서(Request) 제출 : 출원서, 명세서, 청구범위, 필요한 도면 및 요약서를 특허청장(수리관청)에게 제출
2) 사용어 : 사용어는 지정한 소정의 언어로 기재하여야 하며, 우리나라를 수리관청으로 하여 국제출원하는 경우에는 영어나 일본어로 작성
3) 수수료 : 수수료는 송달료, 조사료, 국제료(기본료, 지정료)가 있으며 수리관청에 지불
4) 국가의 지정 : 국제출원 시에 1개국 이상의 지정국(지정관청)을 지정해야 하며, 또한 그 지정국 이외 체약국도 예비로 지정한다는 취지를 기재한 경우에는 우선일부터 15개월 이내에 추가지정 가능
5) 우선권주장 : 파리협약의 당사국에서 행하여진 선출원을 기초로 하여 우선권주장을 할 수 있다.
6) 국제출원일 인정 : 국제출원일이 인정된 국제출원은 수리관청이 인정한 국제출원일에 각 지정국에 출원된 것으로 본다.

나. 국제출원서의 송부

특허청은 국제출원일을 인정한 국제출원에 대하여 사본 1부를 보관하고 원본은 국제사무국에, 조사용 사본은 국제조사기관에 우선일로부터 13개월 이내에 도달되도록 송부하여야 된다.

다. 국제조사기관에서의 절차

1) 국제조사의 목적 : 선행기술의 조사
2) 국제조사기관 : 국제조사[83]는 총회가 선정하는 국제조사기관이 행하며 한국 · 미

---

83) 국제조사(International Search)란 국제 출원된 발명에 대하여 국제조사기관이 선행기술을 조사하는 것을 말한다.

국·일본·러시아의 각 특허청 및 유럽특허청(EPO) 등이 국제조사관으로 선정되어 있다. 한편 우리나라를 수리관청으로 한 경우 국제조사기관은 한국, 오스트리아, 호주 및 일본 특허청 중에서 택일하고, 국어로 출원한 경우 국제조사기관이 오스트리아, 호주인 경우에는 영어, 일본인 경우에는 일어 번역문을 제출하여야 한다.[84]

3) 국제조사범위 : '최소한의 자료'를 조사

'최소한의 자료'란 프랑스, 독일, 러시아, 스위스, 일본, 영국, 미국, 유럽 특허청 및 아프리카 지적소유권기구에 의하여 발행 공표 된 특허문헌, 공표된 국제출원 등을 말한다.

4) 국제조사보고 : 국제조사기관은 조사용 사본이 송부된 날부터 3월 또는 우선일부터 9월 중 늦게 만료되는 날까지 국제조사보고서를 작성, 신속히 출원인과 WIPO 국제사무국에 송부하여야 한다.

라. 국제사무국에서의 절차

1) 국제공개 : 우선일부터 18개월 경과 후 국제공개가 행해진다.

2) 지정관청으로의 국제출원서 송부 : 공개된 국제출원서, 국제조사보고서 등을 각 지정국에 국제출원일 또는 우선일부터 19개월까지 송부하여야 한다. (국제단계 절차 종료)

마. 국제출원인의 지정관청에 대한 절차

출원인은 우선일부터 20개월(국제예비심사를 청구한 경우는 2년6월) 이내에 각 지정국에 대해 국제출원서 사본과 번역문을 제출하고 수수료를 납부하여야 한다.

바. 국제예비심사(International Perliminary Examination)

1) 의의 : 국제조사보다 한결음 나아가 산업상 이용가능성, 신규성, 진보성이 있는지 여부를 심사하는 것이나, 출원인 의사에 따라 선택할 수 있는 임의 절차이며, 국제예비심사보고서는 예비적이며 구속력이 없다.

2) 국제예비심사기관 : 국제예비심사기관으로 지정된 국가는 미국, 일본, 영국, 러시아, 스웨덴, 오스트리아, 유럽특허청 등이며, 우리나라를 지정국으로 한 경우의 국제예비심사기관은 일본, 오스트리아임. 우리나라도 국제예비심사 기관 지위 획득하였으며, 1999년 12월 1일부터 국제예비 심사업무를 수행하고 있다.

---

84) 지현수.《특허법강의》, 한국특허아카데미 2006, p. 539.

Ⅶ. 심사

1. 심사주의

가. 의의

심사주의란 특허출원이 특허를 받는 데 필요한 요건(실체적 요건)을 구비하였는지를 사전에 심사하여 특허허여 여부를 결정하는 것을 말하는 것으로 형식요건만을 심사하고 산업상 이용가능성, 신규성, 진보성 등의 실체적 요건은 심사하지 않는 무심사주의가 있으나 대부분의 국가는 심사주의를 채택하고 있다.

나. 심사주의의 장점과 단점

1) 장점 : 권리의 안정성·신뢰성이 높고, 부실특허를 예방할 수 있으며, 특허분쟁을 사전에 방지할 수 있으며 재산가치를 높게 평가받을 수 있다.
2) 단점 : 심사기간의 장기화로 권리설정이 지연되고, 출원인에게 정신적·경제적 부담을 안겨주며 심사에 많은 인력과 경비가 소요된다.

2. 심사청구제도

가. 의의

모든 특허출원에 대하여 심사하는 것이 아니라 심사청구가 있는 출원에 대하여만 심사청구순서(출원의 선·후와 관계없이)에 따라 심사하는 것을 말한다.

나. 취지

특허출원 건수의 급증과 특허출원 내용의 복잡화·고도화로 심사에 많은 시간이 소요되게 되어 심사적체로 권리설정이 지연되어 권리가 설정될 즈음에는 발명은 이미 기술적 가치를 잃어 권리가 유명무실하게 되는 경우가 허다함. 또한 무가치한 출원심사를 위한 행정력 낭비 및 출원인의 비용부담이 가중된다.

다. 심사청구인 및 기간

1) 심사청구를 할 수 있는 자 : 출원인뿐만 아니라 그 이외의 자도 심사청구할 수 있음

2) 심사청구기간은 출원일부터 5년 이내 하여야 한다.

라. 심사청구의 효과

1) 심사청구 사실의 공표 : 특허청장은 출원공개 전에 심사청구가 있는 때에는 출원공개 시에, 출원공개 후에 심사청구가 있는 때에는 지체없이 그 취지를 특허공보에 게재하여야 한다

2) 심사청구 사실의 통지 : 특허청장은 특허출원인이 아닌 자로부터 출원심사의 청구가 있는 때에는 그 취지를 특허출원인에게 통지하여야 한다.

3) 심사의 의무 : 특허청장은 심사청구가 있으면 심사할 의무를 지게 되며, 심사는 심사 청구순서에 따라 진행된다.

마. 심사청구의 취하금지 및 심사 미청구의 경우

1) 심사청구는 취하할 수 없다.

2) 기간 내 출원심사의 청구가 없는 때에는 그 특허출원은 취하한 것으로 본다.

3. 우선심사제도

가. 의의

긴급처리가 필요하다고 인정되는 출원에 대하여 심사청구 순서와 관계없이 타출원에 우선하여 심사하는 제도이다.

나. 취지

1) 국가산업정책상 : 방위산업, 수출촉진, 공해방지 등에 기여

2) 출원인 권리보호 : 출원발명의 부당한 실시에 대하여 출원인이 적절히 대응토록 할 필요가 있다.

3) 제3자 불이익 제거 : 출원인으로부터 출원발명 실시에 대한 경고를 받았거나 또는 출원발명이 특허될 것이란 우려 등으로 제3자는 실시를 주저하게 되므로 조속한 심사로

실시에 대한 불안감을 제거

※ 1. 출원공개 후 특허출원인이 아닌 자가 업으로서 특허출원된 발명을 실시하고 있다고 인정되는 경우

2. 대통령이 정하는 특허출원으로서 긴급처리가 필요하다고 인정되는 경우

다. 우선심사 대상(1999. 6. 29, 특허청 고시 99-5)

1) 출원공개 후 출원인이 아닌 자가 업으로 실시하고 있다고 인정되는 출원

2) 다음 각목의 1에 해당하는 출원

- 방위산업분야의 출원
- 수출촉진에 직접 관련된 출원
- 정부 또는 지방자치단체의 직무에 관한 출원
- 공해방지에 유용한 출원[85]
- 〈벤처기업육성에관한특별조치법〉에 의하여 벤처기업으로 확인받은 기업의 출원
- 국가의 신기술 개발지원 사업의 결과물에 관한 출원
- 국가의 품질 인증사업의 결과물에 관한 출원
- 조약에 의한 우선권주장의 기초가 되는 출원으로서 외국특허청에 특허에 관한 절차가 진행중인 출원
- 특허출원인이 출원한 발명을 실시하고 있거나 실시준비 중인 특허출원
- 전자상거래와 직접 관련된 특허출원[86]
- 기술혁신형 중소기업의 특허출원

라. 효과

우선 심사할 것으로 결정이 되면 출원일이나 심사청구순서에 관계없이 심사절차가 진행된다. 2013년도 특허법 하위법령 개정 추진 주요내용을 살펴보면, 직무발명보상 우수기업출원에 대해서도 우선심사 대상에 포함시켜 직무발명에 대해서도 조속한 심사가 이루어질 것으로 본다.

---

85) 2009년 10월 1일부터 범정부 차원에서 추진하고 있는 저탄소 녹색성장을 지원하기 위해 녹색기술과 직접 관련된 특허출원이 우선 심사 대상이 된다.

86) 전자거래기본법에서 규정하고 있는 전자거래에 있어서 거래방법에 관한 특허출원, 전자거래를 위한 전자화폐 또는 결제기술에 관한 특허출원 등

4. 출원공개제도

가. 의의

특허출원에 대하여 실질적인 심사유무와 관계없이 출원 후 일정기간이 경과하면 그 출원내용을 사회일반에 공표하는 제도이다.

나. 취지

특허출원 건수 증가로 특허청의 심사가 지연되어 기술을 사회일반에 공표하는 시기가 늦어지게 됨에 따라 동일한 기술에 대한 연구 및 투자가 중복된다.

따라서 출원된 발명을 조속히 공개시킴으로써 중복연구 및 중복투자를 막고 공개된 기술을 토대로 새로운 연구개발을 유도하여 산업발전을 촉진할 수 있게 하기 위해 출원 공개제도가 도입된 것이다.

다. 출원공개 시기

- 특허출원일, 우선권주장일, 선출원일 중 최선일부터 1년6월이 경과한 때
- 특허출원일부터 1년6월이 경과하기 전이라도 출원인의 신청이 있는 때에는 조기 공개가 된다.

라. 공개방식

출원번호, 출원인 등 서지적 사항과 발명의 명칭, 특허청구범위, 도면 및 심사청구사실, 우선권주장사실 등을 공개공보에 게재(전문공개방식)[87]

마. 공개의 효과

- 경고할 수 있는 권리 : 출원인은 타인이 출원공개된 발명과 동일한 발명을 업으로서 실시하는 경우 서면으로 경고 가능하다.
- 보상금청구권 발생 : 경고를 받거나 출원공개된 발명임을 알고 업으로 실시한 자에 대하여 보상금 지급청구 가능하다.
- 청구금액 : 경고를 받거나 출원공개된 발명임을 안 때부터 특허권의 설정등록 시까지

---

87) 출원공개는 특허청 홈페이지(www.kipo.go.kr) 또는 특허정보 검색서비스(www.kipris.or.kr)에서 인터넷 공보를 통해 이루어지고 있으며, 동일한 자료가 DVD, CD-ROM 등으로 공개되고 있다.

의 기간 동안 그 발명의 실시에 대하여 통상 받을 수 있는 금액에 상당하는 금액

- 청구권의 행사 : 특허권 설정등록 후에만 행사 가능
- 정보제공 : 출원공개후에는 누구든지 당해 발명이 거절이유에 해당되어 특허될 수 없다는 취지의 정보를 증거와 함께 특허청장에게 제공 가능
- 선원의 지위확대 : 공개된 선출원의 명세서 또는 도면에 기재된 발명과 동일한 후출원은 특허받을 수 없도록 규정함으로써 출원공개에 따른 선원의 지위를 상세한 설명과 도면에까지 확대
- 공 지 : 출원이 공개되면 공지 발명이 되므로 누구든지 그 내용을 열람하거나 복사할 수 있으며 공개된 발명을 기술정보로서 이용할 수 있다.

5. 거절결정 및 특허결정

가. 거절이유 통지 및 거절결정

- 심사관이 특허출원을 심사한 결과, 특허법에서 정한 거절이유에 해당하는 때에는 출원인에게 거절이유를 통지하고 기간을 정하여 의견서 제출기회를 주어야 하며 거절이유가 해소되지 않을 경우는 거절결정을 해야 한다.[88]
- 거절이유 : - 외국인의 권리능력 규정위반(특허법25조)
        - 특허요건 규정위반(특허법29조)
        - 특허를 받을 수 없는 발명(특허법32조)
        - 특허를 받을 수 있는 자의 규정위반(특허법33조)
        - 선원의 규정위반(특허법36조1항 내지 3항)
        - 공동출원의 규정위반(특허법44조)
        - 무권리자에 의하여 특허출원된 경우
        - 조약의 규정위반
        - 명세서 및 청구범위 기재요건 규정위반(특허법42조3항)
        - 1특허출원의 범위 규정위반(특허법45조)

---

88) 그 거절이유가 해소되지 아니할 경우에는 당해특허출원을 거절하는 것은 심사관의 행정처분이라고 볼 수 있다.

나. 특허결정

심사관은 특허출원에 대하여 거절이유를 발견할 수 없는 때에는 특허결정을 해야 한다. 거절이유를 통지한 경우에도 출원인이 제출한 의견서를 제출한 결과 당초의 거절이유를 해소한 경우에는 특허결정을 하게 된다.

6. 등록공고제도

가. 의 의

출원에 대한 심사관의 특허결정이 있은 후 출원인이 특허권을 설정등록할 경우 그 설정등록된 특허에 대하여 그 내용을 사회일반에 공표하는 제도이다.

나. 취 지

특허등록된 권리에 대하여 심사의 투명성과 공정성을 담보하기 위한 제도로 특허된 권리 중에 잘못된 심사를 시정함으로써 특허에 대한 신뢰를 높이고자 한다.

다. 등록공고 절차

특허청장은 특허권 설정등록이 있는 경우에는 특허공보에 게재하여 등록공고를 하여야 하며 3개월 간 출원서류 및 그 부속물건을 공중의 열람에 제공하여야 한다.

라. 등록공고의 효과

- 무효심판청구 : 특허권의 설정등록이 있는 날로부터 등록공고 후 3월 이내에 누구든지 무효심판을 청구할 수 있다.
- 기 타 : 특허가 등록공고되면 선원의 지위확대, 기술의 공지, 기술정보서로서의 이용 등의 효과를 가진다.

7. 자유무역협정(FTA)에 따른 특허법 일부개정

가. 서설

자유무역협정(FTA: Free Trade Agreement)이란 경제통합(Economic integration)의 한 형

태로 당사국 간의 상품 및 서비스교역에 있어서 관세와 기타 무역장벽들을 제거하는 것을 목적으로 체결하는 협정이다. 특정국가 간의 상호 무역증진을 위하여 상품 또는 서비스 교역을 자유화시키는 FTA는 체약국가 간의 무역장벽을 완화하거나 무역자유화를 실현하기 위하여 양국간 또는 지역간에 체결하는 무역에 관한 특혜협정이라 할 수 있다.

일반적으로 상품과 서비스가 국제적으로 이동하게 되면, 지식재산권도 함께 이동되기 때문에 이러한 FTA 협정문에 지식재산권은 당연히 포함될 수밖에 없다. 특히 선진국과 FTA를 체결할 때 지식재산권에 대한 협상이 주요 쟁점이 된다. 최근 WTO 체제의 출범 이후 FTA의 적용 범위도 크게 확대되어 대상범위가 점차 넓어지고 있다. 상품의 관세 철폐 이외에도 서비스 및 투자 자유화까지 포괄하는 것이 일반적인 추세라고 하겠다. 그 밖에 지식재산권, 정부조달, 경제정책, 무역구제제도 등 정책의 주요부문까지 협정의 대상범위가 점차 확대되고 있다.

나. 특허법 주요 개정 내용

1) 공지예외 적용시기를 연장

특허출원을 하기 전에 공개된 발명은 특허를 받을 수 없으나, 출원인이 출원발명을 학술대회 발표 등으로 자발적으로 공개한 경우 일정 기간 이내에 출원하면 특허를 받을 수 있는 공지예외 적용기간(Grace period)을 현행 6개월에서 12개월로 연장한다. 공지예외 적용기간의 연장은 출원인에게 자신의 발명을 공개한 후에도 특허출원할 수 있는 기회를 확대할 수 있을 것으로 예상된다. 특허법 제30조의 개정규정은 2008년 1월 1일 이후 최초로 출원하는 특허출원부터 적용한다.

2) 비밀유지명령제도 도입

한미FTA 협정문 제18.10조 제11항의 지식재산권 집행을 국내법에 반영하기 위하여 특허권의 침해에 관한 소송에서 법원이 당사자가 보유한 영업비밀에 대해서 법원이 비밀유지명령[89]을 내릴 수 있도록 하고 이를 위반하면 형사벌을 부과할 수 있도록 하는 근거 규정을 신설하였다. 개정법의 비밀유지명령은 해당 영업비밀을 해당 소송의 계속적인 수행 외의 목적으로 사용하는 것, 해당 영업비밀에 관계된 이 항에 따른 명령을 받은 자

---

89) '비밀유지명령'이란 소송절차에서 생성되거나 교환된 영업비밀을 보호하기 위해 소송당사자, 대리인 등에게 소송 중 알게 된 비밀을 소송 수행 외의 목적으로 사용하지 못하게 하거나 공개하지 못하게 하는 법원의 명령을 말한다.

이외의 자에게 공개하는 것 등을 금지하고 있다. 특허법 제224조의 3 내지 제224조의5 까지의 개정규정은 이 법 시행 후 최초로 특허권 또는 전용실시권의 침해에 관한 소송이 제기된 것부터 적용한다.(본조신설 2011. 12. 2)

3) 특허권 취소제도 폐지

강제실시권 허여 후 2년간 불실시된 경우 특허를 취소할 수 있는 특허법 제116조의 특허권 취소제도가 폐지된다. 특허권 취소제도는 그동안 동 제도를 이용하여 특허권이 취소된 사례가 전무할 뿐만 아니라, 특허권자의 권리를 부당하게 제한하므로 과잉금지의 원칙을 위배할 가능성을 고려하여 제도를 폐지하기로 한 것이다.[90]

VIII. 특허권

1. 개념

특허권은 기술적 사상인 발명에 대하여 주어지는 권리로서 전용권과 배타권이 주어지므로 특허권자는 그 특허발명의 실시를 독점하며(전용권) 또한 타인이 이를 실시할 때에는 침해금지청구, 손해배상청구, 신용회복청구를 할 수 있으며 특허권 침해죄로서 고소할 수도 있다. 행정법의 측면에서 보면 특허(特許)는 특정인을 위하여 권리, 능력, 포괄적 법률관계, 기타 법상의 힘을 설정하는 행정행위이다.[91] 그 밖에 특허권의 특성을 보면 첫째, 대세권[92] 둘째, 추상성[93] 셋째, 지배성[94] 넷째, 국제성[95] 등이 있다.

---

90) 김원준, 《산업재산권법》, 도서출판 오래, 2012.pp. 42-44

91) 특허행정에서 심사관의 처분은 "확인처분"에 해당한다. 이는 심사관이 출원발명을 심사하고 확인한 결과 특허권이 형성되는 효과가 있기 때문이다. 행정법에서 확인(確認)이란 일정한 사실 또는 법률관계의 존부(存否)를 인정하거나 대외적으로 표시하는 행위이다.

92) 대세권(對世權): 특허권은 특허발명을 독점배타적으로 실시할 수 있는 물권적 권리이고, 특정인을 의무자로 하여 그 자에 대해서만 권리를 주장할 수 있는 상대권으로서의 대인권이 아니라 누구에게나 주장할 수 있는 절대권으로서의 대세권이다.

93) 추상성: 특허권은 무형의 재산인 특허발명을 보호대상으로 하고 있으므로 권리의 범위가 매우 관념적이고 추상적이다. 이러한 특허권은 부동산처럼 등기부등본에 숫자 등으로 재산의 현황이 표기되는 것이 아니고, 특허청구범위에 기재된 글자로 해석하기 때문에 특허청구범위의 해석은 전문지식이 요구되는 영역이라 할 수 있다.

2. 특허권의 효력

가. 특허권의 효력이 미치는 범위

1) 지역적 범위 : 특허권은 국내에만 그 효력이 미친다.

2) 시기적 범위 : 특허권은 존속기간 중에만 그 효력이 인정된다.

3) 실체적 범위 : 특허청구범위에 기재된 발명에 한한다.

나. 특허권의 적극적 효력

1) 실시의 독점

특허권자는 업으로서 그 특허발명을 실시할 권리를 독점한다.

"업으로서"라 함은 영리를 목적으로 하는 경우에 한하지 않으며 비영리의 경우라도 사회의 수요에 응하여 발명을 실시하는 경우에는 "업으로서"에 해당한다.

2) 실시의 개념

- 물건발명의 실시 : 그 물건을 생산·사용·양도·대여 또는 수입하거나 물건의 양도 또는 대여의 청약(양도 또는 대여를 위한 전시를 포함함. 이하 같음)을 하는 행위
- 방법발명의 실시 : 그 방법을 사용하는 행위
- 물건을 생산하는 방법발명의 실시
  - 그 방법을 사용하는 행위
  - 그 방법에 의하여 생산한 물건을 사용·양도·대여 또는 수입하거나 그 물건의 양도 또는 대여의 청약을 하는 행위

3) 실시의 형태(물건발명의 경우)

- 생 산 : 물건을 만들어내는 행위를 말하며, 제조의 개념으로 인식되기도 하나 제조의 개념보다는 넓은 개념으로 이해한다.
- 사 용 : 발명의 본래 목적을 달성하거나 효과를 나타내도록 그 물건을 사용하는 것을

---

94) 지배성: 특허권자는 특허발명을 사용,수익,처분할 수 있는 권리를 갖는다. 즉 특허권자는 특허발명에 대한 이용과 사용가치의 전부에 대한 포괄적인 지배권을 갖는다.

95) 국제성: 오늘날 정보통신의 발달로 지적창작물이 급속하게 전파되고 국가 간의 무역에서 수많은 특허권이 상품이나 서비스와 함께 이동된다. 산업재산권보호에 관한 파리조약의 우선권주장제도와 Trips의 국경제한조치 등에 기하여 특허권은 국제적인 특성을 갖고 있다.

말한다.

- 양도·대여 : 양도란 특허된 물건을 타인에게 이전시키는 것을 말하며, 대여란 특허된 물건을 타인에게 빌려주는 것으로 유상·무상을 불문한다.
- 수 입 : 특허된 물건을 국내에서 사용·양도·대여하거나 양도 또는 대여의 청약을 할 목적으로 외국에서 수입하는 것을 말한다.
- 양도 또는 대여의 청약 : 특허된 물건을 양도나 대여하기로 제3자와 약속하는 것을 말하며 양도 또는 대여를 위하여 전시하는 것을 포함한다.

4) 문제되는 실시

- 소지 : 단순한 소지는 특허법상 실시는 아니나 특허된 물건을 타인에게 판매·대여하기 위한 소지는 특허권 침해가 된다.
- 수리·개조 : 수리·개조 역시 특허법상 실시는 아니나 수리의 정도나 개조의 상태에 따라 특허권 침해로 간주될 개연성이 높다.

다. 특허권의 소극적 효력

특허권자는 침해자를 상대로 침해금지청구권, 손해배상청구권, 신용회복청구권, 부당이득반환청구권을 행사하는 등 민·형사상의 조치를 취할수 있다.

라. 특허권의 확장적 효력

타인의 실시행위가 특허발명 그 자체의 실시에는 해당하지 않으나 방치한다면 앞으로 특허발명을 실시하게 될 우려가 있는 행위(간접침해)에 대하여도 특허권을 침해한 것으로 간주한다.

마. 특허권효력의 제한 (효력이 미치지 않는 경우)

1) 공익적·산업정책적 이유에 의한 제한

- 연구 또는 시험을 하기 위한 특허발명의 실시
- 국내를 통과하는 데 불과한 선박·항공기·차량 또는 이에 사용되는 기계·기구·장치 기타의 물건
- 특허출원 당시부터 국내에 있었던 물건
- 약사법에 의한 조제행위와 그 조제에 의한 의약

2) 각종 실시권 존재에 따른 제한

특허권에 각종 실시권이 존재할 때에는 특허권 포기, 정정심판 청구, 질권 설정 등의 경우에 실시권자의 동의가 있어야 한다.

3) 이용·저촉관계에 의한 제한

특허발명이 선출원된 타인의 특허발명·등록실용신안 또는 등록디자인을 이용하거나, 디자인권과 저촉되는 경우에는 특허권자·실용신안권자 또는 디자인권자의 동의를 얻거나 통상실시권 허여심판에 의하지 아니하고는 자기의 발명을 업으로서 실시할 수 없다.

4) 특허권의 공유로 인한 제한

특허권이 공유인 경우에 각 공유자는 타공유자의 동의를 얻지 않으면 지분양도, 질권설정, 전용실시권설정, 통상실시권허락 등을 할 수 없다.

5) 질권설정에 의한 제한

질권자의 동의없이 특허권을 포기하거나 정정심판을 청구할 수 없다.

바. 특허권의 이전

특허권은 이전이 가능한 재산권이다. 특허권의 이전이라함은 특허권의 내용의 동일성을 유지하면서 특허권의 귀속주체인 권리자를 교체하는 것을 말한다. 법률행위에 의한 이전이라는 의사표시에 의하여 이전할 수 있고 또한 법률행위 이외의 상속, 판결, 경매, 수용[96] 등의 사유에 의한 이전이 있을 수 있다.

3. 특허권의 존속기간

가. 의의

특허권자가 특허발명을 독점적으로 실시할 수 있는 기간을 말한다.

나. 존속기간

• 특허권의 설정등록이 있는 날부터 특허출원일 후 20년이 되는 날까지이다.

---

96) 정부는 특허발명이 전시, 사변 또는 이에 준하는 비상시에 있어서 국방상 필요한 때에는 특허권을 수용(收用)할 수 있다. 특허권이 수용된 때에는 그 특허발명에 관한 특허권 외의 권리는 소멸된다(특허법 제106조).

- 정당권리자의 존속기간은 무권리자가 한 출원일의 다음날부터 기산한다.
- 특허결정등본 송달전에 한 보정이 요지를 변경하는 것으로 특허권 설정등록 후에 인정된 특허권의 존속기간은 원특허출원일의 다음날부터 기산한다.

다. 특허권 존속기간의 연장

1) 개 요

특허발명을 실시하기 위하여 타 법령에 의한 허가 등을 받아야 하고 그 허가 등을 위하여 필요한 활성, 안전성 등의 시험으로 인하여 특허발명을 실시할 수 없었던 경우에 한하여 5년의 기간 내에서 당해 특허권의 존속기간을 연장할 수 있다.

2) 연장대상방법

특허법에서 존속기간 연장 허가 등에 따른 특허권 존속기간의 연장과 등록지연에 따른 특허권 존속기간의 연장이 있다.

- 허가 등에 따른 특허권 존속기간 연장 등록대상명 확화
  - 허가 등에 따른 특허권 존속기간 연장등록의 대상이 되는 발명의 범위를 법률의 위임 취지에 맞게 신물질을 유효성분으로 하여 제조한 의약품 등으로 규정(2013. 4. 3 이후 허가 등에 따른 특허권존속기간 연장등록출원부터 적용)
- 등록지연에 따른 특허권 존속기간의 연장
  - 2012년 개정법은 특허출원에 대하여 심사처리기간 지연 등 출원인의 책임이 아닌 사유로, 특허출원일로부터 4년 또는 출원심사 청구일로부터 3년 중 늦은 날보다 지연되어 특허권이 설정되는 경우 그 지연기간만큼 특허권의 존속기간을 연장하도록 하고 있다.

라. 특허권의 소멸사유

특허권의 소멸이란 특허권의 일정사유에 해당되어 그 효력을 상실하게 되는 것을 말한다. 소유권은 그 객체가 존속하는 한 영속적이지만 특허법은 산업정책상 일정사유에 해당되는 특허권은 소멸시키고 소멸 후에는 자유실시를 보장한다.

특허권의 소멸사유에는 존속기간의 만료, 특허료의 불납, 상속인의 부존재, 특허권의 포기, 무효심판, 특허권의 취소 등이 있다.

Ⅸ. 실시권

1. 의의 및 구분

가. 의의

실시권이란 특허권자 이외의 자가 특허발명을 업으로서 실시할 수 있는 권리를 말한다.

나. 실시권의 구별

1) 효력에 따른 구분 : 전용실시권, 통상실시권
2) 설정원인에 따른 구분 : 허락실시권, 법정실시권, 강제실시권

2. 전용실시권(exclusive license)

특허권자는 특허권에 대하여 타인에게 전용실시권을 설정할 수 있으며 이 경우 타인은 특허권자와의 계약에 의하여 일정한 범위 내에서 특허발명을 독점적으로 실시할 수 있는 전용실시권을 갖게 된다.

- 설정원인 : 특허권자와의 전용실시권 설정계약
- 효력 : 설정행위로 정한 범위 내에서 특허발명을 실시할 권리를 독점하며, 전용실시권 침해자에 대하여 침해금지청구권 등 행사 가능
- 이전 : 실시사업과 같이 이전하는 경우, 상속 기타 일반승계의 경우 또는 특허권자의 동의를 얻은 경우 전용실시권 이전 가능
- 통상실시권 허락 : 특허권자 동의를 얻어야 한다.
- 등록의 효력 : 전용실시권의 설정·이전(상속 기타 일반승계 제외)·변경·소멸·처분의 제한 등은 등록해야 효력 발생

3. 통상실시권(nonexclusive license)

가. 허락에 의한 통상실시권

특허권자 또는 특허권자의 동의를 얻은 전용실시권자는 타인에게 통상실시권을 허락

할 수 있으며 이 경우 타인은 일정한 범위 내에서 특허발명을 실시할 수 있는 권리인 통상실시권을 갖게 된다.(기술도입·기술제휴 등은 허락실시권의 설정을 내용으로 하는 실시계약에 의하여 이루어진다.)

- 설정원인 : 특허권자 또는 전용실시권자와의 통상실시권 설정계약에 의하여 발생한다.
- 효력 : 설정행위로 정한 범위 내에서 특허발명을 실시할 수 있음. 전용실시권에서와 같이 권리를 독점하는 것은 아니다.
- 이전 : 실시사업과 같이 이전하는 경우 또는 특허권자 (및 전용실시권자)의 동의를 얻은 경우 통상실시권 이전 가능하다.
- 등록의 효력
  - 통상실시권을 등록한 때에는 그 등록 후에 특허권 또는 전용실시권을 취득한 자에 대하여도 효력이 발생한다.
  - 통상실시권의 이전·변경·소멸·처분의 제한 등은 등록하지 않으면 제3자에게 대항할 수 없다.

나. 법정실시권

특허권자 또는 전용실시권자의 의사와 관계없이 특허법의 규정에 의하여 당연히 발생하는 통상실시권을 말한다.

- 설정원인 : 특허법에서 정한바에 따라 발생한다.
- 효력 : 특허법에서 정한 범위 내에서 실시할 수 있다.
- 종류
  - 직무발명에 관하여 사용자가 갖는 통상실시권(발명진흥법 제10조)
  - 선사용자에게 인정되는 통상실시권(특허법 제103조)
  - 무효심판청구등록전 선의 실시자에게 인정되는 통상실시권(특허법 제104조)
  - 디자인권 존속기간 만료 후 원디자인권자 또는 원실시권자에게 인정되는 통상실시권(특허법 제105조)
  - 질권경락시 원특허권자에게 인정되는 통상실시권(특허법 제122조)
  - 재심에 의하여 회복한 특허권에 대한 선의 선사용자에게 인정되는 통상실시권(특허법 제182조)
  - 재심에 의하여 통상실시권을 상실한 원통상실시권자에게 인정되는 통상실시권(특허법 제183조)

- 이전 : 실시사업과 같이 이전하는 경우 또는 특허권자(및 전용실시권자)의 동의를 얻
  는 경우 실시권 이전 가능

다. 강제실시권[97]

특허청장의 재정, 처분 또는 심판의 심결에 의하여 인정되는 통상실시권을 말한다.

- 설정원인 : 특허청장의 재정, 처분 또는 심판의 심결
- 효력 : 재정, 처분 또는 심판의 심결에서 정한 범위 내에서 비독점적으로 실시
- 종류
  - 재정에 의한 통상실시권(법107조)[98]
  - 국방상 필요한 경우의 통상실시권(법106조)
  - 통상실시권허여심판에 의한 통상실시권(법138조)
- 이전
  - 재정에 의한 통상실시권 : 실시사업과 같이 이전하는 경우만 이전가능
  - 통상실시권허여심판에 의한 통상실시권 : 통상실시권자의 당해 특허권·실용신안
    권·디자인권과 함께 이전하여야 한다.
- 청구현황
  - 강제실시권은 주로 의약품에 적용되며, 현재까지 우리나라에서 강제실시권을 통한
    통상실시권의 재정을 청구한 경우는 불과 몇 건에 이르고 있으며, 실제로 적용한것
    은 1978년 일본 닛본소다의 특허가 제철화학에 실시된 사례가 있다.

---

97) 파리협약에서는 특허권의 남용에 따르는 제재로서 강제실시권과 몰수만을 다루고 이를 각 회원국에 위임하
   고 있다. 따라서 각국은 조약에서 정한 불실시 등 특허권의 남용 이외의 사유로 인한 강제실시권이나 몰수
   에 관하여는 자율적으로 국내법에 입법할 수 있다.

98) 특허발명을 실시하고자 하는 자는 특허발명이 다음 각 호에 해당하고 그 특허발명의 특허권자 또는 전용실
   시권자와 합리적인 조건하에 통상시시권 허락에 관한 협의를 하였으나 협의가 이루어지지 아니하는 경우
   또는 협의를 할 수 없는 경우에는 특허청장에게 통상실시권 설정에 관한 재정(裁定)을 청구할 수 있다. 다음
   각호 (1) 특허발명이 천재, 지변 기타 불가항력 또는 대통령이 정하는 정당한 이유없이 계속하여 3년이상
   국내에서 실시되고 있지 아니한 경우 (2) 특허발명이 정당한 이유없이 계속하여 3년이상 국내에서 상당한
   영업적 규모로 실시되지 아니하거나 적당한 정도와 조건으로 국내 수요를 충족시키지 못하는 경우 (3) 특허
   발명의 실시가 공공의 이익을 위하여 특히 필요한 경우 (4) 사법적 절차 또는 행정적 절차에 의하여 불공정
   행위로 판정된 사항을 시정하기 위하여 특허발명을 실시할 필요가 있는 경우 등이다.

X. 특허권 침해 및 보호

1. 특허권 침해

가. 의의

특허발명은 특허권자만이 독점적으로 실시할 수 있으므로 타인이 정당한 권한없이 특허발명을 실시하는 경우에는 특허권 침해가 된다.

나. 침해의 성립요건

1) 발명의 동일 : 침해의 성립은 실시발명과 특허발명의 동일이 전제되며 동일 여부는 발명의 구성·목적·효과를 대비하여 판단한다.
2) 업으로서의 실시 : 타인의 특허발명의 실시는 업으로서의 실시이어야 한다.
3) 실시의 위법성 : 타인의 실시는 정당한 권한이 없이 하는 실시이어야 한다.

다. 침해의 유형

1) 직접침해

- 동일영역에서의 침해 : 당해 특허발명의 특허청구범위에 기재된 구성요건적 특징을 모두 그대로 사용하는 경우를 말한다.
- 균등영역에서의 침해 : 실시발명이 특허발명과 완전히 일치하지는 않지만 등가로 평가되는 발명의 실시를 말한다.[99]
- 이용·저촉관계에 의한 침해 : 선출원 등록된 타인의 권리와 이용·저촉 관계에 있는 발명의 경우 그 선출원 등록된 권리자의 동의를 얻지않고 실시하는 경우 선출원 등록된 타인의 특허권·실용신안권·디자인권 침해가 된다.

2) 간접침해

간접침해란 타인의 실시행위가 특허발명 그 자체의 실시행위라고는 볼 수 없지만 특허발명의 실시행위에 직접 기여한다고 인정되는 것으로서 침해행위의 전단계에 있는 예비행위를 말하며 특허법은 이를 특허권 침해로 본다.

---

[99] 균등론(均等論)은 특허발명의 기술적 범위가 특허청구범위의 기계의 문언해석을 통해 도출된 발명과 균등하게 평가하는 발명에까지 미친다고 하는 사고방식이며, 그 근거·요건에 대해서는 이미 많은 견해가 있다.

- 침해로 보는 행위
  - 특허가 물건발명인 경우 그 물건의 생산에만 사용하는 물건을 업으로서 실시하는 행위

  예) 시계발명에 대하여 특허가 되고 있는 경우 그 시계의 생산에만 사용되는 시계바늘을 업으로서 생산·양도 등을 하는 행위는 시계발명에 대한 특허권의 간접침해가 된다. 즉, 간접침해가 성립되기 위해서는 그 특허가 물건발명인 경우에는 '그 물건의 생산에만' 사용되는 물건을 업으로서 생산 등을 하는 행위어야 한다. 따라서 어떤 물건(위의 경우 '시계바늘')이 그 물건(시계발명)의 생산에 사용되는 이외에 다른 물건(수도계량기의 침 등)에도 사용되는 등 타용도가 있을 때에는 그 바늘의 생산행위 등은 시계발명에 대한 간접침해는 아니다.

- 특허가 방법발명인 경우 그 방법의 실시에만 사용하는 물건을 업으로서 실시하는 행위

  예) DDT를 사용하여 살충하는 방법발명에 대하여 특허가 된 경우에 그 DDT가 그 살충방법에만 사용되고 있을 때에는 업으로서 생산·양도 등을 하는 행위는 그 방법발명에 대한 특허권을 침해한 것으로 된다.[100]

라. 침해의 판단

1) 판단의 기준 : 침해 여부는 특허청구범위를 기준으로 하여 판단한다.

2) 판단의 수단

- 침해소송 : 특허권 침해소송이 제기되었을 경우 법원이 침해 여부 판단
- 권리범위확인심판 : 특허권 침해소송과 병행하여 또는 침해소송에 앞서 특허청에 권리범위확인심판을 청구할 수 있다.

2. 특허권 침해에 대한 구제

가. 민사상 구제방법

1) 침해금지 및 예방청구권

특허권자·전용실시권자는 자기의 권리를 침해한 자 또는 침해할 우려가 있는 자에 대하여 고의 과실을 불문하고 침해의 금지 또는 예방을 청구할 수 있다.

---

100) 천효남, 《산업재산권법(특허법, 실용신안법)》, 법정사, 2001, pp. 434-435.

- 침해금지청구권의 내용 : 침해행위를 조성한 물건(물건을 생산하는 방법 발명인 경우에는 침해행위로 생긴 물건을 포함)의 폐기, 침해행위에 제공된 설비의 제거 기타 침해예방에 필요한 행위를 청구할 수 있다.
- 가처분 : 특허권자 또는 전용실시권자는 권리침해자를 상대로 본안소송을 제기하기 전에 또는 병행하여 법원에 침해금지 가처분신청이 가능하다.[101]

2) 손해배상청구권

특허권자·전용실시권자는 고의 또는 과실로 권리를 침해한 자에 대하여 손해배상을 청구할 수 있다.

- 손해액의 추정 : 권리를 침해한 자가 침해행위에 의하여 이익을 받은 때에는 그 이익의 액을 손해의 액으로 추정하며, 또한 특허발명의 실시에 대하여 통상 받을 수 있는 상당액을 특허권자·전용실시권자가 받은 손해액으로 하여 손해배상을 청구할 수 있다.

3) 신용회복조치청구권

특허권자 또는 전용실시권자는 타인이 고의 또는 과실로 특허발명을 침해하여 업무상의 신용을 실추케 한 때에는 법원에 신용회복조치를 청구할 수 있으며, 법원은 손해배상에 갈음하거나 손해배상과 함께 신용회복 조치를 명할 수 있다.

4) 부당이득반환청구권

법률상 원인 없이 타인의 특허권 또는 전용실시권으로 인하여 이익을 얻고 이로 인하여 권리자에게 손해를 가한 자에게 그 이익을 반환하도록 청구할 수 있는 권리를 말한다.

5) 기타

- 생산방법의 추정 : 물건 생산방법의 발명에 관하여 특허가 된 경우에 그 물건이 특허출원 전에 국내에서 공지된 물건이 아닌 때에는 그 물건과 동일한 물건은 그 특허된 방

---

101) 특허권침해금지 가처분이란 특허권에 근거한 금지청구권을 피보전권리로 하여 채무자의 침해행위의 금지를 구하는 가처분이다. 특허권에 대한 침해행위가 있을 경우, 특허권 침해를 신속히 금지시키기 위하여 심리에 많은 시간이 소요되는 본안소송의 확정판결을 기다려서는 특허권의 보호를 기대할 수 없고, 채권자가 본래의 권리내용을 향유할 수 없는 위험에 빠진 경우 채권자는 이 위험을 제거하기 위하여 금지청구권을 피보전권리로 하여 침해의 정지 또는 예방을 명하는 가처분을 신청할 수 있다. 일반적으로 특허권자는 특허침해에 대한 긴급 구제방법으로 법원에 특허권침해금지 가처분을 신청하는 경우가 많다. 특히 판결시점에 이미 침해물품이 사라지거나, 피고가 중간에 도산되는 경우도 있어 손해배상을 받기 어려운 경우도 발생하기 때문에 가처분을 통하여 침해물품의 생산 또는 판매 중지를 신청할 수 있으며, 가압류도 동시에 청구할 수도 있다.

법에 의하여 생산된 것으로 추정한다.

• 과실의 추정 : 타인의 특허권 또는 전용실시권을 침해한 자는 그 침해행위에 대하여 과실이 있는 것으로 추정한다.

나. 형사상 구제방법

1) 특허권 침해죄

특허권 또는 전용실시권을 고의(故意)로 침해한 자는 7년 이하의 징역 또는 1억 원 이하의 벌금에 처하도록 되어 있다.

2) 몰 수

법원은 특허권 또는 전용실시권을 고의로 침해[102]한 경우에는 침해행위를 조성한 물건 또는 그 행위로부터 생긴 물건은 이를 몰수하거나 피해자의 청구에 의하여 그 물건을 피해자에게 교부할 것을 선고하여야 한다.

3) 양벌죄

법인의 대표자, 법인 또는 개인의 대리인·사용자, 기타 종업원이 업무와 관련하여 침해죄, 허위표시의 죄, 사위행위의 죄를 범하였을 때에는 행위자를 벌하는 외에 그 법인 또는 개인에 대하여도 각각 벌금형을 과한다.

다. 행정적 구제 및 중재

1) 행정적 구제

특허청에 특허무효심판 청구서를 제출하고 권리의 무효를 다툴 수 있고, 권리범위 확인심판도 청구할 수 있다. 이외에 특허권의 강제실시를 위한 통상실시권 설정의 재정(裁定)신청서를 특허청에 제출하여 행정조정을 청구할 수 있다.

2) 화해·조정 또는 전문가에 의한 중재

특허분쟁절차에서 당사자간 상호 양보하여 합의를 도출하여 분쟁을 해결하는 구제방법으로 실시계약의 체결 또는 양도·화해·조정 및 전문가에 의한 중재 등이 있다.

---

102) 특허권 등의 침해가 고의(故意)라고 판단된 경우 특허권자 등은 검찰청(또는 경찰청)에 고소장을 제출하여 형사처벌을 요청할 수 있다.

XI. 심판

1. 의의

특허심판이란 특허출원에 대한 심사관의 부당한 거절결정 또는 무효사유를 안고 있는 특허권에 관한 분쟁 등을 해결할 목적으로 행하여지는 쟁송절차를 말하며 특허청 심판관의 합의체에 의하여 행하여지는 행정심판의 일종이다.

2. 심판의 종류

가. 특허의 무효심판

일단 설정등록된 특허권이 법에서 정한 무효사유에 해당되는 경우 그 특허의 무효를 구하는 심판을 말한다.

이 심판은 유효하게 성립된 특허권에 대하여 이를 성립 당초까지 소급하여 효력을 상실시키는 것으로 심사의 완전성, 공정성에 대한 사후적 보장수단이다.

나. 특허권 존속기간 연장등록의 무효심판

특허권의 존속기간 연장등록이 법에서 정한 무효사유에 해당될 때에 그 연장등록의 무효를 구하는 심판으로서 특허권 존속기간 연장등록의 무효심판에는 허가 등에 따른 특허권의 존속기간 연장등록의 무효심판(법제134조제1항)과 2012년 개정법에서 신설된 등록지연에 따른 특허권의 존속기간 연장등록의 무효심판(법제134조제2항)으로 구분된다.

다. 권리범위 확인심판

특정의 실시발명이 특허권의 권리범위에 속하는지의 확인을 구하는 심판으로서 침해를 이유로 특허분쟁이 있을 때 해결수단의 한 방법으로 마련된 제도이다.

1) 적극적 권리범위 확인심판 : 특허권자가 타인의 특정발명이 자기의 특허권의 권리범위에 속한다는 취지를 구하는 심판이다.

2) 소극적 권리범위 확인심판 : 특정발명의 실시자가 그 실시하는 특정발명이 타인의 특허권의 권리범위에 속하지 아니한다는 취지를 구하는 심판을 말한다.

라. 정정심판

특허권자가 특허발명의 명세서 또는 도면을 정정하여 줄 것을 요구하는 심판으로서 명세서 또는 도면에 불비한 점이 있을 경우 이를 정정함으로써 무효를 방지하고 권리관계를 명백히 하고자 함에 그 실익이 있다.

마. 정정의 무효심판

정정심판에 의하여 확정된 명세서 또는 도면의 정정이 법에서 정한 규정에 위반된 경우 그 명세서 또는 도면의 정정의 무효를 구하는 심판으로서 이해관계인 및 심사관이 청구할 수 있다.

바. 통상실시권 허여심판

당해 특허발명이 선출원된 타인의 특허발명, 등록실용신안 또는 등록디자인을 이용하거나, 디자인권과 저촉되는 경우 자기의 특허발명의 실시를 위하여 특허청에 통상실시권 허여를 청구하는 심판으로서 이용·저촉관계에 있는 권리 간의 이해관계를 조정하고자 마련된 심판제도이다.[103]

사. 보정각하결정 불복 심판

명세서 또는 도면을 보정한 것이 요지변경에 해당함을 이유로 심사관이 그 보정을 각하하였을 경우 이에 불복하여 청구하는 심판을 말한다.

아. 거절결정 불복 심판

심사관이 한 거절결정에 불복하는 경우 거절결정처분을 취소하여 줄 것을 요구하는 심판을 말한다.

자. 재심(再審)

당사자는 확정된 심결에 대하여 재심(retrial)을 청구할 수 있다. 재심은 확정심결 또는 확정판결 재심사유에 해당하는 하자가 있는 경우에 사건의 재심판을 구하는 비상의 불복

---

103) 통상실시권 허여심판은 선발명과 후발명 간에 이용·저촉관계가 있을 경우 후출원의 권리(A+B+C+D)는 선출원의 권리(A+B+C)에 의하여 그 실시가 제한되고, 후출원자가 선출원자의 동의없이 자기의 특허발명을 실시하면 권리의 침해가 성립되므로 후출원자는 선출원자로부터 동의를 얻어야 하나 그러하지 못할 때 문제가 발생한다. 이 문제를 해결하는 제도가 통상실시권 허여심판제도이다.

신청방법이다. 원칙적으로 심결 또는 판결이 확정되면 불복신청이 인정되지 않으나 그 절차에 중대한 하자나 불공정 등이 있을 때 이를 방치한다면 당사자에게 가혹할 뿐만 아니라 국가기관의 권위를 실추시키는 요인이 된다. 따라서 재심제도는 법적 안정성을 실현시키기 위하여 부적법 또는 불합리한 판단을 시정하여 구체적 타당성을 충족시키는 권리 구제수단 중의 하나이다. 특허법상 특허재심의 사유 및 심리절차는 민사소송법의 재심관련 규정을 일부 준용하는 한편 제3자를 해하는 심결에 대한 재심을 인정하고 있다.

3. 심판절차 일반

가. 심판을 청구할 수 있는 자

- 무효(존속기간연장등록무효, 정정무효 포함)심판 : 이해관계인 또는 심사관
- 권리범위확인심판[104] : 특허권자 또는 이해관계인
- 정정심판 : 특허권자
- 통상실시권허여심판 : 관련 특허권자, 전용실시권자 또는 통상실시권자

나. 심판청구서 기재사항

- 당사자 및 대리인의 성명, 주소
- 심판사건의 표시, 청구의 취지 및 그 이유
- 권리범위확인심판의 경우에는 필요한 명세서 및 도면
- 정정심판의 경우에는 정정한 명세서 및 도면
- 통상실시권 허여심판의 경우에는 자기의 특허번호·명칭, 실시하고자 하는 타인의 특허발명 등의 번호·명칭 및 특허나 등록의 연월일, 통상실시권의 범위·기간 및 대가

다. 방식심사 및 보정지시

심판장은 심판청구서가 법령에서 정한 방식에 위반하거나 소정의 수수료를 납부하지

---

104) 특허권을 둘러싼 당사자간의 분쟁이 있어서 기술전문가로 구성된 심판관합의체에 의하여 미리 특허권의 보호범위에 대한 공적인 확인을 받음으로써 당사자 간의 분쟁의 조기해결을 도모하고, 침해소송에 있어서 법원에 침해 여부 판단기준을 제공함에 그 취지가 있다. 또한 권리범위확인심판의 법적 성질을 보면 특허권과 특정물 사이의 동일성 여부를 판단하여 특허발명의 보호범위의 한계를 확인함으로써 분쟁을 해결·조정함에 그 목적이 있고 새로운 권리관계를 형성시키려는 것은 아니므로 확인행위설이 타당하다.

않은 경우에는 흠결을 보정할 것을 명하여야 하며 기간 내에 보정을 하지 아니한 때에는
결정으로 심판청구서를 각하하여야 한다.

라. 부본의 송달

심판장은 심판청구서의 부본을 피청구인에게 송달하고 기간을 정하여 답변서를 제출
할 수 있는 기회를 주어야 하며, 피청구인으로부터 제출된 답변서를 수리한 때에는 그 부
본을 청구인에게 송달하여야 한다.

마. 심리

1) 적법성의 심리

심판청구의 적법 여부를 심리하는 것으로서 당사자적격, 일사부재리원칙에의 위반 여
부 등을 심리하는 것을 말한다.

일사부재리원칙의 원칙에 어긋나거나, 이해관계인이 아닌 자가 청구한 경우 등 부적법
한 심판청구로서 그 흠결을 보정할 수 없는 때에는 피청구인에게 답변서 제출의 기회를
주지 아니하고 심결로써 이를 각하할 수 있다.

2) 본안심리

- 심리방식 : 무효(존속기간연장등록무효, 정정무효 포함)심판은 구두심리에 의하나 신청에
  의하여 또는 직권으로 서면심리 가능하며, 그 외 심판은 서면심리에 의하나 신청에 의
  하여 또는 직권으로 구두심리로 할 수 있다.
- 직권주의
  - 직권탐지주의 : 심판사건을 심리함에 있어 당사자의 주장에 구애받지 아니하고 직
    권으로 필요한 사실을 탐지하거나, 증거조사 및 증거보전을 하는 것을 말한다.
  - 직권진행주의 : 심판의 진행절차는 심판관에게 주도권이 있는데 이를 직권진행주의
    라고 한다.

바. 심결

1) 심리종결통지 : 심판장은 사건이 심결을 할 정도로 성숙한 것으로 판단되면 심결을 하
   기 전에 당사자 및 참가인에게 심리종결통지를 해야 한다.
2) 심결 : 심결은 심판사건에 대한 심판부(합의체)의 공권적 판단을 말하며 일정 사항을
   기재한 서면으로 한다.

4. 기타

가. 확정심결의 효력

1) 대세적 효력 : 심결이 확정되면 그 심결의 효력은 심판사건의 당사자뿐만 아니라 제3
   자에게도 미치는 것을 말한다.
2) 일사부재리의 효력 : 심결이 확정되었을 경우 누구든지 동일사실, 동일증거에 의하여
   같은 심판을 청구할 수 없다.

나. 심판청구의 취하

심판청구는 그 심결이 확정될 때까지 취하할 수 있으나, 당사자 심판의 경우 상대방의
답변서 제출이 있는 경우에는 상대방의 동의를 얻어야 한다.

다. 심판비용

거절결정 불복심판, 보정각하결정 불복심판, 정정심판 또는 통상실시권 허여심판의 심
판비용은 청구인의 부담으로 하며, 그 외 심판의 심판비용은 심결 또는 결정으로 그 부담
자를 정한다.

XII. 소송

1. 행정소송

2. 특허소송

가. 의의

특허심판원의 심결 또는 결정에 불복하여 특허법원에 제기하는 소송을 말하며 특수
행정소송으로 이해함이 일반적이다.

즉, 특허소송은 특허법원을 제1심으로 하여 제기하지만 특허심사관의 심결을 불복의
대상으로 하므로 실질적으로는 항소심적 성격을 갖는다.

나. 대상

1) 심결에 대한 취소소송

- 명세서 또는 도면의 요지변경에 대한 심사관의 보정각하결정에 대한 심판(재심)의 심결
- 심사관의 거절결정에 대한 심판(재심)의 심결
- 정정심판(재심)의 심결
- 특허무효·특허권의 존속기간의 연장등록의 무효·권리범위확인·정정무효·통상실시권허여의 심판(재심)의 심결
- 위 심판(재심)의 청구각하심결

2) 결정에 대한 취소소송

- 심판(재심)청구서 각하결정
- 거절결정에 대한 심판단계에서의 심판관의 명세서·도면의 보정에 대한 각하결정

다. 소의 제기기간

특허심판원의 심결취소소송은 심결 또는 결정의 등본을 송달받은 날로부터 30일 내에 제기하여야 하며, 이 기간은 불변기간이지만 심판장은 원격 또는 교통이 불편한 지역에 있는가를 위하여 직권으로 부가기간을 정할 수 있다.

라. 관할

특허법원이 전담한다.

마. 판결

- 소 각하 판결
- 소 기각 판결

이는 원고의 청구가 이유없다고 인정되어 원심결을 유지하는 경우에 하는 판결을 말하며, 특허법원의 판결에 불복하는 경우에는 대법원에 상고할 수 있다.

- 소 인용판결(취소판결)

특허법원의 소 인용판결이 있는 경우, 상대방이 이에 승복하여 대법원에 상고를 제기하지 아니한 경우에는 특허심판원은 이에 기속 받는다.

바. 상고(上告)

특허법원의 판결에 대하여 불복하고자 하는 자는 대법원에 상고[105]할 수 있으며 상고의 제기는 판결이 송달된 날로부터 2주일 이내에 상고장을 원심법원인 특허법원에 제출함으로써 할 수 있다.

3. 침해소송

가. 민사소송

나. 형사소송

다. 일반 민사·형사법원이 전담

4. 특허법 관련 주요 판례(사례)

〈공동발명자 확정 문제〉

> 대법원 2011. 7. 28 선고 2009다75178 판결【직무발명보상금】: 1. 공동발명자의 판단기준 2. 회사의 근무규칙 등에 직무발명보상금의 지급시기를 정하고 있는 경우 직무발명보상금청구권의 소멸시효기간 및 기산점 3. 종업원이 받을 적당한 직무발명보상금 액수를 결정함에 있어서 고려하는 '사용자가 얻을 이익액'의 의미

[1] 공동발명자가 되기 위해서는 발명의 완성을 위하여 실질적으로 상호 협력하는 관계가 있어야 하므로(대법원 2001. 11. 27. 선고 99후468 판결 등 참조). 단순히 발명에 대한 기본적인 과제와 아이디어만을 제공하였거나, 연구자를 일반적으로 관리하였거나, 연구자의 지시로 데이터의 정리와 실험만을 하였거나 또는 자금·설비 등을 제공하여 발명의 완성을 후원·위탁하였을 뿐인 정도 등에 그치지 않고, 발명의 기술적 과제를 해결하기 위한 구체적인 착상을 새롭게 제시·부가·보완한 자, 실험 등을 통하여 새로운 착상을 구

---

105) 특허법원의 판결에 대하여 불복하는 자는 대법원에 상고(上告)할 수 있다.(제186조제8항). 특허법원의 판결에 대한 상고심절차는 민사소송법상의 상고에 관한 규정이 그대로 적용된다. 대법원에 상고를 하는 경우에는 판결이 송달된 날부터 2주일 이내에 상고장을 특허법원에 제출함으로써 제기된다(민사소송법 제425조). 대법원은 상고권이 없거나 방식을 위반하여 부적법한 경우에는 상고각하판결을 하며, 상고가 이유 없다고 인정될 때 또는 상고인이 기간 내에 상고이유서를 제출하지 아니한 때에는 상고기각판결을 한다. 또한 상고가 이유가 있다고 인정된 때에는 원판결을 파기하고 사건을 특허법원에 환송하는 판결을 한다.

체화한 자, 발명의 목적 및 효과를 달성하기 위한 구체적인 수단과 방법의 제공 또는 구체적인 조언·지도를 통하여 발명을 가능하게 한 자 등과 같이 기술적 사상의 창작행위에 실질적으로 기여하기에 이르러야 공동발명자에 해당한다. 한편 이른바 실험의 과학이라고 하는 화학발명의 경우에는 당해 발명의 내용과 기술수준에 따라 차이가 있을 수는 있지만 예측가능성 내지 실현가능성이 현저히 부족하여 실험데이터가 제시된 실험예가 없으면 완성된 별명으로 보기 어려운 경우가 많이 있는데(대법원 2001. 11. 30. 선고 2001후65 판결 등 참조), 그와 같은 경우에는 실제 실험을 통하여 발명을 구체화하고 완성하는 데 실질적으로 기여하였는지 여부의 관점에서 공동발명자인지 여부를 결정해야 한다.

[2] 직무발명보상금청구권은 일반채권과 마찬가지로 10년간 행사하지 않으면 소멸시효가 완성하고 그 가산점은 일반적으로 사용자가 직무발명에 대한 특허를 받을 권리를 종업원으로부터 승계한 시점으로 봐야 할 것이나, 회사의 근무규칙 등에 직무발명보상금의 지급시기를 정하고 있는 경우에는 그 시기가 도래할 때까지 보상청구권의 행사에 법률상의 장애가 있으므로 근무규칙 등에 정하여진 지급시기가 소멸시효의 기산점이 된다.

[3] 구 특허법 제40조 제2항은 사용자가 종업원으로부터 직무발명을 승계하는 경우 종업원이 받을 정당한 보상액을 결정함에 있어서는 그 발명에 의하여 사용자가 얻을 이익액과 그 발명의 완성에 사용자가 공헌한 정도를 고려하도록 하고 있는데, 같은 법 제39조 제1항에 의하면 사용자는 직무발명을 승계하지 않더라도 그 특허권에 대하여 무상의 통상실시권을 가지므로, 위의 '사용자가 얻을 이익'이라 함은 통상실시권을 넘어 직무발명을 배타적·독점적으로 실시할 수 있는 지위를 취득함으로써 얻을 이익을 의미한다. 한편 여기서 사용자가 얻을 이익은 직무발명 자체에 의해 얻을 이익을 의미하는 것이지 수익·비용의 정산 이후에 남는 영업이익 등의 회계상 이익을 의미하는 것은 아니므로 수익·비용의 정산 결과와 관계없이 직무발명 자체에 의한 이익이 있다면 사용자가 얻을 이익이 있는 것이고, 또한 사용자가 제조·판매하고 있는 제품이 직무발명의 권리범위에 포함되지 않더라도 그것이 직무발명 실시제품의 수요를 대체할 수 있는 제품으로서 사용자가 직무발명에 대한 특허권에 기해 경쟁 회사로 하여금 직무발명을 실시할 수 없게 함으로써 그 매출이 증가하였다면, 그로 인한 이익을 직무발명에 의한 사용자의 이익으로 평가할 수 있다.[106]

---

106) 윤태식. 〈2013년도 상반기 변리사 민사소송실무(지식재산권 침해소송의 최근 동향 및 판례분석)〉, 대한변리사, 2013, pp. 367-370.

XIII. 실용신안 제도

1. 서언

실용신안(Utility Model)제도는 인간생활에 유용한 새로운 물품[107]을 창작하였지만 특허 부여에 필요한 기술적 진보 또는 발명의 고도성의 기준에 달하지 못한 소발명을 보호하기 위한 것으로 특허제도를 보완하려는 취지에서 만들어진 제도이므로 특허제도와 매우 밀접한 관계를 가지고 있다.

즉, 새로운 기술을 개발한 경우 그 기술은 고도의 기술일 수도 있고 그보다 못한 기술일 수도 있다. 그 기술이 고도한 경우에는 발명으로 취급하여 특허법으로 보호하고 있으며 그보다 못한 기술인 경우에는 고안으로 취급하여 실용신안법으로 보호하고 있다.

외국의 경우 발명과 고안(考案)을 구별하지 않고 다같이 발명으로 취급하여 특허법에서 보호하고 있으나 우리나라는 기술개발의 촉진과 산업정책적인 이유 등에서 그 기술의 수준에 따라 발명과 고안으로 구분하여 특허법과 실용신안법으로 각각 보호하고 있다. 실용신안제도는 중소기업이나 기술투자에 충분한 물적, 인적자원이 부족한 저개발국이나 개발도상국의 발명가들에게 기술개발에 관심을 가지고 적은 비용이라도 기술투자를 하도록 장려하는 제도이다. 또한 실용신안제도에 의한 소발명(작은 발명) 보호는 특허제도의 보호대상인 발명 수준의 저하를 방지하는 간접적인 역할도 한다.

우리나라가 고안을 법률로 보호하기 시작한 것은 특허법 제정 시부터로서 당초에는 특허법에서 발명과 고안을 혼합규정하여 운영하여 오다가 1961. 12. 31. 법률 제952호(실용신안법, 제정)부터 실용신안법을 독립된 법률로 제정하여 운영하여 오고 있다.[108]

---

107) 실용신안법상 물품의 정의에 대해서 여러 가지 견해가 있으나 물품이라고 말할 수 있기 위해서는 형상·구조 등 일정한 형태를 갖는 물건일 것(형태성)이 필요하다. 따라서 '방법'과 같이 물건과 전혀 다른 카테고리에 속하는 것은 실용신안법상 보호의 대상이 되지 않는다. 또한 물건이라도 일정한 형태를 갖지 않는 의약이나 화학물질 또는 유리, 합금, 시멘트 등은 실용신안법상 보호대상이 아니다. 물품의 일부(병주둥이, 수푼의 손잡이)도 실용신안법상의 물품으로 해석한다.

108) 실용신안제도를 운영하고 있는 나라는 우리나라 외에 독일, 일본, 프랑스, 중국, 스페인, 이탈리아, 대만, 말레이시아, 필리핀, 오스트리아, 핀란드, 아일랜드, 헝가리, 유고슬라비아, 폴란드, 멕시코, 브라질, 우루과이, 칠레, 과테말라 등 30여 개국이다.

2. 보호객체의 문제(형설과 고안설)

가. 형설 : 실용신안의 보호대상은 물품의 형(型)이며, 기술사상(실용성)이 물(공간적 형태
성)에 구체화된 것이라는 견해

나. 고안설 : 발명과 고안은 기술적 사상의 창작이란 면에서는 동일하고 창작의 고도성에
서만 차이가 있는 것이기 때문에 실용신안의 보호객체는 구체적인 형(型)이 아니고
추상적인 기술적 사상의 창작이라는 견해

다. 우리나라 입장 : 실용신안법 제2조(정의)에서는 고안설의 입장이나, 제4조 (실용신안등
록의 요건)에서는 '……물품의 형상[109]·구조[110] 또는 조합[111]에 관한 고안… …'이라
고 규정하여 형(型)에 관한 고안을 등록대상으로 하므로 고안설과 형설을 동시에 따
르는 절충설 입장을 취한다.

3. 타법과의 비교

가. 특허법

현행 우리나라 실용신안법은 기술적 사상의 창작을 보호하는 점에서 특허법과 동일하
므로 실용신안법의 보호객체인 고안과 특허법의 보호객체인 발명을 구별하는 것은 매우
곤란하다.

양자간에는 본질상 차이보다는 보호대상, 보호기간 등에서의 '정도의 차이'만 있을 뿐
이라는 이유로 실용신안제도에 대한 비판이 제기되고 있기도 하다.

1) 보호대상

자연법칙을 이용한 기술적 사상의 창작인 '고안' 중 물품의 형상·구조 또는 조합에 관

---

109) 물품의 형상이란 시각을 통하여 관찰할 수 있는 물품의 형상을 말한다. 형상(形狀)은 그것이 입체적이거나
평면적이거나를 불문한다(다각형 연필, 주둥이를 형성한 커피포트 등).

110) 물품의 구조란 일반적으로 기계적 요소의 유기적인 연결모양이나 결합상태를 말한다. 한편, 구조는 반드시
입체적인 것을 필요로 하지는 않는다. 선, 문자, 도형, 기호의 배열·조합 또는 색채와 같은 소위 평면적인
것(예를 들면, 전화부의 표제란, 시력검사표 등의 활자배열·색채 따위)도 구조의 일종이라고 하고 있으며
전기회로도도 구조의 일종이다.

111) 물품의 조합이란 i) 2이상의 다른 물품의 집합으로서 사용시에 일체적 또는 밀접불가분적 상태가 되어 하
나의 목적을 달성하는 것(볼트나 너트, 바둑판과 바둑알 등) ii) 2 이상의 동종의 물품의 집합으로서 사용
시에 일체가 되어 하나의 목적으로 달성할 수 있는 것을 말한다.

한 '고안'만을 보호대상으로 하므로 반드시 고도한 것을 요구하지 않으며 (고도의 것도 실용신안으로 등록이 가능) 신물질, 방법 등에 관한 고안(발명)은 보호되지 않는다. 즉 물질, 예컨대 농약, 의약, DNA구조, 미생물, 유리조성물, 시멘트 조성물 등은 특허법 보호대상이 되지만, 실용신안법상 보호대상은 되지 않는다.

2) 등록요건

- 실용신안 등록요건도 산업상 이용가능성, 신규성, 진보성 등을 그 요건으로 규정하고 있어 특허요건과 동일하지만, 진보성 판단에 있어 차이가 있다.
- 특허법상 진보성[112] : 당해기술분야에서 통상의 지식을 가진 자가 선행기술에 의하여 "용이하게" 발명할 수 있느냐의 여부를 말한다
- 실용신안법상의 진보성 : 당해기술분야에서 통상의 지식을 가진 자가 선행기술에 의하여 "극히 용이"하게 고안할 수 있느냐의 여부를 말한다.

3) 권리존속기간

특허법에 의한 특허권과 실용신안법에 의한 권리존속기간은 양자 상이하다. 즉 특허권의 존속기간은 등록일로부터 특허출원일 후 20년, 실용신안권의 그것은 등록일로부터 등록출원일 후 10년으로 되어 있어 실용신안권의 존속기간이 짧게 되어 있다. 이처럼 실용실안권의 존속기간이 짧은 것은 고안이 발명보다 일반적으로 모방이 용이하여 제품수명(Product Life cycle)이 짧다는 점에 기인한다. 따라서 출원인이 개발한 기술을 특허출원할 것인가 실용신안출원으로 할 것인가의 선택기준의 하나로서 타인에 의한 모방용이성과 그에 따른 제품수명의 장단점이 고려된다. 기술진보 속도가 빠른 기술분야에 실용신안출원이 많은 것은 바로 이 때문이며 실용신안출원은 따라서 조속히 사업화되므로 출원인은 가급적 조기심사를 희망한다.

---

112) 고안의 진보성에 대한 판단기준은 발명의 진보성과 기본적으로는 같다 하겠으나 진보성의 정도에 있어서는 상이하다. 특허법에서 발명의 진보성은 용이(容易)하게 발명할 수 없는 정도의 것을 요건으로 하는 데 비해 실용신안법에서의 고안의 진보성은 극히 용이하게 고안할수 없는 정도의 것을 요건으로 한다. 그러나 '용이냐, 극히 용이냐'하는 것은 추상적인 구별에 불과하므로 실질관계에서 이들을 엄격히 구별하는 일은 그야말로 극히 어려운 일이라 할 것이며 이의 해석·운용을 둘러싸고 여러 가지 논란이 있어왔다. 일반적으로 발명의 진보성까지는 이르지 못하나 공지기술에 기초하여 당사자가 당연히 생각할 정도(自明程度)를 넘는 정도의 고안이면 그 고안은 진보성이 있다고 보며 통상적인 전문가라면 누구라도 당연히 도출할 수 있을 정도의 개량·변경 정도의 고안은 진보성이 없다고 판단한다. 또한 공지문헌(公知文獻)을 다수인용하는 경우(여러 개의 참증을 붙여 거절하는 경우)에도 진보성이 없는 것으로 본다.

4) 권리의 실시요건

권리의 실시요건에 있어서도 발명과 고안이라고 하는 양법의 보호대상의 상이로 인하여 다소 상이하다. 특허법상 특허발명의 실시라 함은 물건의 발명인 경우 그 특허물건의 생산, 사용, 양도, 대여, 수입 또는 그 물건의 양도나 또는 대여의 청약행위 외에, 물건을 생산하는 방법의 발명인 경우 그 특허방법의 사용행위뿐 아니라 그 특허방법에 의하여 생산한 물건을 사용, 양도, 대여, 수입 또는 그 물건의 양도 또는 대여의 청약행위를 모두 포함한다. 더욱이 물건을 생산하는 방법에 의하여 생산된 물건과 동일한 물건일 때에는 그 특허방법에 의하여 생산된 것으로 추정하도록 하고 잇다. 이에 대하여 실용신안은 물품을 생산, 사용, 양도, 대여, 수여, 수입 또는 그 물건의 양도 또는 대여의 청약행위에만 한정하고 있는 점이다.[113]

나. 디자인 보호법

디자인은 물품의 형상·모양·색채 또는 이들을 결합한 것으로 시각을 통하여 미감을 일으키게 공업적으로 이용가능한 디자인을 보호대상으로 한다(디자인보호법 제2조, 제5조). 물품에 대한 창작인 시점에서 실용신안과 공통점이 있으나, 디자인은 미적 과제의 해결을 목적으로 하므로 기술적 과제의 해결을 목적으로 하는 실용신안과 구별된다. 출원인은 물품의 형상·구조에 특징이 있는 고안은 실용신안으로 출원할 수 있고, 물품의 외관에 특징이 있는 디자인은 디자인법에 의거 출원할 수 있다.

4. 실용신안제도의 주요 내용

특허출원에 대한 심사처리기간이 대폭 단축됨에 따라 종전의 심사처리 적체 시에 도입하였던 실용신안 심사전 등록제도를 심사 후 등록제도로 변경하여 그 절차를 간소화하고, 특허제도와의 통일된 절차를 통한 합리적인 제도운영으로 민원인의 편익을 도모하기 위하여 이중출원제도를 폐지하는 대신 변경출원제도를 도입하였으며, 실용신안등록 이의신청제도를 실용신안등록 무효심판제도로 통합하는 등 실용신안제도를 개선하는 한편, 한미 FTA(대한민국과 미합중국간의 자유무역협정) 합의사항에 따라 지식재산권 집행을 국내법에 반영하기 위하여 일부 실용신안법을 개정하였고, 또한 일반 국민이 실용신

---

113) 송윤기, 《부자가 되는 지식재산권》, 발명특허신문사. 2008, p. 41.

안법을 쉽게 이해할 수 있도록 일부 조문의 문구를 알기 쉽게 하였다.

2012년 실용신안법의 주요 개정내용을 보면, 첫째, 공지예외 적용시기의 연장(법제5조 제1항) 둘째, 등록지연에 따른 실용신안권의 존속기간 연장제도 신설(법제22조의 2) 셋째, 비밀유지명령제도 신설(법제49조의 2) 넷째, 실용신안권 취소제도 폐지(특허법 제116조) 다섯째, 조약의 효력 조문 삭제(특허법 제26조) 등이다.

그 밖에 현행제도의 운영상 나타난 일부 미비점을 개선, 보완하였으며 그 주요내용은 해당부분에서 설명하기로 한다.

가. 실용신안등록의 요건

1) 산업상 이용할 수 있는 물품의 형상·구조 또는 조합에 관한 고안으로서 다음 각 호의 어느 하나에 해당하는 것을 제외하고는 그 고안에 대하여 실용신안등록을 받을 수 있다.

- 실용신안등록출원 전에 국내 또는 국외에서 공지되었거나 공연히 실시된 고안
- 실용신안등록출원 전에 국내 또는 국외에서 반포된 간행물에 게재되거나 대통령령이 정하는 전기통신회선을 통하여 공중이 이용할 수 있는 고안(※개정특허법에서는 대통령이 정하는 전기통신회선 범위의 제한규정을 삭제: 2013. 7. 1 이후 출원부터 적용)

2) 실용신안등록출원 전에 그 고안이 속하는 기술분야에서 통상의 지식을 가진 자가 제1항 각 호의 어느 하나에 규정된 고안에 의하여 극히 용이하게 고안할 수 있는 것일 때에는 그 고안에 대하여는 제1항의 규정에 불구하고 실용신안등록을 받을 수 없다.

나. 실용신안등록을 받을 수 없는 고안

1) 국기 또는 훈장과 동일하거나 유사한 고안
2) 공공의 질서 또는 선량한 풍속을 문란하게 하거나 공중의 위생을 해할 염려가 있는 고안

다. 선출원

1) 동일한 고안에 대하여 다른 날에 2 이상의 실용신안등록출원이 있는 때에는 먼저 실용신안등록출원한 자만이 그 고안에 대하여 실용신안등록을 받을 수 있다
2) 동일한 고안에 대하여 같은 날에 2 이상의 실용신안등록출원이 있는 때에는 실용신안등록출원인 간의 협의에 의하여 정하여진 하나의 실용신안등록출원인만이 그 고안에

대하여 실용신안등록을 받을 수 있다. 협의가 성립하지 아니하거나 협의를 할 수 없는 때에는 어느 실용신안등록출원인도 그 고안에 대하여 실용신안등록을 받을 수 없다.

라. 실용신안등록출원

1) 실용신안등록을 받고자 하는 자는 다음 각 호의 사항을 기재한 실용신안등록출원서를 특허청장에게 제출하여야 한다.

    (1) 실용신안등록출원인의 성명 및 주소(법인인 경우에는 그 명칭 및 영업소의 소재지)

    (2) 실용신안등록출원인의 대리인이 출원하는 경우에는 그 대리인의 성명·주소 및 영업소의 소재지(대리인이 특허법인인 경우에는 그 명칭, 사무소의 소재지 및 지정된 변리사의 성명)

    (3) 고안의 명칭

    (4) 고안자의 성명 및 주소

2) 제(1)항의 규정에 의한 실용신안등록출원서에는 다음 각 호의 사항을 기재한 명세서와 도면 및 요약서를 첨부하여야 한다.

    (1) 고안의 명칭

    (2) 도면의 간단한 설명

    (3) 고안의 상세한 설명

    (4) 실용신안등록청구범위

마. 출원공개

출원공개제도는 실용신안등록출원일로부터 1년6월이 경과되면 출원고안을 공개실용신안공보에 게재하여 일반인에게 공개하는 제도이다. 특허청은 공개실용신안공보를 전산정보처리조직에 저장된 파일을 복제하여 정보통신망(인터넷)을 이용하여 공개한다. 공개실용신안공보는 출원번호순으로 게재하고 공개기간은 3개월로 한다.

바. 변경출원

1) 특허출원인은 그 특허출원의 출원서에 최초로 첨부된 명세서 또는 도면에 기재된 사항의 범위 안에서 그 특허출원을 실용신안등록출원으로 변경할 수 있다. 다만, 그 특허출원에 관하여 최초의 거절결정등본을 송달받은 날부터 30일이 경과한때에는 실용신안등록출원으로 변경할 수 없다.

2) 제1)항의 규정에 의하여 변경된 실용신안등록출원(이하 변경출원 이라 한다)이 있는 경우에 그 변경출원은 특허출원을 한 때에 실용신안등록출원한 것으로본다.

사. 실용신안등록출원심사의 청구

1) 실용신안등록출원에 대한 심사는 청구가 있을 때에 한한다.

2) 실용신안등록출원이 있는 때에는 누구든지 그날부터 3년 이내에 특허청장에게 그 실용신안등록출원에 관하여 출원심사의 청구를 할 수 있다.

5. 실용신안권

가. 실용신안권의 설정등록 및 등록공고

1) 실용신안권은 설정등록을 함으로써 발생한다.

2) 특허청장은 등록료를 납부하여 등록이 있는 때에는 그 등록실용신안에 관하여 실용신안공보에 게재하여 등록공고를 하여야 한다.

3) 특허청장은 등록공고가 있는 날로부터 3월간 출원서류 및 그 부속물건을 공중의 열람에 제공하여야 한다

나. 실용신안권의 존속기간

실용신안권의 존속기간은 실용신안권의 설정등록을 한 날부터 실용신안등록출원일 후 10년이 되는 날까지로 한다.[114]

다. 실용신안권의 효력

실용신안권자는 업으로서 그 등록실용신안을 실시할 권리를 독점한다.

라. 실용신안권의 효력이 미치지 아니하는 범위

실용신안권의 효력은 다음 각 호의 어느 하나에 해당하는 사항에는 미치지 아니한다.

1) 연구 또는 시험을 하기 위한 등록실용신안의 실시

---

114) 실용신안등록 출원에 대하여 실용신안등록출원일로부터 4년 또는 출원심사의 청구일로부터 3년 중 늦은 날보다 지연되어 실용신안권의 설정등록이 이루어지는 경우에는 법제22조 제1항에도 불구하고 그 지연된 기간만큼 해당 실용신안권의 존속기간을 연장할 수 있다.

2) 국내를 통과하는 데 불과한 선박·항공기·차량 또는 이에 사용되는 기계·기구장치 그 밖의 물건

3) 실용신안등록출원 시부터 국내에 있는 물건

마. 타인의 등록실용신안 등의 관계

실용신안권자·전용실시권자 또는 통상실시권자는 등록실용신안이 그 등록실용신안의 실용신안등록출원일 전에 출원된 타인의 등록실용신안·특허발명 또는 등록디자인이나 이와 유사한 디자인을 이용하거나 실용신안권이 그 등록실용신안의 실용신안등록출원일 전에 출원된 타인의 디자인권 또는 상표권과 저촉되는 경우에는 그 실용신안권자·특허권자·디자인권자 또는 상표권자의 허락을 얻지 아니하고는 자기의 등록실용신안을 업으로서 실시할 수 없다.

6. 실용신안권의 침해와 구제방법

가. 실용신안권자의 보호

실용신안권은 그 객체인 등록실용신안을 독점적으로 지배할 수 있는 권리이므로 실용신안권자만이 당해 등록실용신안을 실시할 권리를 독점한다. 그러므로 타인이 등록실용신안을 정당한 권한없이 업으로서 실시하면 실용신안권 침해가 되며 실용신안권자는 그 침해자를 대상으로 하여 민·형사상의 책임을 추궁할 수 있다.

실용신안법은 이와 같은 실용신안권침해에 대한 실용신안권자의 보호수단으로서 실용신안권 침해에 대한 금지청구권, 손해액의 추정, 신용회복조치의 청구권 등 제반규정을 마련하고 있다.

나. 실용신안권 침해에 대한 구제

1) 민사상 구제방법

(1) 침해금지 청구권

실용신안권 또는 전용실시권이 침해되거나 침해될 우려가 있을 때에는 실용신안권자·전용실시권자는 자기의 권리를 침해한 자 또는 침해할 우려가 있는 자에 대하여 그 침해의 금지 또는 예방을 청구할 수 있다. 이때 전용실시권자 등은 침해금지청구권의 실

효성을 확보하기 위하여 침해행위를 조성한 물건의 폐기, 침해행위에 제공된 설비의 제거와 기타 침해의 예방에 필요한 행위를 아울러 청구할 수 있다.

(2) 손해배상 청구권

실용신안권 또는 전용실실시권이 침해자의 고의 또는 과실에 의하여 침해되었을 경우에는 실용신안권자 또는 전용실시권자는 자기의 권리를 침해한 자에 대하여 손해배상을 청구할 수 있다[115].

(3) 신용회복조치 청구권

실용신안권자 또는 전용실시권자는 타인이 실용신안을 침해하여 업무상의 신용을 실추케 한 때에는 법원에 신용회복조치를 청구할 수 있으며 법원은 손해배상에 갈음하거나 손해배상과 함께 신용회복을 위하여 필요한 조치를 명할 수 있다[116].

(4) 부당이득반환청구권

부당이득반환청구권이라 함은 정당한 법률상의 원인이 없는데도 부당하게 재산적 이익을 얻고 이로 인하여 타인에게 손해를 준 경우 손실자는 그 손해를 준 타인에 대하여 자기가 입은 손해를 한도로 하여 이득의 반환을 청구할 수 있는 권리를 말한다. 이와 같은 청구권은 공평의 이념에 입각한 당사자간의 이익의 조절이라는 사명을 띤 제도로서 민법에서 규정하고 있다[117].

(5) 비밀유지명령제도

실용신안권의 침해에 관한 소송에 있어서 법원이 당사자가 보유한 영업비밀에 대해서 법원이 비밀유지명령을 내릴 수 있도록 하고 이를 위반하면 형사벌을 부과할 수 있도록 하는 근거 규정을 신설하였다. 개정법의 비밀유지명령은 해당 영업비밀을 해당 소송의 계속적인 수행 외의 목적으로 사용하는 것, 해당 영업비밀에 관계된 이 항에 따른 명령을 받은 자 이외의 자에게 공개하는 것 등을 금지하고 있다.

---

115) 손해배상청구권은 침해금지의 경우와는 달리 실용신안권 소멸 후에도 행사할 수 있으며, 다만 실용신안등록취소결정이 확정되거나 실용신안등록을 무효로 한다는 심결이 확정되었을 때에는 실용신안권은 처음부터 존재하지 않았던 것으로 되므로 이때 손해배상청구권은 소급적으로 소멸한다.

116) 신용회복조치는 침해자의 고의·과실을 요건으로 한다. 따라서 침해행위가 선의·무과실일 경우에는 실용신안권자는 이와 같은 청구를 할 수 없다.

117) 실용신안권침해행위로 인하여 부당이득을 얻은 자는 손실자에게 이득을 반환하여야 하는데 이때 현물을 반환하는 것이 원칙이지만 이것이 곤란한 경우에는 금전으로 환산하여 반환해야 한다.

2) 형사상 구제방법

(1) 실용신안권 침해죄

실용신안권침해죄라 함은 실용신안권을 침해한 행위가 범죄로서의 성립조건을 갖춘 것을 말하는데, 침해자의 실용신안권침해행위가 범죄에 해당하는지 여부는 형법에 따른다.[118] 실용신안법에서는 실용신안권 또는 전용실시권을 침해한 자는 7년 이하의 징역 또는 1억원 이하의 벌금에 처하도록 규정하고 있으며 이때의 죄는 고소가 있어야 공소를 제기할 수 있다.[119]

(2) 몰수

몰수라 함은 범죄반복의 방지나 범죄에 의한 이득의 금지를 목적으로 범죄행위와 관련된 재산을 박탈하는 것을 내용으로 하는 재산형으로서 원칙적으로 다른 형에 부가하여 과하는 부가형이다.

(3) 양벌죄

실용신안침해가 양벌규정에 해당하는 경우에는 그 행위자를 벌하는 외에 그 법인 또는 개인에 대하여도 벌금형을 과한다.[120]

3) 기타

(1) 심판상구제(실용신안등록의 무효심판)

이해관계인 또는 심사관은 실용신안등록이 무효사유에 해당되는 경우에는 무효심판을 청구할 수 있다. 이 경우 실용신안등록 청구범위 청구항이 2 이상인 때에는 청구항 마

---

118) 실용신안권 또는 전용실시권이 고의로 침해되었을 때에는 실용신안권자는 그 침해자에 대하여 침해의 책임을 추궁할 수 있다. 실용신안권침해죄와 관련하여 실용신안법에 특별히 규정한 경우를 제외하고는 형법 총칙의 규정이 그대로 적용된다.(형법제8조)

119) 실용신안권의 침해에 관한 규정은 침해품과 등록실용신안을 비교하여 기술구성이 동일한 경우에는 침해로 보고 처벌하는 규정이다. 침해죄는 다른 죄와 달리 친고죄(親告罪)이므로 고소(告訴)기 필요하다. 고소기간은 범인을 안 날로부터 6개월이다. 이때 고소는 서면 또는 구술로써 검사 또는 사법경찰관에게 하여야한다(형사소송법 제237조제1항), 또한 실용신안권침해죄의 주체는 자연인 또는 법인이다.

120) 실용신안법은 범죄행위의 방지의 실효성을 강화하기 위해서 행위자를 벌하는 외에 법인 또는 종업원도 벌하는 양벌규정을 두고 있다. 따라서 개인의 종업원 또는 법인의 종업원이 실용신안권을 침해한 때에는 친고죄의 주체는 종업원이 된다. 다만, 양벌규정에 의하여 타인을 고용한 법인 또는 개인에 대하여는 그 종업원이 이들 법인 등의 업무에 관하여 침해죄를 범하였을 때에는 벌금형이 부과된다. 양벌규정은 실용신안권 또는 전용실시권의 침해죄·허위표시죄 및 사위행위의 죄를 범한 경우 행위자를 벌하는 외에 그 법인 또는 개인에 대하여도 벌금형을 과하고 있다. 침해죄의 경우 법인에 대하여는 3억 원 이하의 벌금에 처하고 그 개인에 대하여는 각 해당조의 벌금형을 과한다(실용신안법제50조)

다 청구할 수 있다. 다만, 실용실안권의 설정등록이 있는 날부터 등록공고일 후 3월 이내
에 누구든지 관련 법규의 무효사유에 해당한다는 이유로 무효심판을 청구할 수 있다.

(2) 기타 법률에 의한 구제

실용신안권자 등은 타인이 자기의 실용신안권을 침해하는 경우 민사적·형사적 구제
수단을 강구하기에 앞서 특허청장에 대하여 분쟁의 해결을 목적으로 하는 알선·조정을
요청할 수 있으며, 이 경우 특허청장은 대통령령이 정하는 바에 따라 알선·조정을 할 수
있다. 이러한 특허청장의 알선·조정이 당사자를 구속하거나 대세적 효력이 있는 것은 아
니나, 전문가로 구성된 산업재산권분쟁조정위원회에서 알선·조정을 담당하므로 보다 신
속하고 적정한 분쟁해결을 도모할 수 있다 할 것이며, 당사자가 조정위원회의 판단을 존
중하는 경우 효율적이고 적절한 분쟁해결수단이 될 수 있다.

2장 | 디자인보호제도

I. 디자인보호제도의 개요

1. 디자인제도의 개념

우리는 "안목 있다", "기왕이면 다홍치마", "보기 좋은 떡이 맛도 있다"는 말을 들으며 살아왔다. 세계는 인류의 생활을 보다 편리하고 삶의 질을 높이려는 인간의 욕구로 인하여 노동집약형 사회에서 산업사회로 전환하면서 그에 따르는 과학기술의 발전을 가져왔다. 거기에서 더욱 발전하여 정보화사회로, 이제는 신지식사회로의 변환을 예고하고 있다. 첨단과학기술의 발달은 또한 모방심리를 자극하여 모방과 도용으로 인한 제품의 범람으로까지 번지게 되어 창작활동을 위축시키고 있다.

따라서 애써 연구하고, 막대한 투자를 들여 개발한 신제품의 도용, 모방을 방지하기 위하여는 이에 대응하는 제도의 필요성을 통감하게 되었고, 이러한 연유로 세계는 산업재산권제도를 두게 되었으며, 무체재산권을 보호하기 위한 산업재산권에는 특허권, 실용신안권, 디자인권, 상표권이 있다.

예를 들어 무중력상태인 우주선 내에서 사용하고자 하는 싱크대는 어떻게 디자인할 것인가? 또 자동차의 질주본능은 어떻게 디자인할 것인가?.

세계 각국 간에 장벽 없이 유행하고 있는 의복디자인은 어떻게 할 것인가? 기타 생활주변에 유행하고 있는 제품들의 디자인은 최초에 누군가에 의하여 창작된 것들이다.

이와 같이 세계 각국은 기술 평준화로 인하여 제품디자인에 관심을 집중하게 되고, 디자인 산업을 집중적으로 육성하는 이유도 국가적 경쟁력 차원에서, 세계 속의 무한경쟁에서 승리하기 위하여서이다. 이제 세계 최고의 디자인은 황금 알을 낳는 거위가 되었고,

개성이 없는 제품은 세계시장에 놓일 자리를 잃고 말게 된다.

디자인은 과학이다. 과학적이지 아니한 디자인은 경쟁력이 없다. 이와 같이 유행에 민감한 패션과 디자인을 모방, 도용으로부터 방어하기 위한 제도가 디자인제도이다.

2. 디자인제도의 기원과 주요국의 디자인제도의 특징

가. 디자인(Design)제도의 기원

디자인[121]에 관한 보호제도는 프랑스에서 세계적으로 처음 실시되었다. 즉 프랑스 리옹 시의 집정관(Consulat de Lyon)이 견직물 업계의 도안을 부정사용으로부터 보호하기 위하여 내린 명령이 최초의 보호제도이나 이는 리옹 시에 한정된 것이었다.

그러다가 오늘날의 독점권을 의미하는 디자인보호제도는 1787년에 발효된 참사원(Conseil d'Etat)의 명령[122]과 같은 해 영국에서 제정된 조례가 최초의 디자인보호제도이다.

우리나라는 1908년 제정·공포된 대한제국 의장령(大韓帝國 意匠令)(칙령 제197호)에 의해 최초로 디자인보호제도가 마련되었으나 암울한 일제시대에는 칙령(勅令)제336호(1910. 8. 29 공포)에 의하여 우리 의장(意匠)법제가 폐지되기도 하였다.

해방후 미군정 당시에는 특허법(미군정 법령 제91호, 1946. 제정, 공포) 속에서 미장특허라는 조문으로 보호되기도 하다가 오늘날 디자인제도의 근간이 되는 의장법이 1961. 12. 31자 법률 제951호로 제정 공포되었고, 그 후 의장법은 수차례에 걸쳐 일부 또는 전문개정 형식으로 변천하는 동안 시행되었으나 2004년에 종래의 의장법에 커다란 변화가 있었다.

2004년 법 개정(2004년 12월 31일 공포, 법률 제7289호)에서는 종전의 '의장'이라는 용어를 '디자인'으로, 법제명도 〈의장법〉에서 〈디자인보호법〉으로 변경하고, 글자체를 디자인의 범위에 포함시켜 디자인권으로 설정등록된 글자체를 보호하도록 하며, 높은 수준의

---

121) 디자인이라는 용어슨 "지시하다, 표현하다, 성취하다"의 뜻을 가지고 있는 라틴어의 데시그나레(designare)에서 유래한다.

122) 이 명령 제1조에는 신규한 디자인을 창작한 자 또는 그 제조업자에게 그 직물디자인에 대하여 타인을 배제하여 독점적으로 실시하는 권리(소유권)를 주어 실내장식장용과 교회장식용의 직물디자인에 대하여는 15년, 의상용의 직물디자인에 대하여는 6년의 권리기한을 주는 취지의 규정이 있고, 제5조에는 스스로 창작하고 또는 타에 의뢰하여 창작한 디자인을 보전코자 하는 제조업자는 당해기관 사무소에 선서서를 첨부하여 디자인의 도면을 제출하여 기탁한다는 취지의 규정이 있었다.

디자인 창작을 유도하기 위하여 디자인등록에 대한 창작 비용이성의 요건을 인상하는 것 등의 개정이 이루어졌고, 2012년 디자인보호법은 디자인권 또는 전용실시권의 침해에 관한 소송에서 법원이 비밀유지명령을 내릴 수 있도록 하고 이를 위반하면 형사벌을 부과할 수 있는 근거 규정을 신설하였다. 한편, 2014년도 시행목표로 현재 추진 중인 디자인보호법 전면 개정 방향의 주요 내용으로는 세계지식재산권기구(WIPO)의 디자인 국제출원협약인 '헤이그협정'가입을 추진하며 화상아이콘 및 로고 등 그래픽 디자인에 대한 보호가 강화될 예정이고, 아울러 창작성 요건을 강화하고, 디자인권 보호기간은 '등록일로부터 출원일 후 20년'까지로 연장되며 유사디자인의 독자적 권리행사를 위한 관련디자인 제도 등이 도입되고 있다. 그 밖에 복수 디자인제도 개선으로 로카르노 분류 100개의 디자인까지 하나의 출원서로 제출할 수 있게 한다는 것이다.[123]

나. 주요국의 디자인제도의 특징

1) 프랑스

프랑스에서 디자인을 보호받기 위한 디자인 또는 모델은 신규성과 독특성(individual character)을 가져야 한다. 주요특징은 형식적 요건의 합치 여부 및 디자인의 공개가 공공의 질서나 도덕에 반하는지 여부만을 심사하고, 신규성이나 독특성에 대하여는 심사하지 않는 다(무심사주의 채택). 디자인권의 유효성 여부는 법률적 문제 발생 시 법원에서 판단한다. 그리고 디자인권의 보호기간은 종전에는 출원일로부터 25년간이고, 이 기간만료 전에 출원인의 청구가 있는 경우에는 다시 25년간 연장할 수 있어 최장 50년간 보호되었으나 2001년 법개정에서 출원일부터 5년이고, 5년씩 4회 연장가능하여 최장 25년간 보호받을 수 있도록 하였다.

2) 영국

영국에서의 디자인의 보호에 관한 최초의 법률은 1787년 아마포, 백목, 견 등의 모형과 날염의 저작권 보호에 관한 법(Designing and printing of Linens etc. Act 1787)이다. 이 1787년의 법률은 신규로 독창적인 아마포, 백목, 견 등에 응용하는 모형을 창작한 자, 모형의 날염자, 제조자에게 소유자의 이름을 각각의 제품에 기재하도록 하고, 최초의 공포일(발매일)로부터 2개월간 그 디자인에 관한 제품의 제조판매의 독점적 권리를 인정하는

---

123) 대한변리사회신문 〈특허와 상표〉 2012.

것이다. 영국에서의 디자인 보호의 특징은 저작권에 의한 보호, 미등록 디자인권에 의한 보호124) 등록디자인125)에 의한 보호의 3가지 제도로 나뉜다.

3) 독일

독일에서의 디자인의 보호는 프랑스, 영국보다 약 1세기가 늦은 1876년 〈디자인 및 모형의 저작권에 관한 법률[Gesetz betreffend das Urheberrecht an Musturnund Modellen(Geschmacksmustergesetz)]〉에 의해 시작된다 (통상 디자인법이라 한다). 독일 디자인제도의 특징 중의 하나는 프랑스에서와 마찬가지로 무심사등록제이고, 또 하나의 특징은 디자인은 저작권법에 의해서도 보호될 수 있는 점이다.

1965년에 제정되고, 1990년에 개정된 현행 저작권법(Urheberrechtsgesetz)에서는 저작권법이 보호하는 저작물을 '조형미술의 저작물'로서 "건축, 응용미술의 저작물 및 이들의 저작물의 도면을 포함한다"고 규정하여 중복보호를 부정하고 있지 않다. 게다가 응용미술작품에 대해서는 다른 저작물과 그 보호기간에 어떤 차이를 두고 있지 않다.

4) 일본

일본에서의 디자인제도는 명치(明治)21년(1888년) 12월 18일 공포된 디자인 조례(條例)로부터 시작된다. 일본의 디자인제도의 주요 특징은 우리나라 법과 비교하여 많은 부분이 유사하나 제도상 차이가 있는 몇 가지 점을 든다.

창작비용이성의 판단기준은 일본 국내 및 외국에서 공연히 알려진 형상 모양 색채 또는 이들의 결합에 의한 것으로 한다.

모든 출원디자인에 대해 심사등록주의를 채용한다.

종전의 유사디자인제도가 폐지되고, 자기의 등록디자인(본디자인)에만 유사한 디자인에 대하여 본디자인과 동등한 가치를 갖는 것으로 보호하는 관련 디자인제도가 설치되어 있다.

일본의 디자인권의 존속기간은 20년이다.

---

124) 미등록디자인권의 권리자가 될 수 있는 자는 유럽연합회원국의 국민, 거주자 또는 법인으로서 디자인을 창작한 자이다. 또한 뉴질랜드 및 영국식민지의 국민으로서 디자인을 창작한 자는 디자인권의 권리자가 될 수 있으나 우리나라 국적의 국민에 대하여는 거의 보호가 적용되지 않는다.

125) 등록디자인권의 보호기간을 최장 25년으로 한 것은 저작권법의 개정에 의해 규정된 제52조와 관계된다. 이 규정은 저작권물이 후일 물품에 디자인으로서 이용되는 모든 응용미술작품에 관한 보호기간을 물품이 최초로 판매된 해의 마지막 날부더 25년간으로 한 것으로서 등록디자인권의 보호기간은 이 응용미술작품의 저작권의 보호기간과 부합한다. 이에 양산품인 응용미술작품과 디자인이 공통된 기반을 가지고 있는 것임을 이해할 수 있다.

5) 미국

미국은 1790년에 제정된 최초의 특허법에서는 디자인의 보호가 포함되지 않았다. 그 후 1942년에 제정된 특허법 중에서 처음으로 디자인특허(Design Patent)의 보호가 규정되었다. 그리고 실용특허에 관한 규정이 디자인특허에도 원칙적으로 적용되었다. 현재에도 미국은 독립된 디자인법이 존재하지 않는다.[126]

미국특허법에 있어서의 디자인제도의 특징은 최선창작자 특허주의와 창작자 출원주의이다. 최선창작자 특허주의는 동일한 디자인에 대하여 출원이 경합된 경우, 먼저 창작한 자에게 디자인특허를 부여하는 주의이다.[127]

이 주의는 우리나라 법이나 세계 대다수의 국가에서 채택하는 선출원주의에 대립한다. 또 하나의 창작자 출원주의는 미국 역사에서 유래하는 것이라고 일컬어진다. 미국의 특허제도가 유럽제국의 제도를 도입하면서, 유럽제국의 특허제도가 본래의 취지에서 벗어나서 발명자의 보호가 아니라 이것을 이용하는 지배계급의 도구로 되어 있던 현상에 대한 반성에서 진실로 발명자를 보호하려는 것이다. 그러나 미국은 최근 특허법 개정으로 선발명주의를 포기하고, 선출원주의를 채택함으로써 새로운 변화를 보이고 있다.

6) 유럽 연합(EU)

유럽연합(EU)[128]의 역내에서의 상품, 인력, 자본, 기술, 서비스 등의 자유로운 이동을 위한 조치의 일환으로서 EU회원국의 지식재산권제도의 조화와 통일을 위한 노력을 꾸준히 전개하여온 EU는 1993년 7월 28일 EU 각국의 디자인보호제도의 통일화와 조화를 목적으로 하는 〈EU디자인보호지침(안)〉과 EU 전역에 동일한 효력이 미치는 EU공동체디자인보호제도의 창설을 목적으로 하는 〈EU디자인 보호규정(안)〉을 발표하였다.

또한, 〈EU디자인보호지침(Designs Directive)〉은 기본적으로 EU회원국의 국가단위의 디자인보호법제를 EU 전체적으로 조화, 통일시키기 위한 규정이다.

---

126) 미국 특허법 제171조에는 "공업제품에 관하여 신규하고 독창적이며 장식적 디자인(any new, original and ornamental design for an article of manufacture)을 창작한 자는 이 법의 규정에 따라 특허를 받을 수 있다"라고 규정되어 있다. 여기에서 '공업제품'이라 함은 기계류는 물론 가옥, 기념비, 교량 등 부동산이라 하더라도 전체로서 일정한 형태적 가치를 가지는 유체물을 포함한다.

127) 미국은 이 주의에 커다란 결점이 있어 1967년부터 다른 많은 국가에서 채택하고 있는 선출원주의로 바꾸려는 움직임이 있었으나 반대의 목소리에 부딪쳐 그 이행이 보류된 상태이다.

128) 유럽연합(EU)회원국은 2004년도 당시에는 오스트리아, 벨기에, 덴마크, 핀란드, 프랑스, 독일, 그리스, 아일랜드, 이탈리아, 룩셈부르크, 네덜란드, 포르투갈, 스페인, 스웨덴, 영국, 폴란드 키프로스, 체코, 에스토니아, 헝가리, 라트비아, 리투아니아, 몰타, 슬로바키아, 슬로베니아 등이 있다.

따라서 EU회원국은 일정한 등록절차에 의하여 권리를 부여하는 디자인등록시스템을 갖고 있는 경우 이 지침에 의거하여 디자인 관련 법령을 개정하여야 하나 저작권 법적 접근방식에 의해 창작된 디자인에 대해 일정한 등록절차나 장식을 요하지 않고 권리를 부여하는 법제를 갖고 있는 경우에는 동 지침에 의거한 자국의 디자인 관련 규정을 개정할 필요는 없다.[129]

7) 중국

중국에 있어서의 디자인은 1984년 3월 12일 제정되어 1965년 1월 1일부터 시행된 전리법에 의해 보호되고 있다. 이 법은 1992년 9월 14일 1차 개정되었고, 2000년 8월 25일 2차 개정되었다. 이 법에서 보호의 대상은 외관설계(이하 '디자인'이라 한다)로 되어 있다. '디자인'이라 함은 형상 도안 또는 그 결합과 형상 도안 색채의 결합에 의하여 미감이 풍부하고, 공업적 응용에 적합한 새로운 설계를 말한다. 또한 중 국디자인 제도는 디자인 보호에 관한 독립된 법이 없고 전리법에 의해 발명, 실용신안(실용신형) 및 디자인(외관설계)을 보호하며 디자인등록출원에 대해서는 신규성 등의 내용심사를 하지 않는 무심사 등록제도를 채용하고 있는 것 등이 특징이다.[130]

3. 디자인제도의 중요성과 산업발전

일반소비자들의 물품구매 충동은 좋은 제품에 의해 좌우된다. 그런데 좋은 상품이란 품질과 기능도 좋아야 하지만 외관이 아름다워서 보는 이로 하여금 미감을 느낄 수 있는 것을 말한다. 외관이 아름답다 하여도 품질이나 기능이 나쁘면 물품을 구매하지 않겠지만 그렇다고 기능만을 고려하여 물품의 외관이 조잡하다면 이 또한 소비자로부터 외면 당하게 된다. 이와 같이 물품의 외관 즉 미려하고 멋있으며 우아한 디자인은 그 물품의 고부가가치를 창출해낸다.

---

129) 디자인권은 미등록공동체디자인의 경우 제3자의 무단복제를 금지할 수 있는 권리(모방금지권)를 가지며, 등록공동체디자인은 당해 등록디자인을 독점적으로 사용하고, 제3자의 실시를 금지할 수 있는 배타적인 권리(독점배타권)을 가진다. 다만, 출원인의 신청에 의해 공고가 연기된 등록공동체 디자인은 공개될 때까지 미등록공동체디자인의 보호와 같이 모방금지권만이 인정된다. 미등록공동체디자인은 공동체 내에서 그 디자인을 공중의 이용에 제공한 때부터 3년간 보호된다. 등록공동체디자인은 유럽공동체상표디자인청에 등록함으로써 출원일로부터 5년간 보호되며 매 5년마다 4회까지 갱신이 가능하여 최장 25년간 보호받을 수 있다.

130) 노태정 김병진, 《디자인보호법》, 세창출판사, 2005, 《PP.20U37 및 디자인보호법》, 세창출판사, 2009, pp. 61-63.

물품의 기능에 따르는 작용효과 등은 그 물품을 일단 사용하여 본 후에야 판단되는 것이지만 오늘날과 같이 첨단분야를 제외한 산업전반의 기술수준이 평준화된 산업사회에 있어서 독창적인 디자인 또는 디자인은 수요자로 하여금 구매의욕을 불러일으키게 할뿐만 아니라, 오늘날과 같은 신지식을 요구하는 무한경쟁에서의 구매전략과 무역전쟁은 점차 독특한 창의력을 바탕으로 한 황금 알을 낳는 디자인 경쟁으로 옮겨가고 있다.

디자인은 산업을 문화화하고 문화를 산업화하는 교량역할을 하고 있음은 주지하는 바와 같다.

디자인의 성패는 지도자 또는 최고경영자의 디자인 의식에 의해 좌우된다고 할 것이며, 그러한 디자인의 성패는 상품과 기업의 성패는 물론 한나라의 성쇠에까지 영향력을 미치는 핵심변수로 떠오르고 있다.

세계 각국이 금세기의 핵심자원은 디자인이라는 의식하에 집중적으로 디자인 부문을 육성하는 것도 이 같은 맥락에서 시장추세에 따르는 것이다.

우리가 선진국의 두터운 무역보호장벽과 경쟁에서 승리하기 위하여는 독창적인 고유모델, 고유디자인을 개발하는 것만이 대외 경쟁에서 이길 수 있는 최선의 방책이라 할 것이다.

패션과 디자인이라면 이탈리아 밀라노, 프랑스 파리를 연상하게 된다. 독일이 견고한 디자인을 자랑한다면, 영국은 실용적이고, 프랑스가 화려하다면, 이탈리아는 한발 앞서서 유행을 이끌어나간다. 그런 반면에 일본은 경박 단소한 디자인을 추구해오고 있으나 우리나라는 아직 뚜렷한 고유 모델이 없다고 할 것이다. 디자인은 이제 21세기 핵심자원으로 세계가 주시하고 있는 터다. 이제 우리나라도 세계최고(Best Practice)의 제품디자인이 생산될 수 있도록 국가경쟁력 차원에서 정부와 기업, 학계는 물론 사회지도층에서도 디자인산업의 육성에 깊은 관심과 과감한 투자가 있어야 할 것이다. 더불어 디자이너 등 인재양성에 총력을 기울여야 할 때다.

그리하여 미적창작으로 구매의욕을 충동시키는 물품의 외관을 디자인으로 등록하여야 하고, 그 디자인권자는 그 물품을 독점배타적으로 일정기간 사용, 실시할 수 있어 모방으로부터 보호를 받게 된다. 유행에 민감할수록 디자인제도를 더욱 활용해야 하는 필요성이 절실하다. 21C 멀티미디어시대가 요구하는 디자이너상은 먼저 복합적 기능의 소유자이어야 한다. 멀티미디어는 미술, 음악, 영화, 언어, 문자 등 각각의 영역들이 이루어진 종합예술의 형태이다. 그러므로 자기 분야만이 아닌 타 전공의 내용을 알고 이해할 수 있는 복합적 감각의 소유자라야 한다. 그리고 진보적이고 국제지향적인 사람이어야 독창적인 디자인을 할 수 있다. 한편 디자인보호법은 디자인을 창작한 자에게 디자인 창작에 대한 인센티브를 제공하여 사익(私益)을 보장해주고, 산업발전을 도모하는 공익(公益)적인 측면의 양면성을 가지고 있다.

4. 세계의 디자인보호법제의 유형과 다른 법률과의 관계

가. 세계의 디자인보호법제의 유형

산업재산권 보호에 관한 파리협약에서는 "디자인은 모든 동맹국에 있어 보호된다"라고 하여 동맹국의 디자인의 보호를 의무화하고 있다.[131] 그러나 각국에서의 디자인의 보호법제는 나라마다 상이하다. 세계의 디자인에 관한 보호법제는 크게 두 가지 유형으로 분류할 수 있다. 〈그림 1-2〉

〈그림 1-2〉 세계의 디자인보호법제의 유형

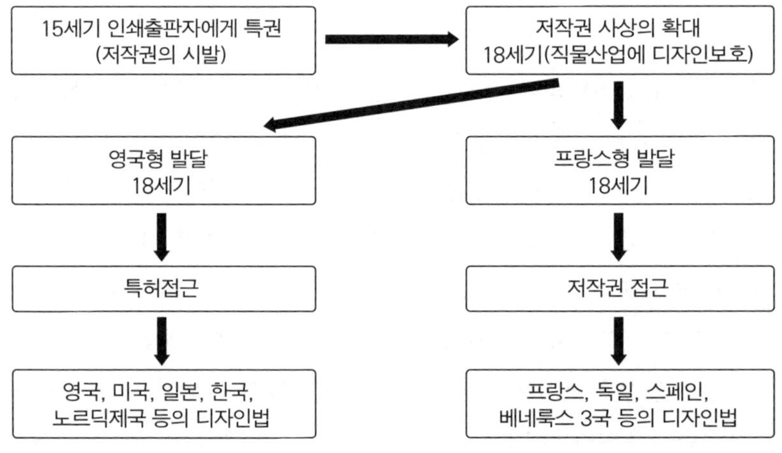

그 하나는 특허접근이라는 법체계이고, 또 다른 하나는 저작권접근이라는 법체계 이다. 특허접근 법체계의 중심은 영국으로 그 시발은 18세기로 거슬로 올라간다. 한편, 저

---

131) 본 조문은 1958년 리스본 개정회의에서 도입되었다. 리스본 개정회의에서 상정된 최초의 제안은 디자인 보호의 의무규정뿐만 아니라 i) 디자인 개념정의, ii) 디자인의 신규성 판단에 관한 규정, iii) 최소 보호기간에 관한 규정 등을 포함하고 있었으나 이 제안은 채택되지 아니하여 각 동맹국의 국내법령에 맡겨지게 되었다.

작권접근 법체계의 중심은 프랑스로서 그 시발은 역시 18세기로 모두 당시의 주 산업인 직물공업에서 기원한 것이다.

여기서 특허접근 법체계란 디자인 등록출원한 디자인에 대하여 법이 정하고 있는 등록요건을 구비하고 있는지 아닌지를 심사하여 등록요건을 구비한 디자인에 대하여 디자인권의 설정등록을 하는 제도이다. 특허접근 법체계하에서는 디자인권은 특허권 등 다른 산업재산권과 동일한 독점배타적인 권리를 구성한다.

이에 대하여 저작권접근 법체계는 디자인의 독창성(originality)에 권리 발생의 근거를 두고, 디자인등록출원이나 기탁에 의해 바로 권리를 발생시키는 제도이다.

저작권접근 법체계하에서는 디자인권에 대하여 차단효(Sperrwirkung, blocking effect)가 없는 모방금지권만으로 권리를 구성하는 것으로 하고, 그 권리의 유효성에 대하여는 사후에 분쟁발생 시 사법작용에 의하여 판단하도록 하는 것이 특징이다. 따라서 저작권접근 법체계의 국가에서는 주로 무심사등록주의를 채용하고 있다.

나. 다른 법률과의 관계

1) 산업디자인진흥법

산업디자인진흥법은 〈산업디자인 포장진흥법〉을 수차례 개정 후 현행법(법률 제9688호, 2009.5.21.일부개정)을 시행하고 있다. 이 법은 산업디자인 연구 개발의 촉진 및 산업디자인의 진흥을 위해서 제정된 법으로 디자인보호법의 목적과 일치된다. 산업디자인진흥법에 의한 우수디자인 상품의 선정기준은 외관을 구성하는 형상 모양 및 색채 등의 요소가 판매를 촉진할 수 있도록 종합적으로 아름답게 구성되고 독창성이 있을 것, 사용목적에 적합한 기능을 갖추고 사용이 편리하며 유지관리가 쉬울 것, 적합한 재료를 사용하고 있을 것, 산업적 생산에 적합하고 경제성이 있을 것이 요구된다. 우수디자인 상품의 선정기준은 디자인보호법의 디자인등록요건과 기본 개념은 유사하다고 볼 수 있다.

2) 부정경쟁방지법

디자인은 물품의 형상 모양 색채 또는 이들을 결합한 것으로서 시각을 통하여 미감을 일으키게 하는 것을 말하므로 디자인은 물품과 불가분의 관계에 있고, 시각을 통하여 인식할 수 있는 미적(美的) 창작물이다(제2조). 그러나 부정경쟁방지법에서는 상품 또는 영업표시화된 산업디자인으로서 당해 상품에 오랫동안 사용되어 소비자에게 널리 인식되어 있는 경우 등록 여부를 불문하고 주지성을 가지고 있다면 그에 대한 혼동 초래행위로부터 보호될 수 있다. 이 법률에 의해서는 디자인 그 자체를 보호하는 것이 아니라 주지성을 갖춘 디자인만이 보호되는 것이므로 우리 법제상 부정경쟁방지법은 디자인 그 자체의 보호와는 관련이 적은 법률이라 할 수 있다.

3) 저작권법

저작권의 보호대상이 되는 저작물은 인간의 사상 또는 감정을 표현한 창작물로서 사상과 감정의 표현을 보호의 객체로 하므로 저작물은 반드시 물품에 한정되지 않을 뿐만 아니라 시각 외에 청각 등에 인식되는 경우가 있다. 디자인은 출원 및 심사절차에 의하여 등록되면, 디자인권의 권리가 발생한다. 그러나 저작권은 저작물을 창작할 때부터 발생하며 무방식주의에 의한다. 응용미술 저작물은 그 이용된 물품과 구분되어 저작권법에 의해 보호받을 수 있고, 디자인보호법에서도 보호를 받을 수 있다.

4) 민법

디자인권을 권원없이 침해하는 행위가 위법한 경우에는 민법 제750조의 불법행위에 기한 손해배상청구가 가능하다. 대법원 2010.8.25.자 2008마1541 결정은 "인터넷 포털사이트 광고 방해 사건"에 대해서 민법상 불법행위 적용하여 포털사이트 소유자가 그동안 지식재산권에 투자한 노력과 비용을 경쟁자가 얻은 영업이익과 비교 형량한 후, 상도덕과 공정한 경쟁질서의 관점에서 불법행위에 금지청구권을 인정한 최초의 대법원 판례이다. 대법원은 민법 제750조에 근거하여 경쟁자가 상당한 노력과 투자에 의하여 구축한 성과물을 상도덕이나 공정한 경쟁질서에 반하여 자신의 영업을 위하여 무단으로 이용함으로써 경쟁자의 노력과 투자에 편승하여 부당하게 이익을 얻고 경쟁자의 법률상 보호할 가치가 있는 이익을 침해하는 행위는 부정한 경쟁행위로서 민법상 불법행위에 해당한다고 판단하고, 불법행위의 금지 또는 예방을 청구할 수 있다고 판시하였다.[132]

---

132) 김원준, 《산업재산권법》, 도서출판 오래, 2012. pp. 512-513.

II. 디자인보호제도의 제원칙과 보호목적

1. 디자인법상 디자인의 정의

우리나라 디자인법은 제2조에서 "이 법에서 디자인이라 함은 물품〔(물품의 부분을 포함한다. 다만 제12조를 제외한다.)**133)** 및 글자체**134)**를 포함한다〕 의형상·모양이나 색채 또는 이들을 결합한 것으로서 시각을 통하여 미감을 일으키게 하는 것을 말한다"라고 규정하고 있다. 다시 말하면 물품이 디자인법에서 정하는 디자인이기 위해서는 다음 네 가지 요건이 충족되어야 한다.

첫째, 디자인은 물품을 떠나서는 존재할 수 없기 때문에 물품성이 있어야 하고

둘째, 형상·모양·색채 또는 이들의 결합인 것으로서 형태성이 있어야 하고

셋째, 시각을 통하여 인식될 수 있는 시각성이 있어야 하고

넷째, 보는 이로 하여금 미감을 불러일으킬 수 있는 심미성이 있어야 한다.

이와 같이 디자인은 물품성, 형태성, 시각성, 심미성을 그 구성 요건으로 하고 있다.

2. 디자인법의 목적

현행 디자인법 제1조는 "이 법은 디자인의 보호및 이용을 도모함으로써 디자인의 창작을 장려하여 산업발전에 이바지함을 목적으로 한다"고 하여 그 목적을 명확히 규정하고 있다.

즉, 디자인권자에게는 일정기간 독점배타적인 권리를 부여하는 한편, 일반 제3자에게는 불가침 의무를 지게 하여 창작자가 디자인을 마음놓고 창작할 수 있도록 장려 보호해주고, 그 창작된 디자인은 일정기간 디자인권자가 독점적으로 실시하고, 디자인권의 존속기간이 경과한 후에는 일반인들의 소유로 하여 자유로이 실시할 수 있도록 해주므로서 결국 국가의 산업발전에 이바지하도록 하자는 취지이다. 따라서 디자인법은 산업입법이라 할 수 있다.

---

133) 디자인의 대상이 되는 물품이 독립거래성이 있는 한 '물품전체'의 외관만이 아니라, 커피잔의 손잡이, 병주둥이, 오토바이 본체, 안경테의 귀걸이부, 양말의 뒷굽모양 등 '물품의 부분'도 디자인법상 보호대상이 되는 부분의장제도가 2001년 개정법에서 도입되었다(제2조 제1호). 따라서 구법과 달리 개정 디자인법에서는 물품(物品)의 부분(部分)도 거기에 창작의 요체가 있고 이를 포함하고 있는 물품이 독립거래성이 있는 한 부분의 장으로서 디자인 등록대상이 된다.

134) "글자체"라 함은 기록이나 표시 또는 인쇄 등에 사용하기 위하여 공통적인 특징을 가진 형태로 만들어진 한 벌의 글자꼴(숫자, 문장부호 및 기호 등의 형태를 포함한다)을 말한다.

3. 의장과 디자인

　종전의 의장법상의 의장(意匠)을 국민의 기본적인 이해도를 제공하고 의장창작이 장려될 수 있도록 하기 위하여 디자인(design)이라는 용어를 변경하고 글자체를 디자인 범위 등에 포함시키는 일부개정을 하였다. 일반적으로 디자인이라 함은 광의로는 여러 가지 조형활동에 관한 계획을 의미하며 협의로는 재래의 도안 등과 동의어로 사용되어 왔다. 그러나 현대 디자인은 새로운 개념으로 변화하게 되었으며 즉, 대량생산에 의한 제품의 기능이나 구조 등의 종합적인 조형계획을 의미하게 되었다. 디자인 영역은 여러 가지로 분류되고 있으나 가장 많이 이용되는 분류방법은 ① 건축디자인 ② 산업디자인(광의의 산업디자인은 다시 공업디자인과 상업디자인으로 나뉜다) ③ 공예디자인 ④ 복식디자인 등으로 나누는 방법이며 이 중에서 디자인법상의 디자인의 영역과 부문은 산업디자인이라 할 수 있다.

4. 디자인법상의 보호의 이념

　우리나라 디자인 보호법에 있어서 디자인의 성립과정을 살펴보면, 크게 다음 네 가지의 기조를 발견할 수 있다. 즉, 권리주의, 심사주의와 무심사주의의 병행, 선출원주의, 등록주의가 그것이다.

가. 권리주의

　권리주의라 함은 은혜주의에 대립하는 개념으로서 디자인 독점의 근거는 디자인의 창작에 의하여 창작자가 원시적으로 취득하는 권리에 기초를 두는 주의이다. 이 주의하에서는 창작자는 디자인의 창작에 의하여 원시적으로 디자인 등록을 받을 수 있는 권리이므로 국가에 대하여 디자인의 보호를 요구할 수 있으며 그 디자인이 법에 규정하고 있는 요건을 충족시킨 것인 한 당연히 디자인 등록을 받을 수 있다는 것이다.

나. 심사주의와 일부심사주의의 병행

　심사주의는 등록출원디자인이 등록될 수 있는 법적 요건을 구비하고 있는지의 여부를 심사관의 실질적인 심사를 거쳐 가리는 것으로 준법률행위적 행정행위로 기속행위에 해당된다.

　한편, 우리나라는 유행성이 강한 일부 품목에 대하여 심사관은 방식요건과 공서양속위배 여부 등만을 심사하고 권리의 유효성에 대하여는 사후적으로 이의신청이나 무효심결에 의하여 다투도록 하는 일부 무심사주의를 가미하고 있었으나 1998년 무심사제도 도입 당시에는 상기와 같이 방식심사위주로 심사하였고 현재는 공업상이용가능성, 용이창작 등 일부 실체심사를 하고 있으므로 '디자인무심사등록'을 '디자인일부심사등록'으로 용어를 변경하였다.(2014.7.1 시행)

다. 선출원주의

선출원주의라 함은 경합하는 디자인등록출원에 대한 조정을 선원우위의 원칙에 의하여 행하는 주의를 말한다. 즉 동일 또는 유사한 디자인이 2 이상 출원이 있었을 경우에는 최선출원자만이 디자인등록을 받을 수가 있다.

선창작자주의는 먼저 창작한 자에게 디자인권을 부여하는 제도이나 객관성 확보가 곤란하다.

라. 등록주의

등록주의라 함은 디자인권은 등록이라는 행정처분에 의하여 발생하는 주의를 말한다.

III. 디자인등록을 받을 수 있는 자

1. 의의

자연인으로서의 창작자는 디자인등록을 받을 수 있는 자이다. 디자인등록을 받을 수 있는 권리는 자연인인 창작자에게 원시적으로 귀속된다. 이와 같이 디자인등록을 받을 수 있는 자라 함은 디자인등록을 받을 수 있는 권리를 가진 자를 말하며, 여기에는 창작자, 공동창작자, 승계인으로서의 자연인 또는 법인, 그리고 외국인도 포함됨은 물론이다. 그러나 정당한 권원이 있는 최선출원자가 아니면 디자인등록을 받을 수 없다.

2. 행위능력자 및 권리능력자

디자인등록을 받을 수 있는 자는 권리능력이 있는 자이어야 하고, 행위능력이 있는 자라야 한다. 권리능력이 있는 자인 경우에도 행위 능력이 없으면 디자인등록에 관한 절차를 밟을 수 없다.

가. 권리능력이 있는 자

권리능력이라 함은 법률상의 권리를 향유할 수 있는 지위 또는 자격을 말하며, 일반적으로 절차의 당사자가 될 수 있는 자격을 말한다. 디자인법상 권리능력이라 함은 디자인등록을 받을 수 있는 권리 또는 디자인권을 향유할 수 있는 자격을 말한다.

1) 자연인

민법 제3조는 "사람이 생존하는 동안 권리와 의무의 주체가 된다."라고 규정하고 있으므로 대한민국 국적을 가지는 자는 누구나 거주 여부의 관계없이 권리능력을 가진다.

2) 법인

법인이라 함은 민법 기타 법률에 의하여 법인격이 인정되는 법인을 말하며, 법인은 권리능력을 가진다. 다만, 법인은 자연인이 아니므로 창작자로 될 수 없다.

법인격이 없는 사단(社團)·재단(財團)은 원칙적으로 권리능력이 없으나 대표자나 관리인이 정해진 때에는 심판의 청구인·피청구인 등에 한하여 인정된다.

3) 외국인

외국인은 일정한 경우에 한하여 권리능력이 인정된다. 즉, 국내에 주소나 영업소를 가지는 경우, 파리협약국 국민이나 상호주의에 입각하여 서로 인정하는 국가의 국민과 조약 기타 협정에 의하여 인정하는 국가의 국민에 한하여 권리능력을 가진다.

4) 무국적자

무국적자라 함은 대한민국의 국적이나 외국의 국적도 가지지 아니한 자를 말하는 것으로, 준동맹국 국민에 준하여 권리능력이 인정된다.

나. 행위능력이 있는 자

행위능력이라 함은 유효한 법률행위를 할 수 있는 디자인절차상의 행위능력을 말하며, 권리능력이 있는자도 행위능력이 있을 때 디자인에 관한 절차를 밟을 수 있다.

1) 자연인

자연인은 행위능력이 있다. 다만, 미성년자·금치산자·한정치산자는 행위능력이 제한

되므로 법정대리인에 의하여만 절차를 밟을 수 있다.

금치산자(피성년후견인: 2014.7.1.시행)라 함은 심신상실 상태에 있는 자로서 가정법원으로부터 금치산선고를 받은 자를 말하며, 한정치산자(피한정후견인: 2014.7.1.시행)는 심신박약자·낭비자로서 가정법원으로부터 한정치산자 선고를 받은 자를 말한다.

2) 법인

법인이라 함은 민법 기타 벌률에 의하여 법인격이 인정되는 법인을 말하며, 법인은 행위능력이 인정된다. 법인격이 없는 사단·재단은 행위능력이 제한된다.

3. 창작자

디자인등록을 받을 수 있는 자는 디자인을 창작한 자연인으로서의 창작자이다. 디자인의 창작은 법률행위가 아닌, 인간두뇌의 창조적 활동인 사실행위로서 미성년자 등은 창작자가 될 수 있으나 디자인에 관한 출원 및 등록절차를 밟음에 있어서는 법정 대리인에 의하여야 한다.

이러한 창작자는 내국인이든 외국인이든 반드시 자연인임을 요하고 법인은 창작자가 될 수 없다.

4. 공동창작자

2인 이상이 공동으로 디자인을 창작한 때에는 공유자 전원이 창작자이므로 디자인등록을 받을 수 있는 권리는 공동창작자 전원에게 귀속된다.

공동창작자라 함은 사실행위인 디자인의 창작에 실질적으로 가담한 자를 말하며 보조자 또는 단순명령자 등은 제외되는 개념이다.

공동창작인 경우 공유자 전원의 명의로 출원하지 않으면 안 된다.

5. 승계인

디자인등록을 받을 수 있는 권리 및 등록디자인권은 무체재산권으로서 양수·양도가 가능하다.

따라서 창작자 이외의 승계받은 자연인 또는 법인도 디자인등록을 받을 수 있다. 승계는 계약 외에 상속 기타 일반승계도 포함되는 것이나 공유자 전원이 양도하는 것이 아닌 때에는 타 공유자의 승락을 얻지 아니하면 그 지분에 대한 양도는 불가능하다.

6. 직무디자인의 창작에 대한 디자인등록을 받을 수 있는 자

직무디자인이란 종업원 등이 창작한 디자인으로 사용자 등의 업무범위에 속하고 종업원 등의 현재 또는 과거의 직무에 속하는 디자인을 말하는 것으로, 창작한 종업원 등이 원시취득자로 되지만 직무디자인은 사용자 및 종업원과의 관계를 비교형량하여 예약승계가 인정되므로 사용자 등은 디자인등록을 받을 수 있는 권리의 주체가 될 수 있다.

이때 직무디자인 창작자는 상당한 보상을 받을 권리를 가진다. 직무디자인에 관하여는 발명진흥법(2007년 4월 11일 공포, 법률 제8357호 전문개정)에 규정되어 있다.

7. 최선출원자

동일 또는 유사한 디자인에 대하여 2 이상의 디자인등록출원이 있는 때에는 최선출원인만이 디자인등록을 받을 수 있다. 다만 같은 날에 2 이상의 출원이 경합되었을 때에는 협의에 의하여 정하여진 1출원인만이 디자인등록을 받을 수 있으며, 협의가 성립되지 아니한 때에는 어느 출원도 등록을 받을 수 없다.

즉, 디자인보호법은 디자인권의 독점권을 담보하기 위하여 중복등록배제의 원칙이 채용되어 있다.

8. 외국인

외국인도 권리능력이 인정되는 한 우리나라에서 디자인등록을 받을 수 있는 지위가 주어지므로 디자인등록을 받을 수 있는 자가 될 수 있다.

따라서 우리나라에 주소 또는 영업소가 있는자, 상호주의 국가의 국민, 조약 및 이에 준하는 준동맹국 국민은 우리나라에서 디자인등록을 받을 수 있는 자이다.

9. 기 타

디자인등록을 받을 수 있는 자는 진정한 창작자 또는 승계인에 한하므로 디자인등록을 받을 수 있는 권리의 승계인이 아닌 자 또는 디자인등록을 받을 수 있는 권리를 모인한 자는 디자인등록을 받을 수 없다.

그리고 특허청 직원은 진정한 디자인 창작자라 하더라도 재직 중에는 디자인등록을 받을 수 있는 자가 될 수 없다. 그러나 상속 기타 유증의 경우에 한하여 디자인등록을 받을 수 있는 자가 된다.

Ⅳ. 디자인의 구성요건과 등록요건

1. 디자인의 구성요건

디자인법 제2조에서 규정하는 디자인이라 함은 물품성, 형태성, 시각성, 심미성 등이 충족된 것을 말하며 이를 디자인의 구성요건이라 하는데 그 구체적인 내용은 다음과 같다.

가. 물품성(物品性)

디자인은 물품과 불가분의 관계에 있으며 물품을 떠나서는 존재할 수 없다. 이것은 디자인보호법의 목적이 물품의 수요증대를 통하여 산업발전에 이바지함을 목적으로 하기 때문이다. 여기서 물품이라 함은 독립성이 있는 구체적인 물품으로서 원칙적으로 유체동산을 의미한다. (예 : 조립가옥, 공중전화박스, 방범초소 등)

물품이 거래사회에서 독립하여 생산거래 되는 것을 물품의 독립성이라고 하는데 다음과 같은 물품은 독립하여 거래대상이 될 수 없기 때문에 디자인등록의 대상이 될 수 없다.

그러나 2004년 법 개정에서 디자인의 정의규정을 개정하여 디자인이라 함은 "물품[물품의 부분(제12조를 제외한다) 및 글자체를 포함한다. 이하 같다]의 형상……"이라고 하여 (디자인보호법 제2조 제1항)물품의 개념 속에 글자체를 포함하도록 함으로써 글자체에 대해서도 법상의 디자인으로 성립되고 따라서 디자인보호법의 보호대상이 되었다.

이에 따라 디자인보호법상 디자인의 개념이 변경되고, 디자인의 유사 여부 판단, 보호범위의 해석 등에 상당한 영향을 주게 될 것이지만, 금후 글자체 디자인제도의 운영과정에서 미지의 제문제가 심결례, 판례 등을 통해 해결될 수 있을 것이다.

1) 독립성이 없는 물품의 일부분(양말의 뒷굽, 수저의 자루, 찻잔의 굽도리, 병 주둥이 등)[135]

2) 동산이 아닌 부동산(다만, 부동산이라 하더라도 다량생산이 될 수 있고 운반이 가능한 조립 가옥, 공중전화박스, 이동판매대, 방범초소 등은 예외로 한다)

3) 일정한 형체가 없는 것(기체, 액체, 전기, 광열 등)

4) 분상물 또는 입상물의 집합으로 된 것(시멘트, 설탕 등)

5) 물품 자체의 형태가 아닌 것(손수건, 스카프 등을 꽃모양으로 접어서 만들어지는 장식디자인과 같이 물품의 형태가 수시로 변할 수 있는 것은 그 물품자체의 형상으로 볼 수 없다)

6) 합성물의 구성각편(다만, 적목완구의 구성각편과 같이 독립거래의 대상이 되는 것은 디자인 등록의 대상이 된다)

7) 기타

최근에 형(型)은 물건을 만들어내는 기구로서 금형, 압형 등은 물품의 대상이 되고, 또한 도기나 양철 등에 인쇄할 때 쓰이는 인쇄화지인 전사지 등도 디자인 등록의 대상이 되고 있다. 그러나 완제품이 되기 전의 반제품 등은 물품으로서 기능을 갖지 못하므로 물품을 구성하지 못한다.

나. 형태성(형상·모양·색채성)

1) 형상(Shape)이란 유형적 존재인 물품이 공간을 점유하는 윤곽을 말하며 물품의 형상은 3차원의 공간적 넓이를 가지는 입체적 형상과 2차원의 넓이만을 가지는 평면적 형상(벽지, 비닐지, 직물지 등)으로 나뉜다.

2) 모양(Pattern)이란 물품을 장식하기 위하여 그 표면에 나타나는 선도, 색구분, 색흐림을 말한다. 모양은 형태를 성립시키는 요소로서는 2차적·부가적인 존재에 불과하므로 이것 없이도 물품이 성립할 수 있다.[136]

3) 색채(Colour)란 시각을 통하여 식별할 수 있도록 물품에 채색된 빛깔을 말한다. 디자인보호법상 색채는 단일색이나 2개 이상의 경우 형상과 모양(색구분 또는 색흐림)으로 구성된다.

물품의 형상과 모양, 그리고 모양과 색채는 관념적으로 구별이 되고 있으나 실제에 있

---

135) 다만, 물품의 부분은 일정한 요건을 충족하면 부분디자인으로 등록받을 수 있다. 예를 들어, 시계의 시계줄, 면도기의 손잡이, 화장품 용기의 주입구 등과 같이 물품의 부분에 관한 디자인은 부분디자인으로 등록 받을 수 있다.

136) 모양은 대개 형상의 표면에 나타나며 표면이 울퉁불퉁한 것이다. 물품의 액정화면 등 표시부에 표시되는 도형 등(화상디자인-컴퓨터모니터)에 대해서도 디자인을 구성하는 모양으로 취급한다.

어서는 구별이 곤란한 경우가 있다. 예를 들어 도자기의 표면에 돌출시켜 그려진 꽃모양
이라든가 단면이 물결형으로 된 초자판의 물결모양 등은 형상과 모양의 구별이 곤란한
경우이고 비단벌레 색은 모양과 색채의 구별이 곤란한 경우이다.

다. 시각성

시각이라는 것은 인간의 5감(미각, 청각, 후각, 촉각, 시각) 중의 하나로서 시각을 통하여
라 함은 육안으로 식별할 수 있는 것을 말한다. 따라서 시각으로 파악되지 않는 소리나
촉감 또는 육안으로 식별할 수 없는 것, 외부에서 보이지 않는 곳은 디자인의 대상이 아
니다.[137]

라. 심미성

디자인은 원래 시각을 통하여 미감을 일으키는 물품의 외관에 관한 것으로 여기에서
미감이라 함은 시각을 통해서 물품의 형상·모양 및 색채를 판단할 때 감각을 일으키는
것 즉 아름다움을 일으키는 것을 말한다.

디자인보호법상 요구되는 미감(美感)이란 미학(美學)상에서 말하는 순수미 즉, 미술품
과 같은 고상한 것을 요구하는 것이 아니라 시대·민족·지역을 초월하여 개인을 떠나서
공통점을 넘지 않는 범위 내에서의 미감을 일으킬 수 있는 것이면 족한 것으로 해석되고
있다.

그런데 '미(美)'는 흔히 장식미와 기능미로 나뉘며 장식미는 물품을 그 외관상의 아름
다움에 치중하여 보는 것이며, 기능미는 물품의 외형이 그 물품의 용도나 기능에 부합되
게 하는 것으로 디자인의 본질에 관한 이론이 양자가 서로 대립되고 있다.[138]

2. 디자인의 등록요건

디자인법 제5조에서는 디자인의 구성요건이 충족된 창작이라 할지라도 디자인권으로
설정될 수 있는 디자인의 등록요건으로서 디자인의 공업성, 신규성, 창작성의 충족을 요

---

137) 분해하거나 파괴하여야 볼 수 있는 기계의 내부구조는 디자인의 대상이 되지 않는다. 그러나 냉장고를 열
면 보이는 내부처럼 사용시 뚜껑이나 문을 여는 구조로 된 것은 디자인 등록의 대상이 될 수 있다.

138) 디자인 심사기준 제2조 제2항 제4호에 따라 기능 작용 효과를 주목적으로 한 것으로서 미감을 거의 일으
키지 않는 것, 디자인으로서 짜임새가 없고 조잡감만 주는 것으로서 미감을 거의 일으키지 않는 것은 심미
성을 구비하지 못한 것으로 본다.

구하고 있는데 이를 디자인의 등록요건이라 한다.

가. 공업성

디자인의 공업성이란 디자인이 공업상 이용할 수 있는 것, 다시 말하면 공업적 생산방법에 의하여 동일물품이 양산 가능한 것을 말한다. 이 경우 '공업적 생산방법'이란 그 생산방법이 기계에 의한 생산은 물론 수공업적 생산도 포함한다. 또한 '동일 물품이 양산 가능하다'는 것은 물리적으로 완전(完全)히 동일한 물품을 의미하는 것이 아니고 일견하여 동일하게 보이는 정도의 동일성이 있는 물품을 반복하여 생산할 수 있는 것을 말한다.

다만, 다음과 같은 경우는 공업적 생산방법에 의하여 반복 생산을 할 수 없는 디자인으로 규정하고 있다.

1) 자연물 그 자체만으로 된 디자인

　(예: 자연수정, 수석 등)

2) 자연물을 디자인의 구성주체로 사용한 것으로서 다량 생산할 수 없는 것

　(예: 조개껍질을 그대로 이용한 인형이나 장식용기 등)

3) 순수미술분야에 속하는 저작물과 같이 1개만을 목적으로 만들어지는 것 ; 본래 일품을 제작 목적으로 하는 미술저작물은 공업성이 인정되지 않는다.

　(예: 서화, 조각 등)

나. 신규성

디자인의 신규성이란 ⅰ) 출원 전에 국내 또는 국외에서 공지 또는 공연히 실시되지 않은 디자인 및 이와 유사하지 아니한 디자인(1990. 9. 1부터 국제공지주의 채택)과 ⅱ) 출원전에 국내 또는 국외에서 반포된 간행물에 기재되지 않은 디자인 또는 이와 유사하지 않은 디자인(1974. 1. 1 국제공지주의 채택)을 신규한 디자인이라 한다. 신규성의 시간적 판단기준은 출원 시이며 공지된 디자인이란 출원전 불특정다수인에게 알려질 수 있는 상태에 있으면 족하고 반드시 현실적으로 알려져 있을 것을 요하지 아니한다. 공연히 실시된 디자인이란 불특정다수인에게 알려질 수 있는 상태로 실시된 디자인을 말한다.

그리고 디자인등록출원 전에 국내 또는 국외에서 반포된 간행물에 기재된 디자인이란 공보, 서적, 잡지, 신문, 카탈로그, 팸플릿 등의 인쇄물이 반포되고 그 반포된 인쇄물에 기재되어 있는 디자인으로서 기계적 또는 전기적 복제방법에 의하여 제작된 간행물이다. 여기서 반포된 그 간행물이란 국내 또는 국외에서 불특정다수인이 열람할 수 있는 상태

에 놓여진 경우를 말한다.

• 신규성 상실의 예외(디자인보호법 제8조)

디자인등록을 받을 수 있는 권리를 가진자의 디자인이 법 제5조 제1항 각호의 1에 해당하게 된 경우 그날로부터 6월 이내에 출원하면 그 디자인은 신규한 것으로 본다. 다만 조약이나 법률에 의하여 국내외에서 공개된 경우는 제외한다(2013디자인보호법개정에서 단서규정 신설).

다. 창작성

디자인이 디자인권으로 보호되기 위하여는 창작성이 있어야 한다. 디자인의 창작이란 시각을 통하여 미감을 일으키는 물품의 외관을 창출하는 것으로 모방이어서는 아니 되고 독창성이 있는 것을 말한다.

2013년 디자인보호법개정에서는 디자인등록출원 전에 그 디자인이 속하는 분야에서 통상의 지식을 가진 자가 국내 또는 국외에서 널리 알려진 형상·모양·색채 또는 이들의 결합디자인에 의하여 용이하게 창작할 수 있는 디자인에 대하여는 디자인등록을 받을 수 없게 하였다.(용이창작성[139] 또는 창작비용이성)

이 창작성의 판단은 어디까지나 주관적이 아닌 일반대중의 평균적 수준의 시각을 통하여 느끼는 객관적 창작성을 기준으로 하는 것이다.

그런데 신규성과 창작성은 비슷하지만 신규성이 있다 하여 반드시 창작성이 있는 것은 아니고 반대로 창작성이 있으면 신규성은 있다고 보아야 한다. 따라서 창작성은 신규성을 전제로 하는 것으로 보아야 한다.

라. 디자인등록을 받을 수 없는 디자인(소극적 요건)

디자인법 제6조에서는 출원된 디자인이 법적 구성요건과 공업성·신규성 및 창작성 등의 등록요건을 갖추고 있다 할지라도 공익과 타인의 업무를 보호하려는 목적으로 등록을 불인정하는 절대부등록 사유를 규정하고 있다. 이를 디자인등록의 부등록사유 또는 소극적 등록요건이라고 하며 그 내용은 다음과 같다.

1) 국기, 국장, 군기, 훈장, 포장, 기장, 기타 공공기관 등의 표장과 외국의 국기, 국장 또는 국제기관 등의 문자나 표지와 동일 또는 유사한 디자인

---

139) 용이창작에는 ① 주지의 형상, 모양 등에 의한 용이창작 ② 자연물, 유명한 저작물, 유명한 경치 등을 기초로한 용이창작 ③ 주지디자인을 기초로 한 용이창작(TV 등을 통하여 알려져 있는 것)

2) 공공의 질서나 선량한 풍속을 문란하게 할 염려가 있는 디자인

3) 타인의 업무에 관계되는 물품과 혼동을 가져올 염려가 있는 디자인

4) 물품의 기능을 확보하는 데 불가결한 형상만으로 된 디자인

Ⅴ. 디자인등록의 절차적 요건

1. 선출원주의

동일·유사한 디자인에 대하여 다른 날에 2 이상의 디자인등록출원이 경합되는 경우, 디자인법에서 "동일 또는 유사한 디자인에 대하여 다른 날에 2 이상의 디자인등록출원이 있는 때에는 먼저 디자인등록 출원한 자만이 그 디자인에 대하여 디자인등록을 받을 수 있다"라고 규정하여 최선출원자만이 그 디자인에 대하여 디자인등록을 받을 수 있도록 하고 있다.

그러나 같은 날에 2 이상의 디자인등록출원이 있는 때에는 협의에 의하여 정하여진 하나의 디자인등록출원인만이 디자인등록을 받을 수 있다.

세계적으로 볼 때, 이 권리의 중복발생을 배제하는 수단으로는 선출원주의 선창작주의가 있다.[140]

2. 1디자인 1출원주의

디자인등록출원은 1디자인마다 1디자인등록출원으로 하여야 한다. 1디자인이란 하나의 물품에 관한 하나의 형태를 의미한다. 즉, 이는 1디자인 1권리주의의 전제하에 디자인 심사 및 등록을 통일하여 디자인제도의 통제를 용이하게 하자는 절차상의 편의에 의한다.

---

140) 선출원주의와 선창작주의는 모두 디자인보호법이 독점배타권을 부여하는 것을 기본원직으로 하고, 디자인원 소멸 후는 일반 공중은 그 디자인을 자유롭게 이용할 수 있는 권리(공유재산권)를 갖는 이상, 1개의 디자인에 대해서는 하나의 디자인권만을 부여해야 하는 1디자인 1권리의 원칙 또는 중복등록배제(금지)의 원칙에 의거한 주의이다.

가. 1디자인 1디자인등록출원으로 볼 수 없는 것

1) 출원서 및 도면의 기재사항 등록 판단하여 2 이상의 디자인이 포함된 것으로 인정되는 것

2) 2 이상의 물품명을 '디자인의 대상이 되는 물품'의 난에 병렬하여 표시한 것

　　예) 병과 병마개, 라디오 겸용 시계 등

　　다만, '시계가 부설된 라디오'와 같이 '부설(부착)'은 예외로 한다. 부설된 물품이 2개 이상일 경우에는 '볼펜 등이 부설된 라이타'로 표시함을 원칙으로 한다.

3) 도면 각각에 각각 상이한 디자인을 표시한 것

4) 2 이상의 물품을 도면에 표시한 것

　　(수 개의 물품을 배열한 것도 포함)

나. 일물품으로 보는 것

　　예) 신사복(상, 하), 투피스(상, 하), 조(組)테이블(2개 이상이 모여서 하나의 테이블을 형성하는 것) 조의자(2개 이상이 모여서 하나의 의자를 형성하는 것) 찻잔과 접시, 밥통, 모자이크타일, 완성 형태가 단일한 조립완구, 장기알, 트럼프 등

다. 다물품으로 보는 것

　　(예) 일조의 화장용품구, 일조의 책상과 걸상(결착된 것은 제외), 일조의 응접용테이블 및 의자, 일조의 조리용구, 접시와 컵, 일조의 삼각자, 일조의 제도기, 일조의 복사판 용구, 일조의 탁구용구, 일조의 배드민턴용구, 일조의 조각도, 완성형태가 다양한 조립완구(레고 등), 물품의 용기와 그 내용물(카메라와 카메라케이스, 라디오와 라디오케이스, 안경과 안경집, 화장품 보관함과 화장품 용기) 등

3. 복수디자인 등록출원

　　복수디자인등록출원이란 디자인무심사등록출원[141]으로서 20개 이내의 디자인을 1출원으로 하는 것을 말하며, 복수디자인등록출원할 수 있는 디자인의 범위는 산업통상자원

---

141) 디자인심사등록출원으로만 출원할 수 있다(디자인보호법 제9조 제6항). 디자인무심사등록출원할 수 있는 물품은 디자인보호법 〈별표 4〉의 물품의 구분 중 B1류(의복), CI류(침구·마루깔개·커튼 등), F3류(사무용 지제품·인쇄물 등), F4류(포장지·포장용용기 등) 및 MI류(직물지·판·끈 등)에 속하는 물품으로 한다.

부령이 정하는 물품의 구분상 대 분류가 동일한 것으로 한다. 복수디자인등록출원제도는 출원인의 절차상의 불편과 비용부담을 해소하여 출원인의 편의를 도모함과 아울러 관련 디자인에 대한 통일적 보호와 절차의 간소화를 기하기 위한 취지이다.

그러나 2013년도 디자인개정법(2014. 7.1 시행)에서는 현행 복수디자인제도가 심사 및 무심사를 구분할 실익이 없고, 복수디자인 일부의 거절이유로 전부를 거절하는 것은 가혹하다는 견지에서 현행 전부거절이 일부거절로 개정되며, 출원요건에서 동일분류(한국분류) 20개 이내에서 동일분류(로카르노 분류) 100개 이내에서 가능하도록 개정되며 이것은 헤이그협정 제7조에서 100까지 허용하고 있어 국제규범과 일치하고 있다.

주요 외국 중 복수디자인 등록출원제도를 두고 있는 국가는 주로 디자인 무심사등록주의를 취하고 있는 프랑스, 독일 등이며 반면에 디자인 심사등록주의를 취하는 미국, 일본 등은 1디자인 1출원칙 채용하고 있다.

Ⅵ. 디자인등록출원 및 심사절차

1. 디자인등록출원서작성

가. 절차상의 주의

1) 양식주의

특허청에 제출하는 모든 서류는 일정한 서식(영식)에 의하여 기재하고 제출하는 것을 말하는 것으로, 출원·청구·심판·신청서 등 양식화되어 있다. 다만 플로피디스크(FD)로 제출하는 경우에는 기재 순서에 따라야 한다.

2) 국어주의

출원서 등 서류를 특허청에 제출할 때에는 국어로 기재하여 제출하여야 한다. 다만, 위임장·국적증명서·우선권주장서류 등 외국어로 기재한 서류 등은 국어번역문을 첨부하여야 한다.

3) 서면주의

디자인등록을 받고자 하는 자는 출원서 및 도면을 작성하여 제출하여야 한다.

서면에 의한 심사이므로 명확히 하여야 하고 구두에 의하여 출원하는 것은 인정될 수 없다. 다만, 전자출원제도의 도입(1999. 1. 1 부터)에 따라 플로피디스크(FD)에 수록하여 제출 또는 정보통신망을 이용한 온라인 출원도 가능하다.

나. 디자인등록출원서

일반적인 기재사항과 필요에 따라 또는 반드시 기재하여야 하는 사항이 있다.

1) 일반적 기재사항

출원인 성명, 출원인 코드 또는 주민등록번호, 국적, 주소, 연락전화번호 등

2) 필요에 따른 기재사항

기본디자인의 수, 우선권주장을 하는 경우, 기타 디자인무심사등록출원의 경우 복수디자인등록출원 여부 및 디자인의 수, 신규성 상실의 예외규정의 적용을 받고자 하는 경우 그 취지 및 지분이 정해진 공동출원의 경우 그 특약사항 그리고 출원공개신청 여부 등.

다. 도면

1) 도면은 농묵(연필, 잉크, 그림물감은 사용 불가)으로 선명하게 도시하여야 하고, 입체를 표현하는 도면은 정투상도법에 의한 사시도와 6면도를 동일축적으로 도시하여야 한다. 그리고 도면 작성시 기본 도면만으론 충분치 않을 경우 단면도, 확대도, 전개도, 절단부단면도 등 기타 필요도면을 도시하여야 한다.
2) 도면에 갈음하는 모형 또는 실물견본을 제출할 수 있다.
3) 도면에 갈음하는 사진으로 제출하는 경우 최소 규격이내여야 하고, 물품의 배경·음영·타 물품의 영상 등이 표현되지 않도록 주의하여야 한다.

2. 출원의 변경과 분할

가. 출원의 변경

동일주체의 디자인등록출원인이 단독디자인등록출원과 유사(관련)디자인등록출원 상호간에 또는 디자인심사등록출원과 디자인무심사등록(디자인일부심사등록)출원 상호간에 객체인 출원 내용의 동일성을 유지하면서 출원형식을 변경하는 것으로서 출원일 소급효

과, 원출원 취하 간주효과가 있다.

- 변경출원은 최초에 한 디자인등록출원 또는 유사(관련)디자인등록출원의 결정 또는 심결이 확정된 후에는 할 수 없다.

나. 출원의 분할

2이상의 디자인을 1디자인등록출원으로 하거나 복수디자인출원을 한 자가 이를 2 이상의 디자인등록출원으로 분할하여 출원하거나 한 벌의 물품의 디자인을 2 이상의 디자인등록출원으로 분할하여 출원하는 것을 말한다.

3. 출원의 보정과 요지변경

가. 출원의 보정

최초에 출원한 사항에 흠결이 있거나 불비한 경우 이를 명료하게 정정·보충하는 것을 말한다. 출원의 보정제도는 선원주의하에서 출원을 서둘거나 착오에 의한 흠결 있는 출원에 대해 출원이후 그 흠결을 정정·보충하는 기회를 부여하기 위한 것이나 보정의 무제한 인정은 제3자에게 불측의 손해를 줄 우려가 있으므로 일정한 제한하에서만 보정이 인정되고 있다.

나. 요지변경

디자인등록출원서의 디자인의 대상이 되는 물품, 디자인의 설명 또는 도면 등을 종합적으로 판단하여 최초에 디자인등록출원한 디자인과의 동일성이 유지되지 않는 것을 말한다.

- 요지변경을 금하는 취지

보정의 효과가 출원 시까지 소급되므로 요지변경을 인정하게 되면 선원주의를 악용하는 출원인을 과보호하는 결과가 되고 선의의 제3자에게 불측의 손해를 끼칠 우려가 있으며, 심사절차의 원활을 기할 수 없기 때문이다.

다. 직권보정제도

디자인등록출원서 또는 도면에 적힌 사항이 명백히 잘못 적힌 내용인 경우, 명백한 오기로 인한 불필요한 심사처리지연을 방지하고 신속한 등록을 위하여 특허법에서와 같이

디자인보호법에서도 직권보정제도를 규정하였다(2014. 7. 1 시행)

4. 디자인등록출원 공개제도

디자인심사등록출원인은 자기의 디자인등록출원에 대하여 공개를 신청할 수 있으며, 특허청장은 공개신청이 있는 디자인등록출원에 관하여 출원공개를 하여야 한다. 출원공개제도는 개정 디자인법에서(1997. 7. 1.)새로이 채택한 제도로서 타인의 모방으로부터 디자인권자를 보호하기 위하여 마련된 규정이다(디자인법 23조의 2).

• 출원공개의 효과

디자인 등록출원인은 출원공개가 있은 후 그 디자인 등록출원된 디자인 또는 이와 유사한 디자인을 업으로서 실시한 자에게 디자인등록 출원된 디자인임을 서면으로 경고할 수 있다.

5. 디자인일부심사등록 이의신청제도

디자인일부심사등록이의신청제도라 함은 디자인일부심사등록된 디자인에 대하여 공중이 그 등록상의 흠결을 지적하여 등록의 취소를 구하는 의사표시를 할 수 있는 제도를 말한다. 디자인일부심사등록공고가 있는 때에는 누구든지 등록무효사유를 이유로 하는 이의신청을 공고일로부터 3월 이내에 할 수 있고, 디자인일부심사등록 이의신청은 디자인일부심사등록을 전제로 하는 것이므로 디자인일부심사등록된 디자인에 대하여만 가능하며 복수디자인등록에 대하여는 각 디자인마다 할 수 있다.

6. 조약에 의한 우선권 제도

조약에 의한 우선권주장이란 대한만국 국민에게 출원에 대한 우선권(right of priority)을 인정하는 당사국 국민이 그 당사국 또는 다른 당사국에 출원을 한 후 동일한 디자인을 대한민국에 디자인등록출원하여 우선권을 주장하는 때에는 관련 규정을 적용함에 있어서 그 당사국에 출원한 날을 대한민국에 출원한 날로 보도록 하는 제도를 말한다.

파리협약은 각 국가마다 디자인의 존재를 전제로 하고 있기 때문에 속지주의 원칙상 디자인 보호를 받기 위해서는 해당국에 디자인을 출원하고 등록을 받아야 한다. 그러나 시간, 절차 및 비용면에서 많은 제약이 따르는 바, 우선권제도는 이러한 제약을 극복하고 선출원자의 지위를 국제적으로 보호하기 위함이다.

7. 심 사

디자인등록출원은 법에서 정하고 있는 형식적·실체적 등록요건에 대하여 심사를 거친후 등록된다. 디자인법상의 심사관에 의한 심사는 행정법학상의 기속행위에 해당되고 그 내용에 있어서는 준법률행위적 행정행위로서 확인행위이다.

가. 방식심사

방식심사란 심사관이 행하는 실체심사에 앞서서 디자인등록출원절차(또는 청구절차)가 디자인법령이 정한 방식이 완비되었는지 아닌지의 여부의 심사를 말하며 방식심사에 관한 행정상의 권한은 특허청장(심판청구에 관하여는 심판장)에게 있으며, 방식심사 결과 특허청장의 처분에는 보정명령과 불수리가 있다.

나. 실체심사

실체심사는 디자인등록출원이 법에 규정된 등록요건을 갖추고 있는지의 여부의 실질적 요건의 존부(存否)에 관한 심사를 말하며 실질적인 등록요건의 심사사항은 디자인법에서 규정하고 있다. 심사관이 행하는 심사는 곧 실체심사를 말하며 출원이 등록요건을 갖추고 있는지의 여부를 심리함을 목적으로 하는 행정상의 행위이다. 실체심사는 법률의 규정에 의하여 특허청장으로부터 지정받은 심사관의 권한이며 심사관의 명의로 행하는 독립된 행정처분이다. 심사관의 자격에 대하여는 법률로 정하고 있다.

다. 디자인무심사등록 용어변경

1998년 무심사제도 도입 당시 방식심사만 하였으나, 현재는 공업상이용가능성, 용이창작성 등 일부실체심사를 하고 있으므로, 대내외적으로 전혀 심사를 하지 않는다는 부정적인 측면이 있어 디자인무심사등록을 '디자인일부심사등록'으로 용어를 변경 시행하며, 그동안은 유행성이 강한 품목의 디자인에 대하여는 당해 디자인등록출원이 출원방식에 적합한지와 출원된 디자인이 선량한 풍속을 문란하게 할 우려가 있는지 등의 기초적인 사항만을 심사하여 신속하게 권리로서 설정등록되도록 한 제도로서 디자인심사처리기간을 단축되도록 하는 한편, 출원절차를 대폭 간소화함으로써 산업디자인의 경쟁력을 강화하고자 하는 취지로서 채택된 제도이다. 그 후 2011년 4월 1일부터 라이프사이클이 짧고 권리분쟁 및 모방디자인의 출원이 적은 물품 중 일부 품목을 무심사 품목으로 추가하였다. 디자인보호법 시행규칙 제9조 제3항에 따라 무심사 대상품목이 10개 분류에서 18개 분류로 확대되었다.[142]

- 디자인무심사(디자인 일부심사) 대상품목(예)
  - B_1(의복)
  - C_1(침구, 커튼, 마루깔개 등)
  - F_3(사무용지제품, 인쇄물 등)
  - F_4(라벨, 포장용기 등)
  - M_1(직물지, 합성수지, 판, 끈 등)

※디자인무심사등록 용어 변경(2014. 7. 1 시행)

구분	심사등록제도	무심사 등록제도(일부심사)
방식심사	출원인 적격 등 심사	심사등록과 동일하게 심사
공업상 이용가능성	정의부합, 도면심사 등	심사등록과 동일하게 심사
신규성	선행 디자인 검색, 유사 여부 판단	무심사
창작성	공지 디자인 결합, 주지 형상	일부심사(국내외 주지 형상)
부등록사유	공익표장 유사, 선량풍속 위배, 타인업무 혼동, 물품 필수기능 등	심사등록과 동일하게 심사
유사디자인 여부	기본과 유사 여부, 타인 디자인과 유사 여부 등 심사	기본과 유사 여부 심사
심사 순위	출원순서	2개월 이내 처리
장점	권리획득의 신뢰성	권리획득의 신속성
단점	권리획득에 장시간 소요	부실권리 양산의 위험성
보완제도	우선심사제도 운영	이의신청제도의 운영

---

142) 디자인무심사등록출원을 할 수 있는 물품은 시행규칙 별표4에 나열된 물품의 구분 중 A1류 B1류 B2류 B3류 B4류 B5류 B9류 C1류 C4류 C7류 D1류 F1류 F2류 F3류 F4류 F5류 H5류 및 M1류에 속하는 물품, 액정화면 등 표시부에 일시적으로 도형 등이 표시되는 화상디자인에 관한 물품 중 어느 하나에 해당하는 물품으로 한다.〈추가된 무심사 대상 물품 예〉B3:신변용품, B4:가방 또는 휴대용 지갑 등, B9:의복 및 신변용품, 범용부품 및 부속품, C4:가정용 보건위생용품, C7:경조용품, D1:실내소형정리용구, F5:광고용구, 표시용구 및 상품진열용구, H5:전자계산기 등이다.

8. 헤이그 국제디자인 출원제도 도입[143]

가. 국제출원제도 도입 의미

하나의 출원서에 복수국가를 지정하여 하나의 언어로 WIPO(국제사무국)에 제출하면 복수의 지정국에 출원한 효과가 부여하는 제도

※ PCT 국제 특허출원(1984년 도입), 마드리드 국제상표 출원제도(2003년 도입)

나. 국제출원제도 도입의 필요성

1) 해외 디자인권 확보를 위한 신속·간편한 국제출원 시스템 필요[144]

2) 우리 기업의 해외 디자인권 출원·등록관리에 효율적

※ 출원 시 현지대리인 선임이 필요없으므로 대리인 선임비용절감

다. 국제디자인 등록출원의 특례규정신설(9장 2절 179조 내지 205조)

디자인 개정법은 국내의 출원인이 대한민국에서 디자인을 보호받기 위하여 대한민국을 지정국으로 명시하여 국제출원을 하는 경우에는 국제등록일에 대한민국에서 디자인 등록 출원된 것으로 보아 심사절차를 진행할 수 있도록 하며 다만, 이 과정에서 국내출원에 적용되는 일부 조항과 협정이 충돌되는 부분의 조화를 위하여 관련 내용을 특례 형식으로 규정하였다. 2013년 3월 현재 스위스·유럽연합·싱가포르 등 45개 체약 당사자가 가입하고 있으며 우리나라는 이 협정의 가입을 전제로 국제디자인 출원제도를 도입하고. 본 개정 규정은 헤이그협정에 대한민국에 대하여 그 효력을 발생하는 날로부터 시행한다.[145]

VII. 디자인보호법 특유의 제도

1. 관련디자인제도 도입

가. 관련디자인제도의 의의

관련디자인이란 종전의 유사디자인제도가 폐지(2014. 6. 30)되고 새로 도입된 제도

---

143) 2013년 특허제도 순회 설명회 자료, 특허청,(2013. 5-6)

144) 국내인의 연도별 해외 디자인 출원 건수

구분	2003	2004	2005	2006	2007	2008	2009	2010
출원건수	1,450	2,063	3,257	4,376	3,745	4,016	3,344	4,296

145) 노태정, 〈2013년 디자인 보호법 개정의 개요〉,《특우회보》, 2013. 11월호. pp. 30-43

(2014. 7. 1 시행)로 자기의 등록디자인이나 디자인등록출원한 디자인(이하 "기본디자인"이라 함)에만 유사한 디자인으로서 그 출원일에 선행하는 타인의 선행디자인(선원디자인, 등록디자인, 공지디자인)에 유사하지 않는 디자인을 말하는 것으로 기본디자인의 권리가 미치는 범위를 사전에 명확히 하여 기본디자인의 침해를 예방하고 디자인권이 침해된 경우 그 구제를 용이하게 하기 위한 것이다.

나. 관련디자인의 등록요건

1) 자기의 기본디자인에만 유사한 디자인
2) 주체의 동일성
3) 자기의 유사한 디자인에만 유사한 디자인이 아닐 것
4) 디자인을 표현하는 물품의 동일·유사

다. 관련디자인의 디자인권

관련디자인의 디자인권은 그 기본디자인의 디자인권과 합체한다. 합체라 함은 기본디자인과 관련디자인은 각각 별개의 출원절차·등록절차에 의하여 성립하지만 등록 후에는 관련디자인의 디자인권이 기본디자인의 디자인권과 불가분의 일체가 되어 운명을 같이한다는 의미이며 주요 변경사항은 다음과 같다.

※ 관련디자인 제도 도입(2014. 7. 1 시행)에 따른 비교

구분	유사디자인(종전)	관련디자인
등록 요건	자기의 선출원(선등록) 디자인에만 유사한 디자인	동일 (기본에 전용실시권 설정 시 등록불가)
출원 시기	제한 없음(기본소멸 이전)	기본 디자인 출원일로부터 1년 이내
권리 범위	기본의 권리범위	독자적인 권리범위 인정
존속 기간	기본소멸하면 유사소멸	독자 존속가능 단, 기본만료 시 소멸
권리 이전	기본과 유사는 함께 이전	기본과 관련은 함께 이전 (기본 소멸하면 관련은 함께 이전)
전용실시권	규정 없음	동일인에게 동시 설정 (기본 소멸하면 관련은 함께 설정)
무효 심판	청구가능(기본무효 시 유사 자동무효)	청구가능 (기본 무효되더라도 관련은 무효되지 아니함)

• 자료: 2013년도 특허제도순회설명회(특허청, 2013. 5-6)

2. 한 벌 물품의 디자인제도

가. 한 벌 물품디자인제도의 의의

디자인등록출원은 1디자인 1출원을 원칙으로 하나 그 예외로서 2종 이상의 물품이 관습상 한 벌로서 판매되고 사용되는 경우 당해 한 벌 물품의 디자인은 한 벌 전체로서 통일성이 있을 때 1디자인으로 디자인등록출원할 수 있다.

이것을 한 벌 물품 디자인제도라고 하며 이는 2종 이상의 물품이라도 관습상 한 벌로서 판매되고 사용되는 경우 그 물품의 디자인을 한 벌로서 취급하는 것이 출원인의 편의를 도모하고 심사절차면에서도 번잡을 피할 수 있어 채택된 제도이다.

나. 한 벌 물품디자인의 등록요건

1) 한 벌 물품의 디자인일 것
2) 한 벌 물품 전체로서 통일성이 있을 것
3) 구성물품의 디자인이 등록요건을 구비할 것

다. 한 벌 물품의 구분

1) 한 벌의 끽연용구 세트
2) 한 벌의 커피 세트
3) 한 벌의 화재용 세트
4) 한 벌의 응접세트
5) 한 벌의 나이프, 포크 및 스푼
6) 한 벌의 여성용 한복세트 등 다양한 시스템디자인이 한 벌의 물품디자인으로 포함되게 되었다(디자인법시행 규칙 제9조 제2항 별표5, 일본의 경우는 56개 물품으로 확대).

라. 한 벌 물품의 디자인권

한 벌 물품의 디자인은 한 벌을 구성하고 있는 물품은 2 이상의 것이지만 한 벌 물품의 디자인으로 출원·등록되면 하나의 디자인권이 발생한다. 따라서 한 벌 물품 디자인의 디자인권에 대한 무효심판, 권리범위확인심판은 한 벌 물품 디자인에 대하여 하여야 하고 그 구성물품 각각의 디자인에 대하여는 할 수 없다.

3. 비밀디자인제도

디자인법은 디자인권 등록출원인의 청구가 있는 경우 일정기간 등록디자인을 공개하지 않고 비밀로 할 것을 규정하고 있는데 이는 타인의 모방으로부터 디자인권자를 보호하기 위함이다.

디자인등록출원인은 디자인권의 설정등록일로부터 3년 이내의 기간을 정하여 그 디자인을 비밀로 할 것을 청구할 수 있고, 디자인등록출원과 동시에 하여야 한다.

복수디자인등록출원된 디자인에 대한 청구는 출원된 디자인 전부에 대하여 청구하는 경우에 한한다.[146] 그러나 2013년 디자인보호법 개정에 따르면 복수디자인의 경우 일부 청구도 가능하도록 개정(2014. 7. 1 시행)

4. 부분디자인제도

부분디자인제도라 함은 물품의 부분에 관한 형상 등의 창작에 대하여 디자인으로 보호하는 제도를 말한다(디자인보호법 제2조). 여기서 부분디자인이란 물품의 부분의 형상·모양·색채 또는 이들의 결합으로서 시각을 통하여 미감을 일으키게하는 것을 말한다.

또한, 물품이란 디자인보호법의 대상이 되는 물품, 즉 생산되어 시장에서 유통되는 유체물로서 그 자체가 독립하여 거래의 대상이 되는 것을 말한다(디자인보호법시행규칙 별표 4에 게기된 물품), 또 물품의 부분이란 물품 전체 가운데서 일정한 범위를 점하는 부분의 형태로서, 당해 물품에 있어서 다른 디자인과 대비하였을 때 대비대상이 될 수 있는 부분을 말한다. 부분디자인은 물품의 부분의 형상·모양 등을 말하는 것이므로 물품과 분리된 모양만으로는 디자인보호법상 부분디자인의 보호대상이 되지 않는다.

부분디자인이 통상의 디자인과 다른 점은 물품의 부분에 대해 디자인이 성립한다는 것이다. 물품은 독립거래의 대상이 되는 유체동산을 말하며 물품의 부분은 그 자체는 독립거래의 대상이 될 수 없고, 물품 내에 차지하는 부위이다. 부품은 물품의 일부이고 그

---

146) ① 독일: 출원일로부터 1~3년 이내에서 출원인의 선택에 의하여 등록디자인을 비밀로 할 수 있다. ② 프랑스: 디자인의 기탁일로부터 25년간의 보호기간 중 최초의 5년간은 공개청구를 하지 않는 한 그 디자인은 비밀로 취급된다. 나머지 20년간은 권리자의 선택에 의하여 비밀 또는 공개로 할 수 있다. ③ 영국: 국방목적의 것을 제외하고는 일반적인 비밀디자인제도를 두지 않고 있으며, 디자인이 사용되는 물품의 성질에서 보아 비밀로 인정하는 것이 타당한 것을 규칙에서 정하는 방식을 채택하고 있다. ④ 미국: 국가의 안전에 유해하다고 관계장관이 판단할 경우 외에는 모두 공표하도록 되어 있으며 우리나라와 같은 비밀디자인제도는 존재하지 않는다.

것이 완성품과 일체가 된 상태에서는 그 자체로는 거래의 대상이 되지 않지만, 분리하면 그 자체 거래의 대상이 될 수 있기 때문에 통상의 물품이 된다. 따라서 완성품에 조립된 상태에서는 부분디자인이 되고, 분리하면 부품디자인이 된다.

가. 부분디자인에 있어 디자인권의 효력

부분디자인의 디자인권자는 업으로서 등록디자인 또는 이와 유사한 디자인을 실시할 권리를 독점한다. 따라서 부분디자인에 있어 디자인권의 효력은 부분디자인에 관한 물품과 동일 또는 유사한 물품에 있어서 그 부분 디자인을 포함하는 전체디자인(완성품 또는 부품)에도 미친다.

나. 이용관계

선출원이 부분디자인이고, 후출원이 그 부분디자인을 포함하는 완성품 또는 부품에 관한 디자인으로 등록된 경우 권리의 이용관계가 성립된다. 따라서 후출원 권리자는 선출원 권리자의 허락 없이 자기의 등록디자인 또는 이와 유사한 디자인을 업으로 실시할 수 없다.

5. 동적디자인제도

동적디자인제도라 함은 다자인에 관한 물품 또는 그 부분의 형상·모양·색채 또는 이들의 결합이 그 물품이 가지는 기능에 기초하여 변화하는 디자인에 대해서도 전체로서 하나의 창작적 가치를 인정하여 보호하는 제도를 말한다.[147]

디자인은 물품의 형태로서 대개의 경우에는 정적인 상태(정적 디자인)에서 포착되고 있으나 완구원숭이에 태엽을 감아 드럼을 치는 자태나 손발을 움직이는 형상과 같이 그 물품 자체의 기능에 기초하여 형상·모양·색채가 변화하도록 조립되어 있어서 정지한 상태만으로는 그 변화하는 상태가 파악되지 않는 디자인이 있다. 이러한 디자인을 동적디자인이라고 말한다. 따라서 단순히 도면상의 표현(기재되는 도형)이 변하는 것 또는 자동차가 움직이는 것과 같이 단순히 위치적 변화에 불과한 것은 동적디자인이라고 하지 않는다.[148]

---

147) 우리나라 디자인보호법에서는 동적디자인에 관한 명문의 규정이 없으나 디자인보호법 시행규칙 별지 제3호 서식에 움직이는 디자인의 도면작성에 관한 규정이 있다. 일본의 경우에는 법에 동적디자인에 관한 규정이 있다.

6. 글자체 디자인제도

가. 의의

2004년 개정 디자인보호법은 디자인의 정의규정에서 글자체를 물품으로 의제(擬制)함
으로써 보통의 디자인과 동일하게 보호하도록 하였다. '글자체'라 함은 기록이나 표시 또
는 인쇄 등에 사용하기 위하여 공통적인 특징을 가진 형태로 만들어진 한 벌의 글자꼴(숫
자, 문장부호 및 기호 등의 형태를 포함한다)을 말한다(디자인보호법 제2조제1호의2).[149]

나. 보호의 이유

구법하에서는 개발 시 많은 노력과 자본이 투입된 글자체가 국내에서 보호되지 못하
고 있는 실정이므로 글자체를 2004년 개정 디자인보호법에서 창의적인 글자체 개발을
촉진하기 위함이다.[150]

다. 현행 디자인보호법 시행 전 보호가능성

현행디자인보호법 시행 이전인 구의장법으로는 글자체의 경우 물품성이 인정될 수 없
는 바 성립성 흠결로 출원해도 등록받지 못하고 독점배타권을 인정받을 여지가 없었다.
'글자체'를 저작권으로 보호받는 것을 고려해볼 수 있으나 대법원 판례는 "인쇄용 서체
도안과 같이 실용적인 기능을 주된 목적으로 하여 창작된 응용미술작품으로서의 서체도
안은 거기에 미적인 요소가 가미되어 있다고 하더라도 그자체가 실용적인 기능과 별도
로 하나의 독립적인 예술적 특성이나 가치를 가지고 있어서 예술의 범위에 속하는 창작
물에 해당하는 경우에만 저작물로서 보호된다."라고 하여 저작물성을 부인하고 있으며,
비록 컴퓨터프로그램으로 인정받아 컴퓨터프로그램보호법에 의해 컴퓨터프로그램 저작
권으로 보호받을 여지는 있다 하더라도 외관의 독특한 디자인을 보호받는 것은 아니어

---

148) 노태정·김병진,《디자인보호법》, 세창출판사, 2005. pp. 342-346.

149) 국내에서는 1979년 최초의 글자체 제작업체인 '한국컴퓨터그래피'의 글자체 개발을 시작으로 2003년 현
재 전체적으로 약 2,000여 종이 넘는 한글글자체가 개발된 것으로 추정된다. 구미에서는 현재 영어글자
체 50,000여 종이 존재하고 있는 것으로 추정되고, 미국에서만 1,400여 종의 글자체가 사용되고 있으
며, 매년 200여 종 이상의 새로운 글자체가 발표된다.

150) 글자체 개발자는 견본원도(見本原圖)의 제작·평가·수정·인자실험(印字實驗) 등에 많은 노력과 자본을
투입하고 있으나, 개발된 글자체를 보호해줄 수 있는 제도적 장치가 없으면 경쟁업체의 도용 및 모방으로
부터 무방비 상태에 놓이게 되므로, 글자체 창작자로 하여금 읽기 쉽고 미려한 글자체의 개발의욕을 상실
케 한다.

서 글꼴 표현에 대해 충분한 법적 보호를 받을 수 없다.[151]

라. 글자체 디자인권

1) 글자체 디자인권의 효력

글자체 디자인권자는 업으로서 등록디자인 또는 이와 유사한 디자인을 실시할 권리를 독점한다(디자인보호법 제41조).

2) 소극적 효력의 제한

2004년 개정 디자인보호법은 글자체가 디자인권으로 설정 등록된 경우에도 타자·조판 또는 인쇄 등의 통상적인 과정에서 글자체를 사용[152]하는 경우와 글자체의 사용으로 생산된 결과물인 경우에는 그 효력을 미치지 않도록 규정하고 있다.

이는 글자체의 법적인 보호가 출판·인쇄업계 및 일반사용자에게 미치는 영향이 큰 점을 고려하여 글자체에 대한 디자인권의 효력은 글자체의 생산 및 생산된 글자체의 유통행위에만 미치도록 하고, 글자체의 사용에는 디자인권의 효력이 미치지 아니하도록 하여 인쇄업체 등 최종사용자는 등록된 글자체라 하여도 디자인권자의 허락없이 자유롭게 글자체를 사용할 수 있도록 하려는 것이다.

결론적으로 글자체 개발자나 글자체 제작회사가 가장 큰 이해관계인이며, 글자체를 보호하여 글자체 디자인회사 간 불법복제를 막고 글자체 시장의 정당한 경쟁을 유도함으로써 창의적인 한글 글자체 개발환경 조성에 기여할 것으로 기대된다. 또한 디자인법 신규 조항의 신설에 따라 글자체 디자인권의 보호는 글자체의 개발·생산·유통행위에만 한정되므로 일반국민 등 수요자의 사용에는 디자인권의 효력이 미치지 아니하여 글자체 디자인권의 보호로 인한 일반국민들의 불이익 내지 불편은 없을 것으로 판단된다.[153]

---

151) 글자체의 디자인이 다음의 요건을 구비하지 못한 경우에는 디자인보호법 제2조 제1호에 따른 디자인의 정의에 합치되지 아니하는 것으로 본다. (i) 기록이나 표시 또는 인쇄 등에 사용하기 위한 것일 것, (ii) 공통적인 특징을 가진 형태로 만들어진 것일 것, (iii) 한 벌의 한글 글자꼴, 한 벌의 숫자 글자꼴 또는 한 벌의 특수기호 글자꼴일 것 등이다.

152) 디자인권의 일반적 효력범위는 등록된 디자인을 생산·사용·양도·대여 또는 수입하는 행위 등 (디자인보호법 제2조 제6호)이다. 현행 디자인보호법에 의하여 등록받은 글자꼴 디자인은 '사용'의 면에서 디자인권의 효력이 제한된다.

153) 최근우·김공식·이승훈 공저, 《코어 디자인보호법》, 한빛지적소유권센타, 2005, pp. 69-74.

7. 화상디자인제도

가. 의의

디자인 심사기준 제3조 제1호에서 "물품의 액정화면 등 표시부에 표시되는 도형 등(화상디자인)이 물품에 일시적으로 구현되는 경우에도 그 물품은 화상디자인을 표시한 상태에서 공업상 이용할 수 있는 디자인으로 취급한다"고 규정하고 있다. 화상디자인이란 "물리적인 표시화면상에 구현되어 일시적인 발광현상에 의해 시각을 통해서 인식되는 이차원적으로 형성되고 모양 및 색채로 구성되는 디자인"을 의미한다.[154] 특정한 물품에 부착된 표시화면을 통하여 표현되는 그 물품의 모양을 의미한다고 정의할 수 있다. 화상디자인의 대표적 예로는 그래픽사용자인터페이스(Graphic User Interface), 아이콘 및 그래픽 이미지 등이 있다.[155]

나. 화상디자인의 종류

그래픽사용자인터페이스에는 아이콘 이외에 메뉴·메뉴구조·프롬프트(prompt) 등이 포함된다. 또 아이콘(icon)이란 컴퓨터 등의 조작이나 처리할 내용 등을 판단하기 쉽도록 그림으로 표시한 일종의 그림기호로서 화면에 표시된 아이콘을 지시함으로써 소프트웨어를 처리할 수 있는 전자적 버튼의 기능을 하는 것을 의미한다. 또한 그래픽 이미지(graphic images)에는 콘텐츠로서의 그래픽, 컴퓨터 모니터의 화면보호기, 캐릭터, 아바타를 구성하는 아이템 세트, 이모티콘, 3차원 애니메이션 등이 포함된다. 따라서 디자인보호법에 의해 보호되는 화상디자인이란 화상디자인이 표시된 컴퓨터 모니터[156], 그래픽사용자인터페이스(GUI)가 표시된 휴대전화기, 아이콘이 표시된 개인휴대용정보단말기(PDA) 등과 같이 일정한 물품에 표시된 상태에서만 인정된다.[157]

---

154) 종래부터 동적디자인을 인정하고 있으므로 부분디자인의 경우에는 독창적이고 특징 있는 화상디자인에 대해서도 디자인을 구성하는 모양으로 취급한다. 화상디자인이 물품에 일시적으로 구현되는 경우에도 그 물품은 화상디자인을 표시한 상태에서 공업상 이용할 수 있는 디자인으로 보호받을 수 있다.

155) 대법원 1999.8.23. 선고 94누 5623 판결:타이프페이스(글자꼴)의 저작물성에 대한 사건에서 서체 도안은 신청서 및 제출된 물품 자체에 의한 심사만으로도 저작권법에 의한 보호대상인 저작물에 해당하지 아니한다. 글자체는 디자인으로 성립되고 보호대상이 된다(제2조 제1호 및 제1의2호)

156) 등록디자인의 예:화상디자인이 표시된 모니터, 등록번호 제372086호

157) 디자인심사기준 제13조 제2호

Ⅷ. 디자인권

1. 디자인권의 발생

디자인권은 설정등록에 의하여 발생하며 그때부터 그 디자인권자는 적극적·소극적인 효력을 가진다.

디자인권의 설정등록이 있는 때에는 특허청장은 디자인권의 주체 및 객체에 관한 사항을 디자인공보에 게재하여 공시하며 디자인권의 공시에 따라 제3자는 디자인권의 불가침의무가 부과되고 권리침해 행위에 대하여는 과실이 있는 것으로 추정한다

2. 디자인권의 성질

가. 디자인권의 법적 성질에 관한 학설

디자인권의 권리로서의 법적 성질에 대하여는 특허권의 법적 성질에 관한 이론이 그대로 적용되며 여기에는 인격권설, 소유권설, 무체재산권설 등이 존재한다.

1) 인격권설

인간의 정신적 활동의 산물인 이들 권리는 인간의 사고력으로부터 생겨난 것이기 때문에 인격과 분리하여 존재할 수 없다고 해석하는 설이다. 즉, 디자인권은 인격권(Personerecht)인 것이나 동시에 재산적 요소를 내포하는 것이기 때문에 이 재산적 요소가 독립하여 양도·상속 등의 대상이 된다고 하는 설로서 이설의 발표자는 독일의 기르케(Gierke)이다. 그러나 이 설은 저작권의 설명으로서는 편리하지만 디자인권은 인격권적인 측면도 없는 것은 아니나 타인에게 이전이 가능한 재산권적 측면이 강하므로 현행법상 등용되기 어렵다.

2) 소유권설

이 설은 17세기 유럽의 자연법론자들에 의하여 주장되어 18~19세기에 걸쳐 대륙법학을 지배하던 설로서 유체물에 있어서의 소유권과 마찬가지로 인간의 정신적 활동의 산물인 발명·고안 등에는 절대적 지배권인 소유권을 인정해야 한다는 설이다. 그리하여 유체물 위에 존재하는 소유권과는 달리 정신적 활동에 의하고 있으므로 지적소유권(intellectual property right) 또는 정신적 소유권이라고 칭하고 있다.

이 설은 디자인보호의 기초가 되는 이론이기는 하나 디자인권과 소유권을 동일개념으로 본다는 결점이 있다. 즉 소유할 수 없는 개념상의 무체재화를 소유권으로 파악하는 것은 디자인권의 본질을 외면하는 것이어서 타당하지 않다는 비판을 받는다.

3) 무체재산권설

이 설은 1875년 독일의 법학자 콜러(J. Kohler)[158]가 처음으로 주장한 설로 무체물 위해 존재하는 권리를 소유권의 일종으로 보는 종래의 설은 잘못이므로 이것과 다른 새로운권리, 즉 무체재산권(Immaterialguterrecht, immaterial property right)으로 파악하여야 한다는 설이다. 이것이 현재의 통설이다.

콜러가 무체재산권이 소유권과 다르다고 지적한 점은 다음과 같다.
- 디자인권은 시간적으로 유인한다.
- 무형의 존재이므로 점유이론의 적용이 없다.
- 그 발생에 있어서 국가별로 권리 부여의 행위를 필요로 한다.
- 그 존속기간 중 요금납부의 의무가 있다.

4) 기타의 학설

이 밖에 권리의 본질보다는 내용에 중점을 두어야 한다는 준소유권설, 디자인권은 재산권적 성질과 인격권적 성질과 함께 가진다는 혼성권설, 디자인권의 산업적 이용가치를 중시하는 정신적 경업권설, 고객과의 관계를 중시하는 고객권설 등이 있다.

나. 디자인권의 성질(특성)

디자인권은 그 객체인 디자인을 지배할 수 있는 권리로서 다음과 같은 성질(특성)을 가진다.

1) 사권(私權)

디자인권은 디자인등록을 받을 수 있는 권리와는 달리 재산적 이익을 향유하는것을 목적으로 하는 권리이기 때문에 사권(私權)이다. 그러나 디자인권은 디자인의 창작자의 창작사실에 대한 행정청의 확인행위에 의하여 비로소 권리가 발생하는 점에서 민법상의

---

158) 콜러(J. Kohler, 1849-1919)는 베를린대학교의 교수로서 법학의 전 영역에 걸쳐 수많은 업적을 남긴 분이다. 특허법상으로는 무체재산권설의 제창자이다.

사권과는 구별된다.

2) 독점배 타적 권리

디자인권은 스스로 이를 지배함과 동시에 타인의 지배를 배제하는 기능을 가진다. 만약 타인이 침해한 경우에는 금지청구권, 손해배상청구권, 부당이득반환청구권 및 신용회복청구권 등 민사상의 구제와 고소에 의하여 형사상의 책임도 추궁할 수 있다.

3) 지배권

디자인권자는 그 객체인 디자인을 업으로서 스스로 실시하거나 타인에게도 실시시킬 수 있으며 또한 담보의 제공, 처분 등 전면적으로 이를 지배하는 권리이다.

3. 디자인권의 효력

설정에 의하여 등록된 디자인권이란 등록디자인 또는 이와 유사한 디자인을 업으로서 독점하여 실시할 수 있는 권리를 말한다.

업이라 함은 개인적 또는 가정적인 실시가 아닌, 일정한 목적하에 반복하여 계속적으로 행하는 사업의 의미이다.

실시라 함은 디자인물품을 생산·사용·양도·대여 또는 수입하거나 그 물품의 양도 또는 대여의 청약(양도나 대여를 위한 전시를 포함한다. 이하 같다)을 하는 행위를 말한다.

이와 같이 디자인권은 디자인권자가 등록디자인물품을 업으로 독점배타적으로 실시할 수 있는 적극적인 효력과 타인이 실시하는 것을 금지할 수 있는 소극적 효력(침해금지 예방 청구권 손해배상청구권, 신용회복청구권, 형사적인 침해죄 등)으로 구성되어 있다.

디자인권의 효력의 범위를 결정하는 기준은 등록디자인의 보호범위와 같이 디자인등록출원서의 기재사항 및 그 출원서에 첨부한 도면과 도면의 기재사항·사진·모형 또는 견본에 표현된 디자인에 의하여 정하여진다.

4. 디자인권의 효력의 확장과 제한

가. 디자인권의 효력의 확장

디자인법은 등록디자인이나 이와 유사한 디자인에 관한 물품의 생산에만 사용되는 물품을 업으로서 실시하는 행위는 당해 디자인권 또는 전용실시권을 침해한 것으로 보는 규정을 두어 디자인권 효력의 확장을 도모하고 있다.

디자인권의 침해는 전체 침해에 의하여 성립하는 것이나 현실적으로 침해가 되는 것은 아니지만 디자인권의 침해로 직결되는 예비적 행위를 효과적으로 금지하여 디자인권 보호의 실효를 거두기 위한 것으로 이를 간접침해라고 칭하기도 한다.

나. 디자인권의 효력의 제한

디자인권은 산업정책상의 필요·공익상의 이유 및 기타 특정사유 등에 의하여 독점배타적인 디자인권의 효력이 제한된다.

1) 디자인권의 효력이 미치지 아니하는 범위

① 연구 또는 시험을 하기위한 등록디자인의 실시

② 국내를 통과하는 데 불과한 선박·항공기·차량 또는 이에 사용되는 기계·장치 기타의 물건

③ 디자인등록출원 시부터 국내에 있는 물품

④ 글자체가 디자인권으로 설정등록된 경우 타자·조판 또는 인쇄 등의 통상적인 과정에서 글자체를 사용하는 경우 등〈개정 2004.12.31.〉

2) 재심청구등록 전에 선의로 수입 또는 국내에서 생산하거나 취득한 물품

① 무효로 된 디자인권이 재심청구에 의해 회복된 경우

② 디자인권의 권리범위에 속하지 않는다는 심결이 확정된 후 재심에 의해 이와 상반되는 심결이 확정된 경우

③ 거절할 것이라는 심결이 있었던 디자인등록출원에 대하여 재심에 의해 디자인권의 설정등록이 있는 경우

3) 디자인권자의 자유의사에 의한 실시권 또는 법정·강제실시권에 의한 제한

(1) 약정실시권 : 설정실시권 범위 내에서의 적극적·소극적효력 제한

- 전용실시권
- 통상실시권

(2) 법정실시권 : 디자인권자의 의사와 관계 없이 법률에 의하여 발생하는 실시권으로 제한을 받는다.

- 선사용에 의한 실시권(디자인보호법 50)

- 무효심판청구 등록 전의 실시에 의한 통상실시권(디자인보호법 51)
- 디자인권 등의 존속기간 만료 후의 통상실시권(디자인보호법 52)
- 질권행사로 인한 디자인권의 이전에 따른 통상실시권(디자인보호법 58)
- 재심에 의해 회복한 디자인권에 대한 선사용자의 통상실시권(디자인보호법 75 → 특허법 182)
- 재심에 의해 회복한 디자인권에 대한 통상실시권(디자인보호법 75 → 특허법 183)
- 직무디자인에 대해 사용자가 갖는 통상실시권

(3) 강제실시권 : 디자인권자의 의사와 관계없이 공익적·산업정책상의 이유에 의하여 성립되는 실시권으로 제한을 받는다.
- 통상실시권 허여심판에 의한 통상실시권(디자인보호법 70)

(4) 이용 저촉에 의한 디자인권의 효력제한

디자인권자는 등록디자인 또는 이와 유사한 디자인이 타인의 선출원 등록디자인 또는 이와 유사한 디자인·특허발명·등록실용신안 또는 등록상표를 이용하거나, 타인의 선출원 디자인권·특허권·실용신안권·상표권과 저촉되는 경우 또는 출원일 전에 발생한 저작권과 이용 저촉의 관계가 있는 경우 선출원 권리자의 허락이나 통상실시권 허여심판에 의한 실시권에 의하지 않고서는 자기의 등록디자인 또는 이와 유사한 디자인을 업으로서 실시할 수 없다.

(5) 기 타
- 공유디자인권자의 디자인권 처분의 제한
- 디자인권의 포기의 제한

5. 디자인권의 존속기간

가. 존속기간의 의의

디자인권의 존속기간이란 디자인권자가 디자인권을 독점적으로 소유할 수 있는 기간이며 디자인권자가 등록디자인을 독점적으로 실시할 수 있는 기간으로 유한성을 갖는다. 일정기간 디자인권자는 등록디자인을 독점배타적으로 실시할 수 있도록 하는 한편, 일정기간 경과 후에는 그 디자인권을 소멸시켜 사회의 공동재산으로 함으로써 누구나 자유로이 이용, 실시할 수 있도록 하기 위함이다.

- 존속기간은 설정등록일로부터 출원일 후 20년이며 관련디자인권의 만료일은 기본디자인권의 만료일로 한다. ※2014년 7월 1일부터 디자인권존속기간연장(15년 → 20년)
- 정당권리자의 디자인권의 존속기간은 무권리자가 한 디자인권의 설정등록일의 다음 날 부터 기산한다. (디자인보호법 40②)

나. 존속기간의 결정기준

디자인의 보호 및 디자인 창작의 장려를 도모하기 위해서는 신규한 디자인을 창작한 자에게 그에 대한 보상으로서 디자인을 독점적으로 실시할 수 있는 보호기간(존속기간)이 주어져야 한다. 그러나 디자인권의 존속기간은 얼마의 기간동안 하는 것이 타당한 것인가. 디자인권의 존속기간을 지나치게 장기간으로 하면, 창작자의 측면에서는 유리하다고 할 수 있으나 한편, 공중의 이익을 저해할 우려가 있다. 따라서 디자인권의 존속기간은 디자인 창작자의 보호와 산업발전적 측면을 고려하여 일정한 한계를 둘 필요가 있다. WTO/TRIPs 협정 제26조 제3항에서는 "디자인은 적어도 10년간 보호되어야 한다"고 규정하고 있다. 한편, 최근 존속기간을 확대하는 것이 국제적인 추세이므로 우리나라도 존속기간을 15년에서 20년으로 하였다.

※ 일본(20년), 유럽(25년)

6. 디자인권의 이전

가. 의의

디자인권의 이전이라 함은 디자인권이 종래의 권리 주체를 떠나 새로운 권리주체로 귀속되는 주체의 변경으로 디자인권은 개인의 무체재산권이므로 이전이 됨은 당연하다.

디자인권의 이전은 상속기타 일반승계를 제외하고는 등록을 하지 않으면 효력이 발생하지 않는다. 상속 기타 일반승계의 경우에도 지체없이 그 뜻을 특허청장에게 신고하여야 한다.

나. 디자인권 이전의 태양

디자인권은 매매, 교환, 증여, 상속기타 일반승계에 의하여 이루어지나 공용·수용, 판결, 강제집행, 신탁 또는 담보권의 설정 등에 의하여도 이전된다.

다. 디자인권의 이전과 실시권의 부수성

디자인권이 공유인 때에는 타공유자의 동의를 얻지 아니하면 그 지분을 양도할 수 없다. 그리고 실시권 또는 등록된 담보권은 디자인권에 부수하여 이전되며, 실시권은 그 효력범위에 따라 전용실시권과 통상실시권으로 구별된다. 통상실시권은 그 발생원인에 의하여 허락실시권, 법정실시권 및 강제실시권으로 대별된다.[159] 허락실시권은 디자인권자 또는 전용실시권자의 허락에 의하여 발생되는 통상실시권으로 보통 실시계약으로 이루어진다. 디자인보호법에는 특허법과 같은 불실시에 대한 강제실시제도는 없으나 등록디자인의 적극적실시를 도모하기 위하여 통상실시권 허여심판에 의하여 강제적으로 실시권이 허여될 수 있도록 심판제도를 두고 있다.

7. 디자인권의 소멸

가. 의의

디자인권의 소멸이란 심사과정을 거쳐 유효하게 발생한 디자인권에 대하여 원시적으로 소멸원인이 있거나 후발적인 소멸원인이 있는 경우 소정의 절차에 의하여 그 디자인권의 효력이 상실되는 것을 말한다.

지식재산권인 디자인권은 일반소유권과 달리 유한성을 갖는 권리로서 디자인의 창작자를 보호하는 한편, 일정한 사유가 존재하거나, 발생한 때에는 그 디자인권을 소멸시키는 제도를 두고 있는바, 이는 독점배타적인 디자인권을 일반공중의 공유재산으로 이용 가능케 함으로써 공·사익의 조화를 통한 산업발전 및 국민경제상의 이익을 도모하고자 함이다.

나. 디자인권의 소멸사유

디자인권의 소멸원인에는 소극적으로 효력을 상실하는 광의의 소멸원인과 장래에 향하여 효력을 상실하는 협의의 소멸원인이있다.

1) 존속기간의 만료

디자인권은 설정등록의 존속기간이 만료함으로써 소멸한다. 유사디자인권(관련디자인

---

159) 직무발명으로 획득한 디자인등록에 대한 사용자의 통상실시권은 발명진흥법 제10조 제1항에서 규정하고 있다.

권)은 기본디자인의 존속기간에 합체하여 동시에 만료·소멸한다.

2) 등록료의 불납

디자인권의 설정등록을 받고자 하는자는 최초 3년 분의 등록료를 일시에 납부하여야 하며, 4년차분부터는 그 전년도에 1년분 이상씩을 납부하여야 한다. 만약, 추납기간인 6개월이 경과하도록 납부하지 아니한 때에는 납부할 기간이 경과한 때로 소급하여 디자인권이 소멸한다.(디자인보호법 33)

3) 디자인권의 포기

디자인권자는 무체재산권인 디자인권을 임의로 포기할 수 있으며 등록에 의하여 효력이 발생한다.(디자인보호법 53)

다만, 전용실시권자, 통상실시권자(약정, 직무디자인) 질권자가 있는 때에는 이들의 동의를 필요로 한다.(디자인보호법 54①)

4) 디자인권의 무효

부등록사유를 내포한 디자인등록출원이 일단 유효하게 디자인권으로 설정등록된 경우, 또는 설정등록 후 일정한 사유가 발생한 경우에는 법정무효사유를 근거로 심판절차에 의하여 성립 당초까지 소급적으로 또는 그 사유 발생시로부터 그 디자인권의 효력을 상실시키는 제도를 말한다.(디자인보호법 68)

이러한 부실권리를 존속시키는 것은 특정인에게 부당한 이익을 주는 결과가 되며, 일반국민에게는 막대한 손해를 끼치는 것이므로 이를 무효화시키는 것은 산업발전에 이바지하고자 하는 디자인제도의 목적에도 부합하는 것이라 할 것이다.

5) 디자인등록의 취소

디자인일부심사등록출원이 일단 유효하게 디자인권으로 설정등록되었으나 이의신청사유가 있는 경우에는 누구든지 이의신청할 수 있으며, 심사관(합의체)의 취소결정에 의하여 그 디자인권은 소급적으로 효력을 상실한다. 이는 불실시에 의한 특허권의 취소제도와 상이하다. 이의신청은 디자인일부심사등록 공고일로 부터 3월 내에 이의신청하여야 한다.

6) 상속인의 부존재

민법상 상속재산은 상속인이 없는 경우에 국가에 귀속토록 되어 있으나 디자인권은 상속이 개시된 때 상속인이 없는 경우 소멸토록 규정하고 있다.(디자인보호법 59)

다만, 공유 디자인권자 중 상속인이 없는 1인이 사망한 때에는 소멸하지 않고 타 공유자에게 지분비율대로 귀속되어 존속한다.

7) 디자인권의 의무

디자인보호법은 디자인권자에게 일정기간 동안 등록디자인 또는 이와 유사한 디자인을 독립적으로 실시할 권리를 부여하는 한편, 법의 다른 목적을 달성하기 위하여 디자인권의 존속기간 중에 일정한 의무도 함께 부과하고 있다. 그러나 구체적으로 무엇이 디자인권자의 의무로 되는가에 대하여는 디자인 제도의 목적, 취지, 법 전체의 체계로부터 고찰되어야 한다.[160] 종전의 등록디자인의 실시보고 의무는 2004년 법 개정에서 폐지되었다.

이러한 의무를 이행하지 않는 경우에는 일정한 불이익이 부과되고 있다.

IX. 디자인권의 침해와 구제

1. 디자인권 침해의 개념

디자인권은 디자인권자만이 그 객체인 등록디자인을 실시할 권리를 독점한다. 그러나 제3자가 정당한 권원 없이 등록디자인 또는 이와 유사한 디자인을 업으로 실시하면 디자인권 침해가 된다.

2. 디자인권 침해의 유형

가. 직접침해

등록디자인 또는 이와 유사한 디자인을 정당한 권원 없는 제3자가 업으로 실시하거나 기타의 방법으로 디자인권에 대하여 직접적인 침해를 하는 것을 말한다.

나. 간접침해

등록디자인 또는 이와 유사한 디자인에 관한 물품의 생산에만 사용되는 물품을 업으

---

160) 특허법상으로는 특허발명의 실시의무가 부과되어 있으나 디자인은 그 성질상 불실시가 공공의 이익과 직접 관련되는 일이 적으므로 디자인보호법에서는 실시의무가 부과되어 있지 않다. 특허법상 실시를 강제하는 수단으로서는 특허발명의 불실시 또는 불충분한 실시 등의 경우 이해관계인의 신청에 의한 재정실시권 제도가 설정되어 있다.

로 실시하는 행위를 말한다.

다. 이용·저촉에 의한 침해

실정등록된 선원디자인권이 타인의 후원디자인권 또는 특허권·실용신안권·상표권·저작권 등과 이용·저촉관계가 성립되는 경우 이들 타 권리자는 선원디자인권자의 동의를 받지 아니하거나 통상실권 허여심판의 심결에 의하지 아니하고 무단으로 자신의 디자인을 실시하면 디자인권 침해가 된다.

3. 디자인권 침해의 성립요건

가. 디자인권이 실시당시에 유효하게 존재하는 권리일 것

나. 정당한 권원이 없는 자에 의한 실시일 것

다. 제3자에 의한 행위가 있을 것

라. 등록디자인 또는 이와 유사한 디자인의 실시일 것

마. 업으로서 실시할 것

4. 디자인권 침해에 대한 구제

제3자가 디자인권을 침해하면 디자인권자는 침해자를 상대로 민·형사상의 소를 제기할 수 있다.

가. 민사상 구제방법

1) 침해금지 및 예방청구권

디자인권자 또는 전용실시권자는 자신의 권리를 침해한자 또는 침해할 우려가 있는자에 대하여 그 침해의 금지[161] 또는 예방을 청구할 수 있고, 소의 실효성을 확보하기 위하

---

161) 디자인의 침해행위가 있으면 금지청구소송을 법원에 제기할 수 있으나 이러한 본안소송은 판결에 상당한 기간이 소요되므로 금지청구소송 제기 전에 또는 이와 동시에 가처분을 신청할수 있다(민집 300). 가처분은 권리분쟁이 있고 본안소송의 확정을 기다리는 동안 현저한 손해를 받거나 또는 급박한 손해를 막을 수 없는 등의 긴급을 요하는 이유가 있을 경우에 우선 법원에 가처분 신청을 하여 법원의 가처분 명령에 의해 잠정적으로 그 침해행위를 금지시킬 수 있는 제도이다. 디자인보호법이 규정한 디자인권 침해에 대한 금지청구권을 피보전권리로 하는 금지의 가처분은 이론상, 실제상으로 중요하며 현실적으로 분쟁의 상당부분이 가처분 결과에 따라 해결되는 경우가 많다.

여 침해행위를 조성한 물품의 폐기, 침해행위에 제공된 설비의 제거, 기타 침해의 예방에 필요한 행위를 아울러 청구할 수 있는 청구권이다. 침해자의 고의·과실을 불문한다.

2) 손해배상 청구권

침해자의 고의 또는 과실에 의하여 디자인권이 침해되었을 경우 디자인권자 또는 전용실시권자는 침해자에 대하여 손해배상을 청구할 수 있다. 침해자가 그 침해행위에 의하여 이익을 받은 때에는 그 이익의 액을 손해의 액으로 추정한다.

3) 신용회복 청구권

고의 또는 과실로 디자인권을 침해함으로써 업무상의 신용을 실추케 한 자에게는 손해배상에 갈음하거나 손해배상과 함께 업무상 신용회복에 필요한 조치를 청구할 수 있다. 사죄광고는 헌법재판소의 위헌판결(1991. 4. 1 선고, 89헌마 1600결정)에 따라 명할 수는 없는 것으로 해석되나 그 침해자가 스스로 행하는 것은 인정된다고 본다.

4) 부당이득반환청구권

정당한 법률상의 원인이 없는데도 부당하게 침해행위에 의하여 재산적 이득을 얻고, 그로 인하여 디자인권자 등에게 손해를 끼친 자에게 그 이득의 반환을 청구할 수 있는 권리로서 손해배상청구권의 소멸시효(3년)가 완성된 후에도 청구할 수 있다(소멸시효 10년).

부당이득 반환제도에 대하여는 디자인보호법상 명문의 규정은 없으나 이론상 디자인권자에게 부당이득 반환청구권을 인정함에는 이론이 없다(민법 제748조 제1항, 제2항).

나. 형사상 구제방법

1) 침해죄

고의로 디자인권을 침해한 경우 디자인권자 또는 전용실시권자는 그 침해자에 대하여 디자인권 침해죄로 고소할 수 있고, 7년 이하의 징역 또는 1억 원 이하의 벌금에 처한다. 간접침해죄의 성립 여부에 대하여 판례는 부정적이다. 특허·실용신안·디자인의 침해죄는 사익적 측면에서 친고죄이므로 디자인권자의 고소가 있어야만 벌할 수 있으며 고소기간은 범인을 안 날로부터 6월 내이다.[162] 상표는 공익적 측면에서 비친고죄이다.

---

162) 일본은 헤이세이이(平成) 10년(1998년) 법 개정에서 특허권, 실용신안권, 디자인권 침해죄를 종전의 친고죄에서 모두 비친고로 하였다. 종전에 일본법이 친고죄로 한 것은 디자인권은 공익성이 강한 상표권과는 달리 사익적 성격 및 인격적인 요소를 갖는다는 것이었다. 그러나 근래에는 연구개발에 의거 다액의 투자

2) 양벌죄

디자인법은 법인의 대표자, 법인 또는 개인의 대리인·사용인 기타 종업원이 그 법인 또는 개인의 업무에 관하여 디자인법 제82조 제1항(침해죄)·제84조(허위표시의 죄) 또는 제85조(사위행위의 죄)의 위반행위를 한 때에는 그 행위자를 벌하는 외에 그 법인 또는 개인에 대하여도 각 본조의 벌금형을 과한다. 이는 관리책임까지도 물어 디자인권의 보호를 강화하기 위함이다.

다. 기 타

1) 위증죄 (디자인보호법 83)

2) 허위표시죄 (디자인보호법 84)

3) 사위행위의 죄 (디자인보호법 85)

4) 비밀누설죄 (디자인보호법 86)

5) 과태료 (디자인보호법 88)

6) 비밀유지명령(디자인보호법 81조의2)[163]

5. 디자인권의 침해 주장에 대한 방어수단

가. 디자인자권로부터 디자인권 침해의 대항을 받는자는 우선 침해주장의 내용을 면밀히 검토

1) 디자인권이 유효하게 존재하는지의 여부 확인

2) 침해를 주장하는 자가 권리의 주체자인지의 여부

3) 실시디자인이 등록디자인의 보호범위에 속하는지 여부

4) 디자인권 침해에 대한 경고인지, 소송의 제기인지의 여부 및 손해배상청구 여부 등

5) 실시자(침해자)에게 정당한 권원이 있는지 여부

6) 기타 디자인권에 하자가 없는지 여부 등

를 요하고 디자인 등의 중요성이 증대되어 비친고죄로 변경하였다.

163) "한미 FTA 및 한미 FTA에 관한 서한 교환"의 합의사항에 따라 법원으로 하여금 디자인권 침해에 관한 소송에서 당사자가 제출한 준비서면 등에 영업비밀이 포함되어 있고 그 영업비밀이 공개되면 당사자의 영업에 지장을 줄 우려가 있는 경우 등에는 당사자의 신청에 따라 결정으로 해당 영업비밀을 알게 된 자에게 소송 수행 외의 목적으로 영업비밀을 사용하는 행위 등을 하지 아니할 것을 명할 수 있는 비밀유지명령제도를 도입하였다.

나. 침해주장이 정당하다고 판단되는 경우 우선 디자인권자 또는 전용실시권자와 협의를 모색

1) 디자인물품의 실시를 중지하고, 가능하면 디자인을 변경하여 실시한다.
2) 계속실시의 필요가 있는 때에는 디자인권을 승계받거나 전용 또는 통상실시권을 설정한다.
3) 중재·화해·기타 타협을 한다.

다. 침해주장이 부당하다고 판단되는 경우 디자인권을 침해한 것이 아니라는 답변서를 제출하면서 적극 대응

1) 디자인등록에 대한 무효심판청구 및 디자인일부심사등록 이의신청
2) 권리범위에 속하지 아니한다는 주장 (소극적 권리범위확인심판청구)
3) 선사용에 의한 통상실시권 존재의 주장
4) 기타(침해금지청구권 부존재 확인의 소 또는 선사용권 존재확인의 소제기, 등)

X. 심판 및 소송제도

1. 심판의 의의

심판이라 함은 특허·실용신안·디자인·상표 등의 출원에 관하여 심사관이 행한 부당한 처분 또는 디자인권 등의 효력의 유무 등에 관한 분쟁이 발생할 경우 이를 해결하기 위하여 특별행정심판기관인 특허심판원이 대법원의 최종심을 전제로 하여 준사법적인 절차에 따라 심판관의 합의체 의하여 행하여지는 쟁송절차를 말한다.

디자인심판제도는 민사소송에 준하는 엄격한 절차를 거쳐 판단하는 준사법적인 성격을 가지므로 일반행정행위와 다르며, 일반 사법행위와도 상이하다.

특허심판원의 심결·결정에 대한 불복의소는 특허법원을 거쳐 대법원에 제기할 수 있도록 하는 제도를 1998년 3월 1일부터 시행하고 있다.

2. 심판의 종류

가. 디자인등록의 무효심판 (디자인법 68조)

나. 권리범위확인심판 (디자인법 69조)

다. 통상실시권 허여의 심판 (디자인법 70조)

라. 거절결정에 대한 심판 (디자인법 67조의3 → 특허법 132조의 3)

마. 보정각하결정에 대한 심판 (디자인법 67조의2)

3. 소송제도

소송이라 함은 특허심판원의 심결 또는 결정에 대한 불복이 있는 자가 심결 또는 결정의 위법·부당을 이유로 하여 그 심결이나 결정의 취소·변경을 구하는 소송을 말한다.

특허심판원의 심결이나 결정에 한하여 특허법원에 제소할 수 있고, 기타 민·형사 법원의 판결에 대한 불복은 일반법원 관할에 속한다.

4. 재 심

가. 의 의

재심(retrial)이란 그 심판절차 또는 그 심결의 기초자료에 중대한 하자가 있는 것이 간과되었을 경우에 이것을 이유로 하여 그 심결의 취소를 구하는 비상불복신청방법을 말한다.(디자인법 73①)[164]

나. 제도적 취지

확정된 심결은 법적 안정성 때문에 이에 대한 불복을 인정하지 않는 것이 원칙이지만 심판절차상 또는 그 심결의 기초자료에 중대한 하자가 있음에도 전혀 불복신청의 방법을 인정하지 않는다면 정의에 반하고 제3자는 물론 당사자에게도 가혹하게 된다. 그래서 중대한 하자 중 일정한 이유가 있는 경우에 한하여 재심을 청구할 수 있도록 하고 있다.

이러한 점에서 민사소송법의 재심과 동일하며 재심의 사유도 민사소송법의 규정을 준용한다.

---

164) 재심이란 확정된 종국판결에 재심사유에 해당하는 중대한 하자가 있는 경우에 그 판결의 취소와 이미 종결된 소송을 부활시켜 재재판을 구하는 비상의 불복신청방법으로서 확정된 종국판결이 갖는 기판력, 형성력, 집행력 등 판결의 효력의 배제를 주된 목적으로 하는 것이다.(대법원 1995.2.14. 선고, 93재다27 전원합의체 판결)

XI. 디자인의 분쟁사례

1. 자기의 기본의장과 유사여부판단(사례)

가. 자기의 기본의장과 상호 유사하다고 본 사례

물품명: 편향요크 조립용 파레트·분류기호 : K0-01

기 본 의 장 (등록번호 : 000000)	유 사 의 장 (등록번호 : 00000-1)

물품명 : 화분받침대·분류기호 : D1-370

기 본 의 장 (출원정보 : 93-0000)	유 사 의 장 (출원번호 : 93-0000)
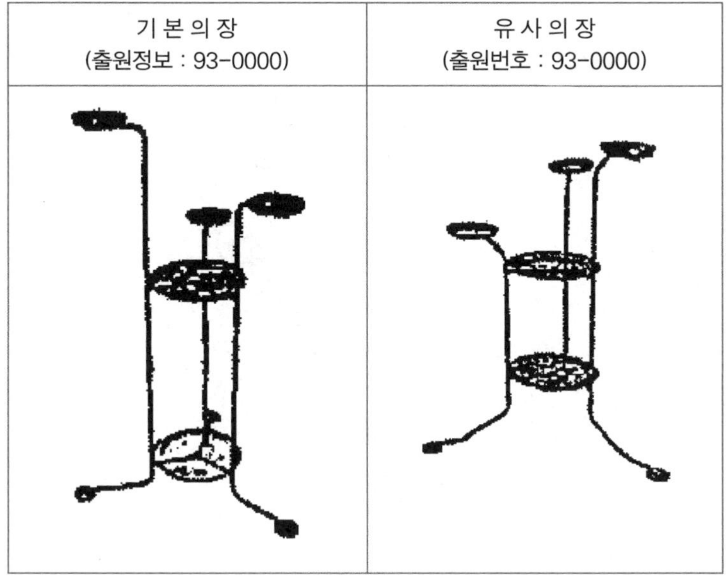	

※ 기본의장 : 먼저 등록받은 자기 의장
※ 유사의장 : 자기가 먼저 등록받은 의장과 유사한 의장으로 등록받은 의장

물품명 : 실내장식내용 블록·분류기호 : D2-910

기 본 의 장 (출원번호 : 93-0000)	유 사 의 장 (출원번호 : 93-0000)

나. 자기의 기본의장과 상호 비유사하다고 본 사례

물품명 : 음식용 스푼·분류기호 : C6-112

기본 의 장 (등록번호 : 00000)	비 유 사 의 장 (출원번호 : 92-0000)

※ 비유사의장 : 자기가 먼저 등록 받은 기본의장과 유사하지 않은 의장

2. 자기의 의장과 타인의 의장과 상호유사여부판단(사례)

가. 상호유사하다고 본 판례

물품명 : 세단기용 칼날·분류기호 : F2-8129

사건번호	이 건 의 장 (출원번호 : 88-0000)	인 용 의 장 (등록번호 : 일본 00000)
대법원 90후0000 (91.00.00) 90항원00 (90.0.00)		

나. 상호비유사하다고 본 판례

물품명 : 배수구·분류기호 : L1-412

사건번호	이 건 의 장 (등록번호 : 00000)	인 용 의 장 (가호의장)
93당00 (94.0.00)		

※ 이건의장 : 의장등록 받으려고 신규로 출원한 의장

※ 인용의장 : 타인이 먼저 등록받은 의장

3. 의장출원 후 보정하였으나 거절결정 (사례)

> ※ 의장출원 양식에 의거 특허청에 출원하였으나 먼저 출원한 실용신안공보에 의거 흑판
> 용 형광등 케이스의 형상과 모양이 유사하여 거절된 사례임

가. 의장심사 등록출원

【서류명】	의장심사등록출원서
【수신처】	특허청장
【제출일자】	1999. 09. 00
【출원인】	이○○
【명칭】	
【출원인코드】	4-1995-0000-0
【대리인】	
【성명】	이○○

【대리인 코드】   9-1999-00000-0

【포괄위임등록번호】

【의장의 대상이 되는 물품】   흑판용 형광등 케이스

【단독, 유사여부】   유사

【기본의장의 표시】

【특허(등록)번호】   30-000000-00-00

【창작자】

【성명】   이○○

【출원인 코드】   4-1995-00000-0

【우편번호】   301-000

【취지】   의장법 제9조의 규정에 의하여 위와 같이
                                     출원합니다.

                                     대리인 이○○ (인)

【수수료】

【출원료】   66,000   원

【의장등록출원 공개신청서】   0 원

【의장비밀보장청구료】   0 원

【우선권주장료】   0 원

【합계】   66,000 원

【첨부서류】   1. 도면(사진 모형 견본) 1통

                                     2. 위임장1통〔추후제출〕

나. 의장의 대상이 되는 물품의 설명

【입체의장 도면】

【의장의 대상이 되는 물품】

　흑판용 형광등 케이스

【의장의 설명】

　1. 재질은 합성수지 및 금속 등으로 된 것임.

　2. 참고도와 같이 흑판의 상부에 설치하여 학생들의 시력을 보호하고 밝은 분위기에
　　서 수업할 수 있도록 한 것임.

3. 참고 설치상태도와 같이 행거에 지지간을 결합하여 흑판의 상부에 복수개로 설치
  할 수 있는 것임.
4. 도면 중 생략된 길이는 약 30cm 임.

【의장창작내용의 요점】
 흑판용 형광등 케이스의 형상과 모양의 결합을 디자인 창작내용의 요점으로 함.

다. 사시도, 정면도 및 배면도

【사시도】

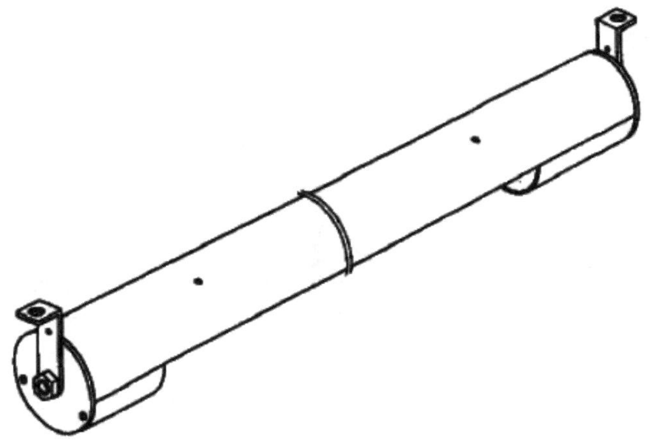

【정면도】

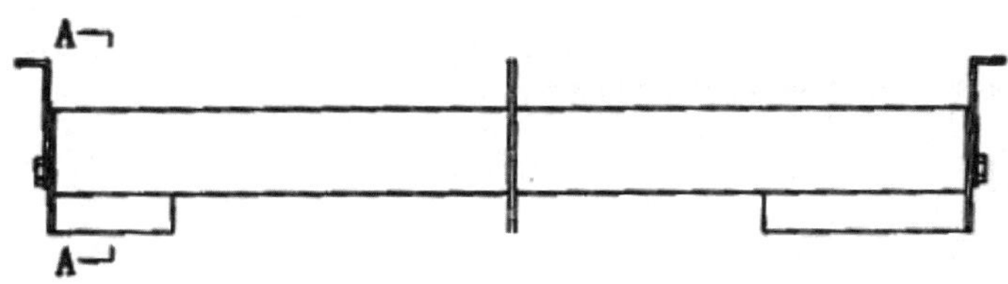

【배면도】

정면도와 대칭

라. 좌측면도, 우측면도, 평면도 및 저면도

【좌측면도】

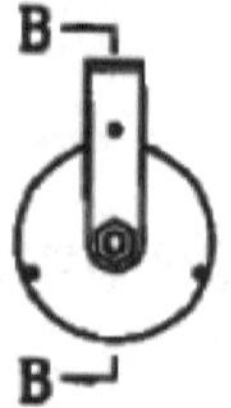

【우측면도】

좌측면도와 동일

【평면도】

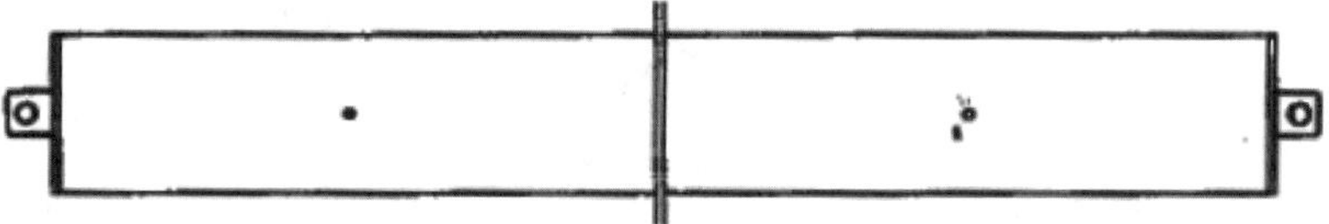

【저면도】

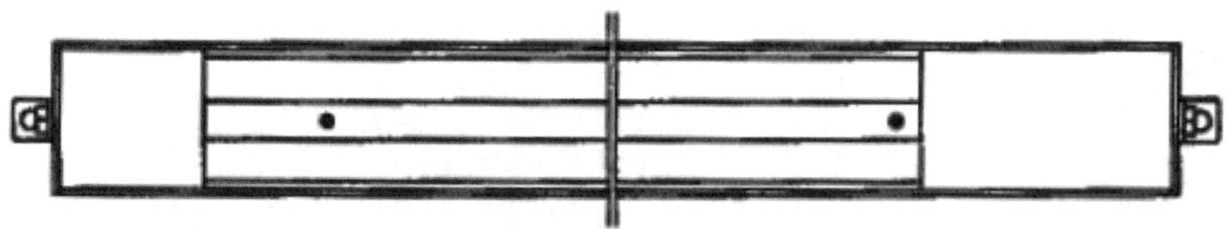

마. 참고도(1),(2) A–A선 및 B–B선 단면도

【참고도 1】

A–A선 단면도

【참고도 2】

B-B선 단면도

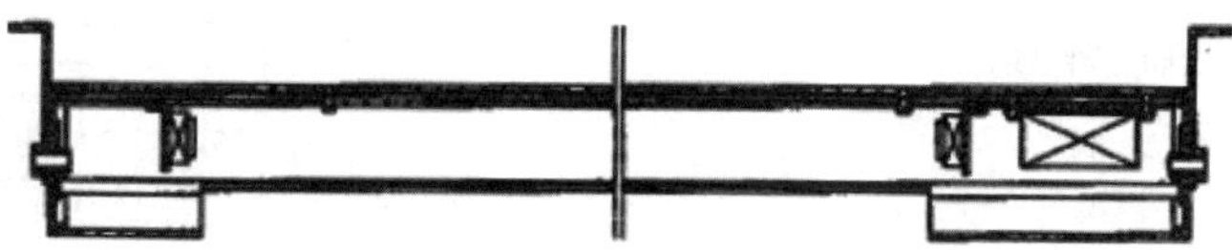

바. 참고도(3) : 설치상태 사시도 및 사용상태도

【설치상태 사시도】

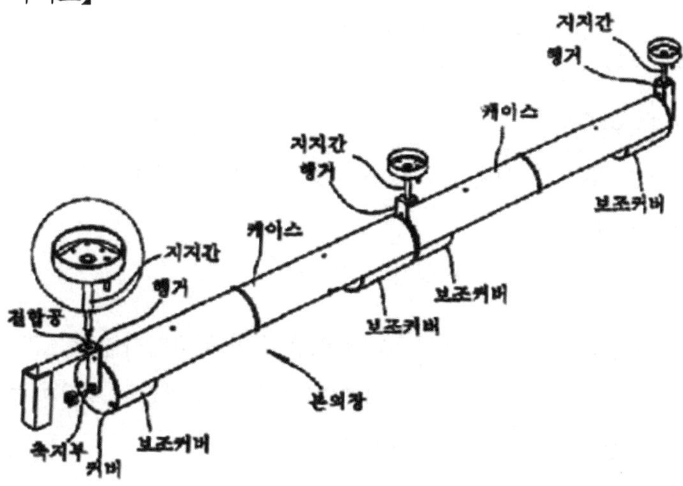

【사용상태도】

발송번호: 9-5-2000-000000

발송일자: 2000. 04. 00

제출기일: 2000. 05. 00

특 허 청

의견제출통지서

출원인 성명 이○○(출원인코드: 00000000)

　　　　주소 부산광역시 ○○구 ○○동 ○○번지 ○○○아파트

대리인 성명 이○○

　　　　주소 경북 포항시 ○○구 ○○동 ○○특허법률사무소

출원번호 30-1900-00000

의장의 대상이 되는 물품 흑판용 형광등 케이스

이 출원에 대한 심사결과 아래와 같은 거절이유가 있어서 디자인법 제27조의 규정에 의하여 이를 통지하오니 의견이 있거나 보정이 필요한 경우에는 상기 기일까지 의견서 또는 보정서를 제출하여 주시기 바랍니다.

〔이 유〕

이 디자인등록출원의장은 그 출원 전 국내 또는 국외에서 반포된실용신안공보에 기재된 붙임의 공개번호 제89-00000호 의장과 유사하므로 의장법 제5조 제1항 제3호에 규정하는 의장에 해당하여 의장등록을 받을 수 없습니다.

이 의장등록출원의장은 아래와 같은 사유로 출원서 및 도면의 기재에 의하여 구체적으로 파악할 수 없어 의장법 제9조 제7항의 규정에 해당되어 의장등록을 받을 수 없습니다. 다만, 보정서에 의하여 상기 사항을 명확하게 보정하면 그러하지 아니합니다.

○ 생략부분 표시방법이 불충분한 것

〔첨 부〕

첨부1 참증사본 끝.

2000. 04. 00

특허청 심사 1국

　　　　의장2 심사담당관실 심사관

⑲ 대 한 민 국 특 허 청(KR) 제 326

　　⑫공 개 실 용 신 안 공 보 (U)

공개일자 서기 1989. 8. 19 공개번호 89-16481

출원일자 서기 1988. 1. 13 출원번호 88- 193

출원인 고안자 김○○ 서울특별시 강남구 ○○동 000-0 ○○아파트 00동 106호

대리인 변리사 최○○

형광등용 갓의 커버 결착장치

실용신안 등록청구의 범위

1. 반원통형으로 된 반사경 본체(1)와 커버(2)에 내향돌기(1a)와 지지편(2a)을 일체로 종설시켜 본체(1)의 저면양축으로 커버(2)를 착탈가능토록된 통상의 것을 구성함에 있어서, 지지편(2a)의 일축으로 외부를 향하게 반구형 돌기(3)를 각각 양축에 돌설하여 내양돌기(1a)에 걸리도록 하고 볼트(5)로서 반사경 본체(1)와 커버(2) 양축에 고정되는 축판(4)의 경계중심으로 결첩요홈(4')을 절결시켜 커버(2)가 착탈할 때 축판(4)의 절첩요홈(4')을 중심으로 회동될 수 있도록 된 것을 특징으로 하는 형광등용 갓의 커버 결착장치.

　※ 참고사항: 최초출원 내용에 의하여 공개하는 것임.

• 도면의 간단한 설명
　제1도는 본 고안의 사용상태 전체 사시도, 제2도는 본 고안의 저면을 일부 절결하여 나타낸, 제4도는 본 고안의 커버가 열려진 상태를 일부 절결하여 나타낸 정면도, 제5도는 본 고안의 횡단면도.

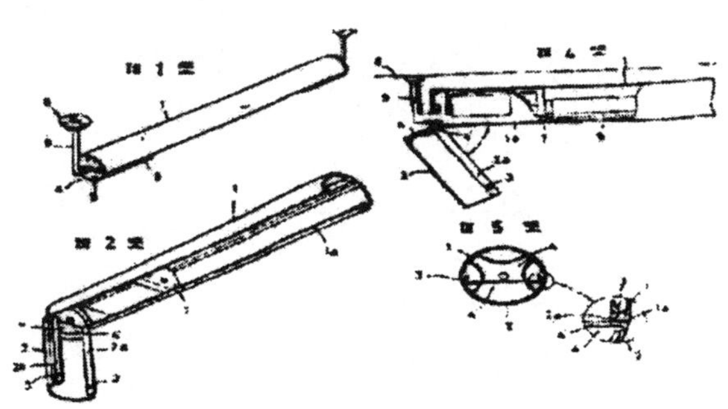

자. 거절이유에 대한 의견서

(※특허청의 거절이유에 대해 양식에 의해 자기가 의견을 특허청에 제출한 것임)

【서류명】	의견서
【수신처】	특허청장
【제출일자】	2000. 05. 00
【출원인】	
【성명】	이○○
【출원인코드】 4	-1995-0000-0
【대리인】	
【성명】	이○○
【대리인 코드】	9-1999-00000-0
【사건의 표시】	
【출원번호】	30-1999-000000
【출원일자】	1999. 0. 00
【의장의 대상이 되는 물품】	흑판용 형광등 케이스
【제출원인】	
【발송번호】	9-5-2000-00000-0
【발송일자】	2000.04.00
【의견내용】	별지와 같음
【취지】	의장법 시행규칙 제18조의 규정에 의하여 위와 같이 제출합니다.
	대리인 이○○ (인)
【첨부서류】	1. 기타첨부서류 1통(의견내용)

차. 거절이유에 대한 의견서 (※특허청에 제출한 실제의견서 제출 내용임)

【의견내용】

1. 본원(1999년 의장등록 출원 제000호: 이하 본원의장이라 함)에 대한 귀심사관님의 의견 제출통지서에 의하면 "이의장등록출원의장은 그 출원전 국내 또는 국외에서 반포된 실용신안공보에 기재된 붙임의 공개번호 제89-0000호 의장과 유사하므로 의장법 제5조 제1항 제3호에 규정하는 의장에 해당하여 의장등록을 받을 수 없습니다. 이 의장등록출원의장은 아래와 같은 사유로 출원서 및 도면의 기재에 의하여 구체적으로 파악할 수 없어 의장법 제9조 제7항의 규정에 의하여 산업자원부령이 정하는 방식에 위반되는 것으로 인정되므로 동법 제26조 제1항 제2호 규정에 해당되어 의장등록을 받을 수 없습니다. 다만 보정서에 의하여 상기 사항을 명확하게 보정하면 그러하지 아니합니다. 생략부분 표시방법이 불충분한 것"이라고 시달하셨습니다. 귀심사관님의 상기한 의견제출통지에 대한 본 출원인은 하기와 같이 의견을 개진합니다.

2. 먼저 인용하신 참증의 도면을 살펴보면 대략 반원형의 통체가 길이방향으로 형성되어 양단에는 천정 등에 고정하기 위한 수단으로서 레버형의 지지간이 상향으로 결합되어 단순히 천장에 고정할 수 있도록 되어 있음을 알 수 있습니다.

3. 한편 이에 반해 본원의장은 형상이 비교적 인용과 유사한 것은 인정하지만 전체적으로 비교할 때 상이한 것으로 판단되며 특히 본원의장의 경우는 본체의 양단에는 행거가 고정되어 별도의 지지간을 상측으로 연결하여 상기 지지간의 상부측 고관을 이용하여 개별적으로 천장에 고정을 한 다음 하부의 행거를 연결하면 되므로 설치작업이 매우 용이할 뿐만 아니라 요부를 이루는 양단의 형상이 판이하다고 사료되는 바입니다.

4. 의장에 있어서 다소의 외관 형상이 유사하다고 할지라도 그 기능이나 사용상에 있어서 현실적으로 비합리적인 제품의 선출원으로 인해 실제 사용 가능한 후 출원의장이 등록되지 못한다면 이는 현행 의장법의 근본적인 취지에도 반하는 것이라 할 수 있는 것입니다.

5. 이러한 관점에서 양의장을 비교해보면 인용의장은 반원형의 통체 양단에 결합되는

지지간이 일체로 형성되어 형광등을 천장에 고정할 시에는 통체 전체를 완전히 조립한 상태에서 무거운 형광등으로 수평을 유지하면서 천장에 취부해야 하므로 설치작업이 매우 까다로운 단점이 있을 뿐만 아니라 형상 역시 상당한 차이가 있다고 판단됩니다.

6. 이에 반해 본원의장은 양단의 축지부에 행거를 연결하여 별도의 지지간을 이용하므로서 천장에 고정할 시 매우 용이하게 설치할 수 있는 것으로, 즉 먼저 지지간을 일정 간격으로 설치한 다음 행거를 이용하여 간단하게 조립하면 설치가 완료되는 것으로, 결국 인용의장과 대비할 때 전체적인 형상과 모양이 다소 유사한 것은 부인할 수 없으나, 용도나 기능 등을 감안할 때 인용의장에 의해 본원의장이 등록받지 못한다면 의장법 근본취지에도 반하는 것이라 판단됩니다.

7. 특히 본원의장은 단독의장으로 출원한 것이 아니고 의장등록 제0000호의 의장을 기초로 하여 유사의장으로 출원한 것임을 감안하면 본원의장은 인용하신 참증과 유사한 것이 아니라 기본의장인 의장등록 제0000호의 의장과 유사하여 본원의장은 유사의장으로 당연히 등록받을 수 있다고 확신하오니 부디 본원의장이 등록받을 수 있도록 선처하여 주시기를 간절히 앙청합니다.

8. 그리고 의견제출통지중 생략부분 표시방법이 불충분하다는 지적에 대해서는 다음과 같이 의견을 개진합니다. 의장의 생략부분의 표시는 지금까지 일관되게 표시를 해온바, 이는 본원의장의 기본의장을 기초하여 표시한 것으로 본원의장은 생략부분의 표시방법이 불충분하다는 이유로 거절됨은 부당하다고 사료되는 바입니다.

9. 이상에서 개진한 바와 같이 본원의장은 인용참증이나 생략부분 표시방법이 불충분하다는 취지에서 거절될 수 없다고 사료되오니 부디 본원의장을 등록사정하여 주시기를 앙청합니다.

카. 거절 결정서 (※의견서를 재심사하고 특허청에서 최종 거절 결정한 사항임)

발송번호 : 9-5-2000-000000

발송일자 : 2000. 00.00

특 허 청

거절 사정서

(※현재는 거절 사정서의 용어가 거절결정으로 변경됨)

출원인	성 명	이○○ (출원인코드:00000000)
	주 소	부산광역시 ○○구 0동 00번지 ○○아파트
대리인	성 명	이○○
	주 소	경북 포항시 ○○동 ○○국제특허법률사무소

출원번호 30-1999-000000

의장의 대상이 되는 물품 흑판용 형광등 케이스

이 출원은 2000. 00. 00 자 접수된 의견서에 의하여 재심사한 바 2000.0.00자 거절이유를 해소하지 못하였으므로 의장법 제26조의 규정에 의거 거절사정 합니다.

〔비고〕

2000. 00. 00

특허청 심사 1국

    의장2 심사담당관실 심사관 천○○

4. 이의신청 및 이의결정(사례)(※이의신청에 의거 의장 등록 취소된 사례)

가. 이의신청서(※ 이의신청 양식에 의거 특허청장에게 제출한 것임)

방식 심사란	담당	심사관

【서류명】	이의신청서
【수신처】	특허청장
【제출일자】	1999.. 0월 00일
【이의신청인】	
【성명】	이○○
【출원인코드】	4-1999-0000-0
【대리인】	
【성명】	이○○
【대리인 코드】	9-1999-00000-0
【사건의 표시】	
【등록번호】	30-000000-00
【등록일자】	1999. 06. 00
【의장의 대상이 되는 물품】	식품용기
【이의신청사항】	
【이의신청의취지】	별지
【신청이유】	별지
【증거방법】(	갑)제1호증 내지 (갑)제17호증
【취지】	의장법 제29조의 2의 규정에 의하여 위와 같이
	이의 신청서를 제출합니다.
	대리인 이○○ (인)
【수수료】	₩ 11,000원
【첨부서류】	1. 이의신청서 부본 1통
	2. 이의신청의 취지 및 이유서정부본 각 1통
	3. (갑)제1호증내지 (갑)제17호증 정부본 각1통
	4. 위임장 1통

나. 의장등록원부(※특허청에 의장이 등록되었다는 증명원부)

의 장 등 록 번 호	제 000000 호		
권 리 란			
표시번호	사 항		
1번	출 원 년 원 일	1999년 0월00 일	출 원 번 호	1999-00000
	원 출 원 년 월 일	1999년 0월00 일	원 출 원 번 호	1999-00000
	공 고 년 월 일	1999년 0월00 일	등 록 공 고 번 호	1999-000-00-0
	사정(심 결)년 월일	1999년 0월00 일	등 록 의 구 분	무 심 사
	의 장 의 수	기본의장 1건		
	의장의 대상이 되는 물품	일련번호	류 별	물 품
		MO1	F4620	화장품용기
	존속기간(예정)만료일	2014년 0월 00일		

<table>
<tr><td></td><td colspan="3">1999년 0월 00일 등록</td></tr>
<tr><td>2번</td><td colspan="3">(이의신청예고등록)
접수일자 : 1999년 00월 00일　　　접수번호: 1999-0000
이의신청번호 : 1999 이의 000094　　　이의신청일자 : 199년 0월 00일
이의 신청인 : 주식회사 ○ ○ ○
1999년 00월 00일 등록</td></tr>
</table>

등 록 료 란		
제 1 – 3 년분	금액 75,000 원	1999년 00월 00일 납입

의 장 권 자 란	
순위번호	사 항
1번	(등록권리자) 　　주식회사 ○ ○ ○(000000-0000000) 　　서울특별서 ○ ○구 ○ ○동 ○ ○ ○ 　　　　　　　　　　　　　　1999년 0월 00일 등록

다. 예고등록 의뢰서(※이의신청이 있다는 사실을 의장등록원부에 기재요청한 것임)

특 허 청

예 고 등 록 의 뢰 서

문 서 번 호   56000-00

수   신   관 리 국 장

참   조   등 록 과 장

제   목   예고등록의뢰

〔아 래〕

이 의 신 청 번 호   30-1999-00000

이 의 신 청 일 자   1999. 08. 00

의 장 등 록 번 호   의장 00000-00-00

이의 신청인 성 명   이○○

         주 소   경기도 동두천시 ○○동 ○○아파트

신 청 의 취 지

이건 이의신청은 이유 있다.

등록 제000000호 의장의 등록을 취소한다.

라. 이의 신청서 부본 통지(※의장권자에게 타인이 이의신청을 했다는 사실통보)

발송번호 : 9-7-1999-0000

발송일자 : 1999. 00. 00

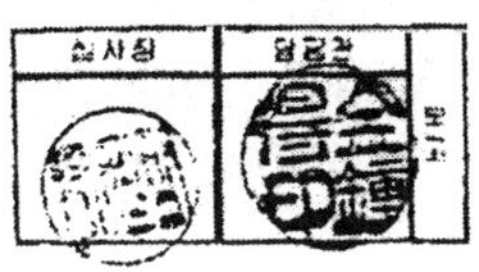

특 허 청

통 지 서

의 장 권 자   성명 양○○

                      주소 서울특별시 동작구 ○○동 ○○빌라 ○○호

관리인(대리인)   성명 ○○○

                      주소

이 의 신 청 번 호   30-1999-00000

이 의 신 청 일 자   1999. 08. 00

의 장 등 록 번 호   의장 00000-00

의장의 대상이 되는 물품 식품용기

위 의장에 대한 이의 신청서 부본을 송달하오니, 상기 제출기일까지
답변서를 제출하시기 바랍니다.

제출기일 1999. 00. 00일까지 답변서를 제출하시기 바랍니다.

〔첨 부〕

이의신청서 부본 1통 끝.

1999. 10. 00.

특 허 청   심사 1국   의장2   심사담당관실

심 사 장 ○○○

마. 이의 결정(※ 이의신청에 의거 의장등록을 취소하기로 결정한 것임)

발송번호 : 9-7-2000-00000

발송일자 : 2000. 00. 00

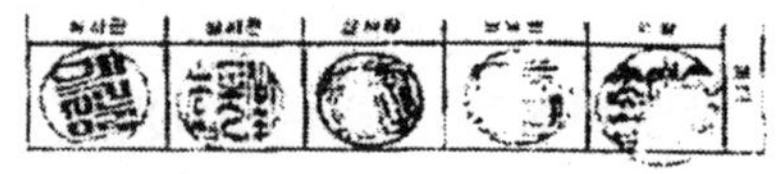

특 허 청

이 의 결 정 서

의 장 권 자	성명	양○○
	주소	서울특별시 동작구 ○○동 ○○빌라 ○○호
관리인(대리인)	성명	○○○
	주소	○○○○
이 의 신 청 인	성명	이○○
	주소	경기도 동두천시 ○○동 ○○아파트
대 리 인	성명	○○○
	주소	서울시 중구 ○○동 ○○빌딩

이 의 신 청 번 호   30-1999-00000

이 의 신 청 일 자   1999. 08. 00

의 장 등 록 번 호   의장 00000-00

의장의 대상이 되는 물품 식품용기

위 이의신청에 대하여 다음과 같이 결정합니다.

〔결 론〕

이건 이의신청은 이유 있다.

등록 제000000호 M01 의장의 등록을 취소한다.

첨부: 이의결정이유서 1부. 끝.

2000. 02. 00.

특 허 청   심사 1국   의장2   심사담당관실

심사장 이한상

심사관 이○○

심사관 이○○

바. 이의 결정 이유서 (※ 특허청에서 이의신청에 의거 등록을 취소하게 된 이유)

이의신청번호   30-1999-00000

                      30-1999-00000

의장등록번호   의장등록 제00000호

의장의 대상이

되는 물품   식품용기

의 장 권 자   양○○

대 리 인   -

이의신청인(1)   이○○

대 리 인   이○○

이의신청인(2)   ○○○○ 리미티드

대 리 인   정○○

결정의 결론   이건 이의신청은 이유 있다.

                      등록 제00000호 의장의 등록을 취소한다.

결 정 이 유

1. 이의신청인(1)은 의장등록 제00000호 의장(이하 "이건 등록의장"이라 한다.)은 의장등록출원 전에 국내에서 공지되었거나, 공연히 실시의장과 유사하여 의장법 제5조 제1항 및 제2항의 규정에 위배하여 등록되었으므로 등록이 취소되어야 하거나 이의신청인(1)이 이건 등록의장출원 전에 사업준비를 하고 있었으므로 의장법 제50조의 규정에 의거 선사용에 의한 통상실시권을 가져야 한다고 주장하면서 (갑)제1호증 내지 (갑)제17호증을 제출하였다.

2. 이의신청인(2)는 이건 등록의장은 이건 의장등록 출원 전에 국내에서 널리 알려진 이의신청인의 "○○○○"(이하 "인용저작물"이라 한다) 저작물 및도 형상표를 모방 내지 단순한 상업적 변형을 한 것에 불과하여 의장법 제5조 제2항, 제6조 제2호 및 제3호의 규정에 위배하여 등록되었으므로 그 등록이 취소되어야 한다고 주장하면서 (갑)제1호증 내지 (갑)제7호증을 제출하였다.

3. 이에 대하여 의장권자는 답변이 없다.

4. 이건 등록의장은 1999. 0. 00일 의장등록출원되어 '99. 0. 00일 무심사등록되고, '99. 0. 00일 등록공고된 것으로서 "식품용기"의 형상과 모양의 결합에 관한 것임을 등록원부 및 등록공보 사본의 기재에 이하여 알 수 있다.

5. 본 안을 살핀다.

이의신청인(1)의 이건 등록의장이 그 출원 전 공지되었거나 공연히 실시되었거나 용이창작에 해당한다는 주장에 대해서는 이의신청인(1)이 제출한 (갑) 제1호증의 증거자료를 살피건대 이를 인정할 만한 증거가 없어 해당 여부를 판단하기가 어렵다 하겠다. 그리고 이의신청인(1)이 의장법 제50조에 따른 선사용에 의한 통상실시권을 가진다는 주장에 대하서는 의장법 제29조의 2의 규정에 의한 이의 신청사유에 해당하지 아니하므로 이를 판단하지 아니한다.

의장의 본체는 이를 보는 사람의 마음에서 어떤 미적 취미감을 환기시키는 것에 있는 것이므로 의장의 유사 여부를 판단함에 있어서는 이를 구성하는 각 요소를 부분적으로 볼 것이 아니라 전체와 전체 관계에 있어서 보는 사람 마음에 환기된 미감과 인상의 유사성 여부를 따라야 하므로 그 지배적인 특징이 서로 유사하다면 세부적인 면에 있어서 다소차이가 있을지라도 양의장은 유사하다고 보아야 한다.

('87. 11. 00. 00후101 공1988, 00 판결 참조)

이러한 관점에서 이건 등록의장과 이의신청인(2)가 제출한 인용저작물의 유사 여부를

살펴보면 이건 등록의장은 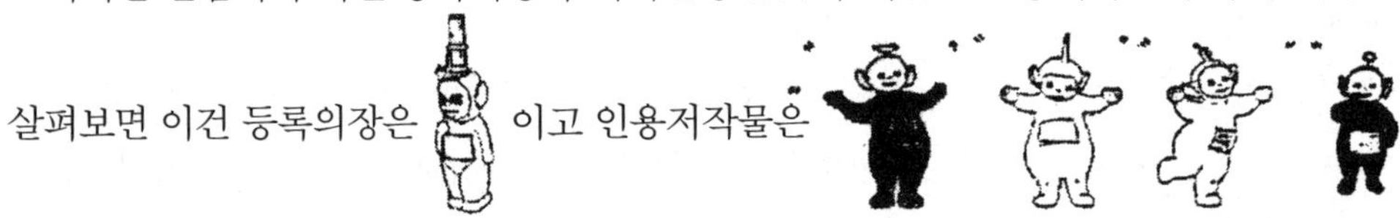 이고 인용저작물은

로서, 이건 등록의장은 젤리 또는 빙과 등을 담을 수 있는 "식품용기"로서 사람과 유사한 형상에 머리 윗부분에 원통형의 관이 결합된 형상이며 재질은 합성수지로 되어 있고, 인용저작물은 이의신청인(2)가 제출한 갑제3호증 내지 갑제7호증으로 제출한 자료에 의하여 이건 등록의장의 출원일 전에 TV방영 등을 통해 공지된 사실이 인정되고, 이건 등록의장은 인용저작물과는 머리 윗부분에 원통형의 관을 부착한 점, 귀와 손의 형상과 모양 등이 다소 차이가 있으나, 이건 등록의장이 빙과 등을 담는 식품용기라는 점을 감안할 때 이는 인용저작물에 단순한 상업적 변형을 가한 것에 불과하다고 볼 수 있으므로 이건 등록의장은 식품용기업계에 속하는 통상의 지식을 가진 자가 국내에서 널리 알려진 인용

저작물로부터 용이하게 창작할 수 있는 의장에 해당된다고 판단된다.

　나머지 이의신청인(2)가 이건 등록의장이 의장법 제6조 제2호 및 제3호의 규정에 해당한다고 주장한 것에 대해서는 이를 인정한다고 판단할 만한 증거가 부족하므로 상기 규정에 해당한다고 볼 수 없다.

　따라서 이건 등록의장은 의장법 제5조 제2항의 규정에 위배되어 등록된 것으로서 등법 제29조의 5 제3항에 의하여 그 등록이 취소되어야 한다는 이의신청인(2)의 주장은 이유 있으며 이건 등록의장은 등록을 취소한다라고 결정한다. 끝.

2000. 2. .

　특허청 심사1국 의장(2)심사담당관실

심사장 이한상

심사관 이○○

심사관 이○○

5. 권리범위 확인 심판(사례)

(※ 의장권자 또는 이해관계인이 등록의장의 보호범위를 확인하기 위한 심판)

ⓓ122,000-Y(L5-0111)

특 허 심 판 원

심　결

【심 판 번 호】　96당0000

【사 건 표 시】　등록 제000000호 의장『칸막이용 후레임』의 권리범위확인(소)

【청 구 인】　○○○

　　　　　　　서울 서대문구 ○○○ ○○

　　　　　　　대리인 변리사 ○○○

　　　　　　　서울 강남구 ○○○ ○○○ ○○

【피 청 구 인】　○○○

　　　　　　　서울 송파구 ○○○ ○○

　　　　　　　대리인 변리사 ○○○

　　　　　　　서울 서초구 ○○○ ○○○ ○

【주 문】　　　(가)호도면 및 그 설명서에 기재된 "칸막이용 후레임"은

　　　　　　　등록 제000000호 의장의 권리범위에 속하지 아니한다.

　　　　　　　심판비용은 피청구인의 부담으로 한다.

【이 유】 1. 청구인은 주문과 같은 취지의 심결을 구하고 그 이유의 요지로서 등록 제000000호 의장(이하 "이건의장"라 한다)은 출원전에 호주의 에고시스템사에 의하여 수입 유통된 것이어서 신규성이 결여된 의장이고 (가)호도면 및 그 설명서에 기재된 "칸막이 용후레임"(이하 "(가)호의장"이라 한다)은 이건의장과 비유사한 것이므로 (가)호의장은 이건의장의 권리범위에 속하지 않는 것이라고 주장하면서 (갑)제1호증 내지 (갑)제7호증 을 제출하였다.

이에 대하여 피청구인은 "이건심판청구를 기각한다. 심판비용은 청구인의 부담으로 한다."라는 취지의 심결을 구하고 그 이유의 요지로서 (가)호의장은 기본적인 이건의장 에 약간의 상업적 변형형을 한것으로서 유사한 의장이라고 답변하였다.

2. 이건의장은 1995. 0. 0. 출원, 1996. 0. 00. 등록된 것으로서 "칸막이용 후레임의 형 상 및 모양"의 결합에 관한 것임을 그 등록원부 및 출원서 사본에 의하여 알 수 있고 이 에 대비되는 (가)호의장은 (가)호설명서에 기재된 바와 같은 "칸막이용 후레임"의 형상 및 모양의 결합에 관한 것임을 알 수 있다.

3. 청구인은 이건의장과 관련하여 의장권침해중지요청을 받은 사실이 있음을 (갑)제4 호증 및 (갑)제5호증(경고장사본)에 의하여 알 수 있으므로 이건심판청구는 이해관계인에 의한 적법한 청구라 인정된다.

4. 본안을 살핀다.

이건의장과 (가)호의장의 유사 여부를 살펴보면 이건의장의 사시도는

"　　　　　　　" 같은 형상, 모양인 데 대하여 (가)호의장의 사시도는

"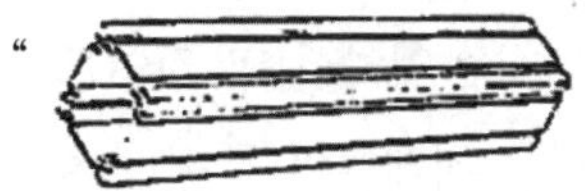" 같은 형상, 모양으로서 양 의장을 정확히 표현할 수 있는

좌우측면도을 대비관찰하여 보면 이건의장과 (가)호의장의 좌측면도(우측면도대칭)는
" ", " "와 비교될 수 있어 4모퉁이의 화살표형상 모양은 동일하나 4각의
4변중 2면이 막히고 2면을 공간으로하여 중앙에 지지부를 "ㅏ"형으로 지지한 이건의장
과 4면을 막히게 하여 전체를 지지하도록 한 형상, 모양은 단순한 상업적 변화를 넘어서
서로 새로운 형상, 모양으로서 각기 별이한 느낌을 주는 의장적 심미감이 차이가 있는 것
이라고 인정되므로 (가)호의장은 이건의장의 권리범위에 속하지 아니하는 것이라 판단
된다.

기타 당사자 간에 주장하는 바 있으나 이건심결에 영향이 없는 것이어서 그에 대한 설
시를 생략하고 심판비용은 패소자인 피청구인의 부담으로 하여 주문과 같이 심결한다.

1998. 0. 00.

심판장 심판관 신○○

주   심 심판관 이한상

심판관 노○○

6. 대법원 판례(사례)

(※양의장은 용도와 기능이 동일 또는 유사하므로 사회통념상 동종의 물품에 해당하고, 양의장은
모양, 형상이 상이하고, 이건등록의장은 창작성이 있다.)

1993. . .선고 92 후 판결(의장등록무효)

[심판청구인, 피상고인]　　○○○○(소송대리인, 변리사)

[피심판청구인, 상고인]　　○○○(소송대리인, 변리사)

[원심심결]　　특허청 항고심판소 1992. . 자 92항당 심결

[주 문]　　원심결을 파기하고 사건을 특허청 항고심판소에 환송한다.

[이 유]　　상고이유를 본다.

1. 원심결의 이유에 의하면, 원심은 등록의장이 표현된 물품과 인용의장이 표현된 물

품은 다같이 고기를 굽는 데 사용되는 것으로서 그 용도, 기능이 동일하다 할 것이므로
양 의장의 물품은 동일 또는 유사한 물품이라 인정되고 양 의장은 지배적인 요부인 몸체
내에 형성된 요철조(석쇠실) 및 몸체를 둘러싼 테두리의 형상모양이 극히 유사하여 전체
적으로 볼 때 그 감득되는 심미감이 극히 유사한 것이라 할 것이며 등록의장은 인용의장
으로부터 필요에 따라 상업적으로 변형할 수 있는 의장에 불과한 것이라 할 것이므로 판
단하여 등록의장은 인용의장에서 용이하게 창작할 수 있는 의장에 불과한 것으로 판단
하여 등록의장은 구의장법(1990.1.13 법률 제4208호로 개정되기 전의 것) 제5조 제1항 및 제
2항의 규정에 위반하여 등록된 것으로 무효라고 판시하였다.

2. 의장은 물품을 떠나서는 존재할 수 없고 물품과 일체불가분의 관계에 있으므로 의장
이 동일유사하다고 하려면 의장이 표현된 물품과 의장의 형태가 동일유사하여야 할 것인
바, 물품의 동일성 여부는 물품의 용도, 기능 등에 비추어 거래 통념상 동일종류의 물품으
로 인정할 수 있는지 여부에 따라 결정하여야 할 것이고 의장법 시행규칙(현행규칙 제9조,
1990.8.28. 개정전 규칙 제5조)소정의 물품구분표는 의장등록사무의 편의를 위한 것으로서
동종의 물품을 법정한 것은 아니라고 할 것이므로 물품구분표상 같은 유별에 속하는 물
품이라도 동일성이 없는 물품이 있을 수 있고 서로 다른 유별에 속하는 물품이라도 동일
성이 인정되는 경우가 있다고 할 것이다. (당원 1992.4.24. 선고 91 후 1144판결 참조)
또 의장은 물품의 형상·모양·색채 또는 이들의 결합으로서 시각을 통하여 미감을 불
러일으키는 것을 말하므로 이러한 물품의 외관에 관한 의장이 시각을 통하여 다른 의장
과 구별되는 새로운 미감을 불러일으키는 정도의 것이면 의장의 창작성을 갖춘 것으로
볼 수 있다.(당원 1992.6.23. 선고 92 후 56판결 등 참조)
기록에 의하여 살펴보면, 인용의장이 표현된 물품은 냄비로 사용되는 것이어서 국물을
넣고 끓일 수 있는 것이고, 등록의장이 표현된 물품은 석쇠여서 국물을 넣어 끓일 것이
전제되지 않는 것이어서 그 용도가 다른 것처럼 보이나, 인용의장의 물품이 냄비라고 하
면서도 몸체부분을 우둘투둘하도록 만들고 있는 것은 단순히 끓이기 위한 냄비가 아니
라 고기 등을 굽는 데 사용할 용도도 있다 할 것이고 나아가 고기를 굽든 끓이든 고기를
조리하기 위하여 담거나 얹는 용기라는 점에서 본다면 그 용도와 기능이 동일 또는 유사
하다고 보아야 할 것이므로 양자는 사회통념상 동종의 물품에 해당한다 할 것이다.
그러나 등록의장을 적법하게 제출된 (갑)제5호증의 2에 기재된 인용의장과 비교하여
보면, 양 의장은 전체적으로 보아 원형이고 그 몸체 내의 둥근 원부분이 블록하게 솟은

모양이며 몸체의 항목에 손잡이가 부착되어 있는 점이 같으나 등록의장은 둥근 원반형임에 비하여 인용의장이 표현된 물품은 냄비이므로 원형의 몸체 바깥에 냄비의 운두가 둥근 관체상으로 형성되어 있어 전체적인 모양이 다르고, 등록의장은 석쇠살이 일정한 간격으로 형성되어 있고 중앙부분이 약간 위로 튀어 나와서 그 표면에도 석쇠살의 형상·모양이 표현되어 있음에 비하여 인용의장이 표현된 물품은 바닥의 대부분이 블록하게 튀어나와 있고 중앙의 정부(頂部)는 오히려 편평하여 오목한 느낌이고 석쇠살이 아닌 요철조의 형상·모양이며, 등록의장이 표현된 물품은 비교적 폭이 좁은 손잡이가 테두리 안에서 바깥쪽을 향하여 경사지게 구부러져 있음에 비하여 인용의장이 표현된 물품은 냄비이므로 테두리가 아닌 운두를 갖추고 있어서 손잡이가 운두에 부착되어 있고 그 폭이 넓을 뿐만 아니라 모양 및 형상도 상이하여 양 의장에서 감득되는 심미감은 다르게 느껴지고 등록의장은 인용의장으로부터 용이하게 창작할 수 없는 것으로 보이므로 양 의장이 동일 유사한 의장이거나 등록의장이 창작성이 없는 의장이라고 할 수 없다.

그럼에도 등록의장이 그 출원 전에 일본에서 반포된 간행물에 기재된 인용의장과 유사하고 또 그 의장에 의하여 용이하게 창작될 수 있는 의장이어서 구의장법 제5조 제1항·제2항의 규정에 위배되어 그 등록이 무효라고 판시한 원심결에는 위 법규정에 관한 법리오해의 위법이 있다 할 것이므로 이 점을 지적하는 논지는 이유가 있다.

그러므로 원심결을 파기하고 사건을 특허청 항고심판소에 환송하기로 관여 법관의 의견이 일치되어 주문과 같이 판결한다.

1993. ○. ○.

재판장 대법관 ○○○
대법관 ○○○
대법관 ○○○

이건등록의장

정면도
저면도
참고시시도
A-A' 절단 단면도
정면도
(배면도는 동일)
우측면도
(좌측면도는 동일)

인용의장

정면도
저면도
평면도
우측면도
A-A' 절단 단면도

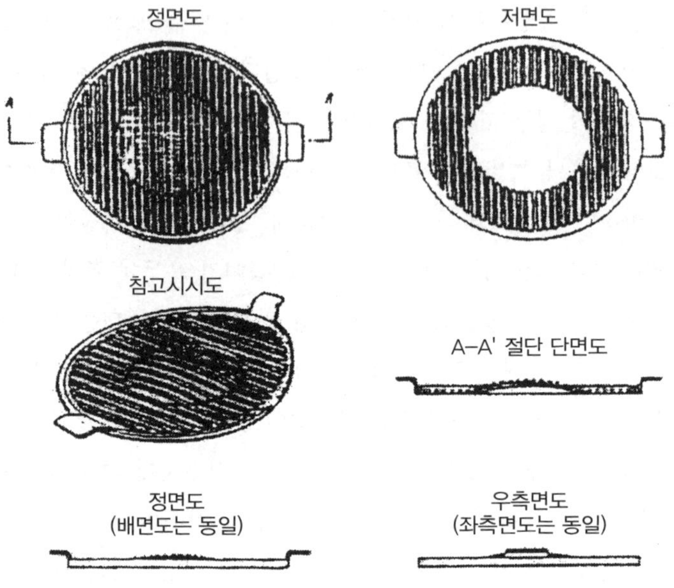

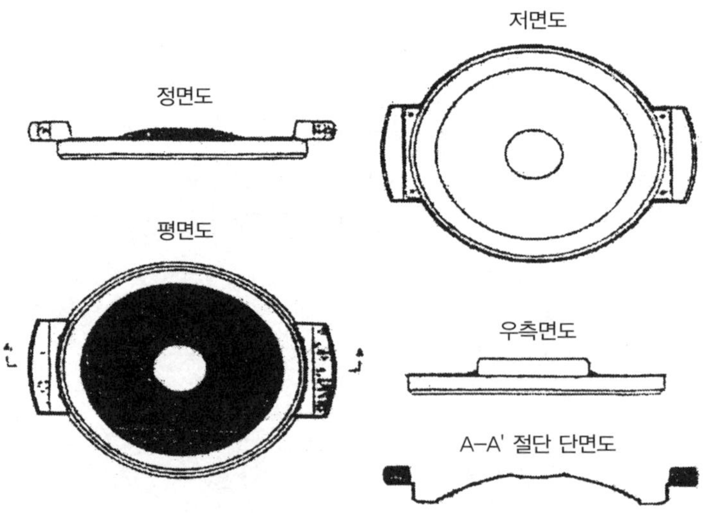

7. 부분디자인 판결사례

대법원 2013. 2. 15. 선고 2012후3343 판결 [거절결정(디)]

하나의 물품 중 물리적으로 떨어져 있는 둘 이상의 부분에 관한 디자인이더라도 그들 사이에 형태적으로나 기능적으로 일체성이 있어서 보는 사람으로 하여금 그 전체가 일체로서 시각을 통한 미감(美感)을 일으키게 한다면, 그 디자인은 디자인보호법 제 11조 제1항에서 규정한 '1디자인'에 해당한다고 할 것이므로, 1디자인등록출원으로 디자인등록을 받을 수 있다.

원심은, 휴대폰 케이스를 대상물품으로 하여 우측 [그림 1]과 같은 사시도에서 회색으로 표현된 케이스 본체 부분을 제외한 나머지 부분, 즉 대상 물품 상부의 [그림 2] 부분과 하단 뒷면에 돌출된 [그림 3] 부분만을 보호받고자 부분디자인으로 출원된 이 사건 출원디자인(출원번호 제 30-2010-0056915호)은 물리적으로 떨어져 있는 [그림 2] 부분과 [그림 3] 부분 사이에 기능적으로나 형태적으로 일체성이 없어서 하나의 디자인으로 볼 수 없으므로, 그 등록출원은 "디자인등록출원은 1디자인마다 1디자인등록출원을 하여야 한다."고 규정한 디자인보호법 제 11조 제1항에 위배된다고 판단하였다.

그러나 이 사건 출원디자인의 [그림 2] 부분과 [그림 3] 부분 사이에 형태적으로 일체성이 인정되지 아니한다는 원심의 판단은 다음과 같은 이유에서 수긍하기 어렵다. 즉 이 사건 출원디자인중 [그림 2] 부분은 이를 보는 사람이 '토끼 귀' 형상으로 쉽게 인식할 것으로 보이는 점, 실제 토끼의 전체 형상에서 꼬리 부분이 차지하는 비율에 비하여 이 사건 출원디자인 중 [그림 3] 부분이 휴대폰 케이스 전체에서 차지하는 비율이 다소 크기는 하지만 실물을 디자인하는 과정에서 어느 정도의 변형이나 과장 또는 추상화가 수반되기 마련이고, 토끼 꼬리는 뭉툭하고 둥근 털 뭉치 형상인데 이와 유사한 형상의 [그림 3] 부분은 휴대폰 케이스의 하단 뒷면에 위치하고 있는 반면 '토끼 귀' 형상의 [그림 2] 부분

[그림 1]

[그림 2]

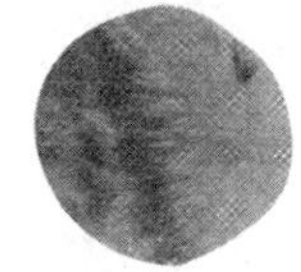

[그림 3]

은 휴대폰 케이스 상부에 위치하고 있어서, 이 사건 출원디자인을 보는 사람으로서는 [그림 3] 부분을 '토끼 꼬리' 형상으로 인식할 여지가 충분히 있는 점, 기록에 의하면 실제로 소비자들이 이 사건 출원디자인을 '토끼 형상'으로 인식하면서 [그림 3] 부분을 '꼬리'로 호칭하고 있음을 알 수 있는 점 등을 위 법리에 비추어 살펴보면, 이 사건 출원디자인은 [그림 2] 부분과 [그림 3] 부분이 물리적으로 떨어져 있더라도 이를 보는 사람이 [그림 2] 부분은 '토끼 귀'로 [그림 3] 부분은 '토끼 꼬리'로 각각 인식할 수 있어서 그들 사이에 형태적으로 일체성이 인정되고, 그로 인하여 이를 보는 사람으로 하여금 그 전체가 '토끼 형상'과 유사한 일체로서 시각을 통한 미감을 일으키게 하므로, 이 사건 출원디자인은 디자인보호법 제11조 제1항에서 규정한 '1디자인'에 해당한다고 할 것이다.[165]

---

165) 최종선, 〈2013년도 상반기 변리사 민사소송실무(상표디자인분야심결취소소송의 최근 동행 및 판례분석)〉,대한변리사, 2013, p. 139-140.

3장 │ 상표제도

I. 상표제도의 개요

1. 상표보호제도의 기원

산업재산권 중에서 그 기원이 고대에 있다고 주장되는 것은 상표로서, 법제사가는 그리스나 로마시대 및 중세의 상표 가운데서 현재의 상표법과 상표의 기원을 찾기도 한다. 즉, 선사시대에도 그 당시 제조되어 거래되던 무기·도자기, 기타 생활용품 등에서 그 제조업자를 표시하고자 하였던 표장들이 종종 발견된 것으로 기록되고 있다.[166]

상표(Brand)[167]의 어원은 소나 말 등의 목축물에 낙인하는 'Burn'에서 유래하였다고 하지만 본래 상표의 역사는 고대 이집트 시대로 거슬러 올라간다. 상표의 기원은 고대 이집트에서 사회적 관행이나 종교적 신앙으로 동물의 머리 혹은 몸통을 질그릇이나 돌그릇 등에서 새겨 수호신으로 믿어왔고 중세 유럽의 각도시에서는 상공업자 모임인 직능별 동업자인 조합원의 영업에 관한 상품이나 업무에 사용하도록 하기 위하여 기호나 표장 등과 같은 표식을 사용해왔다.

---

166) Beverly, W. Pattishall et al, 《Trade marks》, Matthew Bende, 1987, p. 9.

167) 오늘날 상표(商標)로서 알려진 브랜드(brand)는 앵글로색슨어의 동사로서 burn(태우다)에 상당하는 말에서 유래한다. 소나 말의 엉덩이에 불에 달구어진 쇠붙이로 낙인(烙印)을 찍는 관행은 오늘날까지도 남아 있다. 낙인 자체는 가축에 한정되지 않았다. 상품(商品)이 나무통에 들어 있는 경우나 혹은 죄인에 대해서도 낙인을 찍었다. 표시방법(標示方法)이 소인(燒印)이었는지는 알 수 없으나 《구약》 창세기 4:15에는 "the Lord put a mark on cain"이라는 규정이 있다. 아마 문헌상최고(文獻上最高)의 기록(記錄)일 것이다. 또 《수호지》 중 '반역시'로 알려진 송강의 시구에도 "불행이 두 볼에 금인 찍히고"라고 하여 낙인 찍힌 이야기가 나온다.

고대 그리스에서는 조각이라든가 회화, 유리세공 등에는 상표 내지 상호적인 것으로 취급될 수 있는 특징적인 것이 있으며, 로마에서도 상품에 각인된 조각이 상표나 상호의 기능을 하였으나 법적인 기초를 가진 것은 아니다. 오직 상인의 거래상의 정직과 성실(Commercial Honesty and Integrity)에 기초하였다. 그리스에서 발견된 기원전 2000년의 도기에는 그것을 제작한 도공의 마크가 새겨져 있었고, 또한 고대 이집트의 고분에서 발견된 토기에는 종교적인 심벌이 새겨져 있었다고 한다.

근세에 들어와서 서유럽에서 성행하였던 상표에 상표외장(Trade Dress)의 도시(오늘날의 상표와 같은 것으로서 성질표시를 나타내는 기술적 표장과 유사)라든가 업소의 간판(오늘날의 서비스 표 또는 기호와 유사) 등이 해당된다.

소규모 원시 공동사회에서나 단순 물물교환시대에서는 상품의 이름은 있었을 망정 상품의 얼굴이라 할 수 있는 상품의 표식인 상표는 없었다. 다만 그 시절도 도자기 등과 같은 공예품에 특수문양(무늬)을 새겨놓은 경우가 있기는 했으나 이는 타인의 도자기 등과 구별하기 위한 수단으로서가 아니고 단순 그 도자기 등의 물품자체에 미감을 주어 상품가치를 높이려 한다던가 또는 이를 통해 수요를 창출하려는 데 불과한 것으로써 오늘날과 같은 의미의 상표와는 그 기능이나 성질면에서 판이하였다. 즉, 상표의 기원은 물품의 유통과 함께 일찍이 시작되었음을 고대 이집트의 발굴품에서 볼 수 있다.[168] 다음은 시대별 발전과정을 중심으로 살펴보기로 한다.

2. 상표보호제도의 변천과정

가. 중세기전반 : 상인표의 사용

중세 초엽의 봉건사회에서는 서구대륙 무역상들이 교역상품의 소유권 주장을 위해 선형(線形)을 도형화하거나 문자를 도안화하여 구성한 상인표(Merchant's Mark)(일명: 소유표)를 사용하기 위한 사적등록제도를 채택하여 인력권으로 보호하여 왔고, 또 법률상으로도 증거력이 인정되고 있었으나 상표권을 재산권으로 인정하고 있는 오늘날과는 달랐다. 18세기 후반의 산업혁명을 거치면서 근대적 자본주의 경제의 발달과 더불어 근대적 상표제도도 점진적으로 확립, 소비자는 상품의 식별수단을 상표에서 찾으려고 했고 제조업자와 판매업자도 당연히 자기의 상표를 소비자에게 알리려고 노력을 하게 되었다.

---

168) 小野昌延,《商標法》, 青林書院, 1994, p. 20.

이렇게 되어 상표는 신용을 표시하게 되었고, 이러한 신용을 지키기 위해 상표를 하나의 재산권으로 보호할 필요가 있게 되었다.

나. 중세기 중반: 생산자의 사용

중세중엽 수공업 중심의 도시국가에서 상인 전체나 동업조합원의 상품생산활동에 대한 독점과 상품의 질·양 등을 통제하기 위한 수단으로서 그 상품에 생산표시(Production Mark)(일명 : 책임권 또는 경찰권)를 사용함으로써 자타 상품을 식별하기 위한 출처표시기능을 하기도 했으나 이는 고객흡인력에 목적이 있는 것이 아니고 단순히 소비자에게 자신의 상품임을 표시하는 정도의 것에 불과한 것이었다. 따라서 그 상표는 무체재산권이 아닌 채무적 성격이 강한 부채적 표식으로서 생산자의 권익보호 측면보다는 소비자의 이익보호 측면에 중점을 두고 있다는 점에서 오늘날의 상표제도와는 다르다.

다. 중세기후반: 상표의 사용

중세 말엽 산업혁명을 계기로 근대 자본주의 사회가 시작되면서 비로소 오늘날과 같은 상표제도가 자리를 잡게 되었다. 즉, 산업혁명을 계기로 인정된 사유재산제도를 축(軸)으로 한 근대자본주의 사회의 등장과 함께 열린 시장경제체제는 무수한 경쟁업계를 출현시켜 시장 거래질서가 위협받을 위험에까지 이르러 개인적 또는 사회적 측면에서 공감된 것이 오늘날의 상표제도이다.

서로 다른 사람에 의해 같은 상품이 만들어져 시장에 출하되어 혼재된 상태에서 거래됨으로써 그 상품이 누구에 의해, 어느 정도의 기술과 어떤 원재료로 만들어진 제품인지 소비자는 물론 경쟁업자 간에도 알 수 없는 정도가 되었다. 그 결과 신용을 모토로 하여 상품을 만든 자와 판매한 자 및 선량한 소비대중들이 피해를 입게 되었고 신용상품에 편승하려는 부도덕한 상인들이 이익을 보게 되었다. 따라서 이러한 폐단을 극복하기 위하여 출현된 것이 자기 상표임을 표시하는 상품표지인 상표이며, 이러한 상표는 상품의 출처, 상품의 생산, 판매자의 영업상의 신용표시뿐만 아니라 상품의 보증, 광고, 보호 등과 같은 재산적 기능은 물론 타인의 상품의 질·양 등을 통제하는 기능까지도 아울러 가짐으로써 보호할 만한 경제적 가치를 사회적으로 인정받기에 이르렀고 이를 보장하기 위한 법적·제도적 장치로서 상표법이 등장하게 되어 상표는 이 법에 의해 물권의 하나인 재산권, 즉 무체재산권(산업재산권 또는 지식재산권)으로 보호를 받게 된 것이다.

라. 주요국 상표제도의 창설단계

오늘날의 상표제도는 초기 자본주의와 함께 영국의 직물류공업의 길드(Guild) 구성원을 중심으로 발전한 제도로서 자기가 생산한 직물류를 타인의 직물류와 구별하기 위하여 사용해온 상표가 그 효시라고 볼 수 있다. 그러나 엄격히 말하면 상표보다는 단체표장에 의해 그 기초가 제공되었다고 보는 것이 더 옳을 것이다.

어찌되었던 그 당시의 상표보호가 오늘날과 같은 거래질서나 소비자보호 측면의 공법적 성격이 약했을 뿐만 아니라 재산권으로의 보호도 미흡했던 것으로 보인다.[169]

상품의 표지인 상표를 명실공히 재산권으로 보호하기 위한 법체제를 갖추게 된 것은 프랑스가 1857년 사용주의, 무심사 중심의 상표에 관한 법률을 제정하면서부터 영국, 미국 등 주요국에서 상표보호에 관한 법률을 제정하여 상표에 대한 법적 보호의 기틀을 마련하면서부터이다.

영국이 1862년 상표법 제정의 시발로 미국 또는 1870년 최초로 연방법으로서 상표등록에 관한 통일법이 제정된 이래 수차례의 개정을 거치면서 사용주의, 심판주의 및 출원공고주의 등을 채택하는 한편 상표에 대한 부정경쟁에 관한 규정도 두어 사실상 현행 연방법의 기조를 이루고 있다. 독일은 1874년 최초로 무심사제도를 채택한 상표보호법을 제정하여 운용하여 오다가 1894년 상품 표시의 보호법으로 바뀌었으나, 현행의 상표법(Warenzei Chen Gesetz)은 1936년에 제정된 것이다.[170]

또한 지난 1990년 10월 3일 동·서독이 통일되어 새로운 연방공화국이 탄생하였는바, 이로서 양국의 기존제도를 운용하기 위한 일련의 조치가 불가피해졌다.

그 대표적인 것이 〈지적재산권의 확장에 관한 법령(Gesetz uber die Erst- reckung von gewerblichen schutzechten)〉이 1992년 4월 23일 채택되어 5월 1일자로 발효한 것이다.[171] 이 법령은 동·서독 특허청의 통합 출원 중인 상표의 처리 문제, 등록상표권의 효력범위,

---

169) 1803년 프랑스의 공장 제조장, 작업장에 관한 법률 제16조를 보면 상표의 도용을 사문서 위조죄로 규정하고 있을 뿐이고 19세기 초의 영국이나 미국이 상표를 보통법(Common Law)에 의해 사기 부분에 대해서는 보호를 하고 있었을 뿐이다.

170) 1953년 서독이 심사주의·출원공고주의 및 등록주의와 표제권의 인정 상표권의 영업 분리 이전의 불허 등을 주요 내용으로 하는 상표법 개정을 운용하여 오다가 1967년 상표사용 강제에 관한 규정을 신설하여 5년간 불사용한 등록상표의 취소와 불사용 상표에 대한 상표권자의 이의신청 및 말소등록에 대한 소송의 억제 등을 내용으로 하는 상표법 개정을 보았다.

171) Karl H. Pilny, 《New Intellectual property Rights for a Reunified Germany》, 1992. 7 EIPR, pp. 251-254.

분쟁해결절차 등 과도기적 운영을 위한 결과조치를 담고 있다. 일본은 1884년 최초로 통일법 형태의 상표 조례가 제정된 이래 수차례의 개정을 거치면서도 줄곧 심사주의와 등록주의를 견지하면서 오늘의 상표법에 이르렀다.[172] 한편 우리나라에서 근대적인 지식재산권 보호제도가 성립된것은 1946년을 기점으로 하여 국제화의 대비시기(1기: 1946~1983), 개방과 협상시기(2기: 1984~1986) 및 새로운 도전과 대응의 시기(3기: 1987~현재)로 구분하여 설명하기도 한다. 이와 같은 시대구분은 다른 연구에서도 많이 채택하고 있다.[173]

이상과 같이 주요국들의 상표보호를 보면 상표보호에 관한 법률을 각기 제정하여 상표를 물권의 하나인 무체재산권으로 보호를 하고 있으나 각 국가마다의 정책기조나 대륙법계 국가냐 영미법계 국가냐 또는 속지주의냐 속인주의냐에 따라서 법취지나 내용 및 그 체계가 같지 않은 경우가 많아 외국에서 상표를 보호받기 위해서는 나라마다 서로 다른 절차를 밟아 출원·등록을 할 수밖에 없다.

이와 같은 불편을 없애기 위한 국제 간의 노력이 소위 조약의 체결이다.

한편 EU는 '각국법의 조화를 위한 상표지침'을 제정하였고 이에 따라 EU 각국법의 개정이 행하여지고 있다.

한편 우리나라의 상표제도는 특허·실용신안·디자인제도보다 늦게 시행되었다. 특허법은 구한말인 1908년 8월 12일 칙령 제196호로 공포된 한국특허령이 최초이며, 그러다가 1910년 8월 29일 한일합병이 되자 한국특허령은 폐지되고 동시에 특허업무도 일본정부에 흡수 취급되기에 이르렀다.

해방 후 1946년 1월 22일자로 공포된 군정법령 제44호로서 무체재산에 관한 사무를 관장하기 위하여 특허원을 창설하여 특허법제정을 위한 기초작업에 착수하여 1946년 10월 5일에 특허법이 제정 공포되었으며, 상표법은 1949년 11월 28일에 법률 제71호로 제정 공포되었다.

현재의 상표법은 그동안 개정상표법[법률제11458호,2012.6.1.제정](시행2013.6.2.)에 이르기까지 총 33회 개정되었으며 그중 3차 개정(1973년), 8차 개정(1990년)만 전부 개정이었고 나머지는 상표법제도 개선보완을 위한 개정 20회, 타법률개정과 연계개정11회로 부분적인 개정이었다. 이와 같은 빈번한 개정으로 법체계가 복잡해짐에 따라 앞으로 상

---

172) 일본에서는 1884년 상표에 관한 최초의 법인 상표조례가 제정된 이래 1888년의 상표조례, 1899년의 상표법, 1909년 상표법, 1921년 상표법, 1959년 상표법 등으로 대폭적으로 개정될 때마다 그 내용도 정비되어 왔으나, 일관하여 등록주의와 심사주의를 채용하고 있다.
173) 김희정, 〈우리나라 지적재산권보호정책에 관한 연구〉, 이화여자대학교, 석사학위논문 1994. p. 31.

표법 전면개정을 통한 정비가 필요하다고 본다. 즉, 우리상표법은 형식상 총 98개 조문 10개 장 3개 절로 되어 있으나, 실제로는 240개 조문 11개 장으로 구성되어 있다.

3. 상표제도의 목적

산업이 고도로 발전하고 상품의 유통이 엄청난 양으로 이루어짐에 따라서 상표의 기능에 관한 인식이 높아지고 국가는 상표를 보호함으로써 상품의 흐름 즉 유통질서를 유지하여 경제발전과 상표사용자 및 수요자의 이익을 돕고자 한다.

이는 동서양을 불문하고 다를바 없으며 우리나라도 이러한 목적을 달성하기 위해서 상표법을 제정하여 시행하고 있다.

우리 상표법 제1조는 이러한 취지에 맞추어 "상표를 보호함으로써 상표사용자의 업무상의 신용유지를 도모하여 산업발전에 이바지함과 아울러 수요자의 이익을 보호함을 목적으로 한다"라고 규정하여 상표제도가 ① 산업발전에 기여하고, ② 수요자의 이익을 보호하며, ③ 상표사용자를 보호한다는 목적을 뚜렷이 하고 있다.

상표는 그 자체만으로는 하등의 가치를 가지고 있는 것은 아니나 그것이 상품에 부착되어 사용되는 경우에 비로소 상표로서의 기능을 발휘하게 되어 영업상의 신용을 보호하고 유통질서를 유지함으로써 산업발전에 기여하게 되며 수요자의 이익도 보호하게 되는 것이다.

가. 산업발전에 기여

상표는 상품의 품질을 보호하기도 하고 수요자와 생산자 간에 상표를 모개(模介)로 하여 신용체계를 유지토록 한다.[174]

상품에 신용이 발생하고 유통질서가 확립되면 결국 국가산업발전에 기여하게 되는 것이다.

상표제도가 없으면 남의 잘 알려진 상표를 누구나 마구 쓰게 되어 상거래 질서가 문란해질 수밖에 없게 되므로 상품 품질의 저하를 초래하고 상품의 유통상질서가 무너지게 되어 결국 국가생산발전을 저해하게 된다.

---

174) 업무상의 신용(goodwill business)이란 고객이 선호하고 고객의 필요를 충족시켜주는 상품 및 서비스를 제공하는 업자가 계속 거래하고자 하는 인간의 기본적인 성향을 반영하는 영업상의 가치로 볼 수 있다.

나. 수요자의 이익보호

상표는 상품을 나타내는 사람의 얼굴과 같은 것으로서 생산자의 신용을 높여주고 수요자의 이익을 보호함을 목적으로 한다. 우리 일반수요자들은 상품 그 자체보다는 상표를 믿고 상품을 구입하는 것이 일반적인 경향이다.

우수한 상품에 대한 좋은 인식 때문에 도용한 동일한 상표의 상품을 구입했는데 상품의 질이 형편없어 구매자들에게 손해가 발생하는 것을 방지해주기 위해서도 동일하거나 유사한 상표의 출현은 금지되어야 한다.

이렇게 되어야만 생산자는 상표의 좋은 이미지를 관리하기 위해서 좋은 상품을 생산하게 되고 수요자는 그 상표를 믿고 상품을 사게 되므로 결국 상표는 수요자의 이익을 보호하게 되는 것이다.

다. 상표사용자(상표권자)의 보호

상표제도는 상표권을 보호해 줌으로써 상표사용자를 보호해 준다.

상표는 오랫동안 널리 사용하면 할수록 상표가 유명해져서 고객을 많이 보호하게 되는데 이때 상표사용권을 보호해 주지 않으면 유사한 상표가 출현하여 상표사용자의 신용유지가 어려워지고 수요자들은 상표사용자의 상품과 유사상품을 인식·혼동케 되어 상표사용권자에게 헤아릴 수 없는 손해를 불러일으키게 된다.

II. 상표법의 지휘 및 타법과의 관계

1. 상표법의 범위

상표법(Trade Mark Law)은 상표권의 발생·존속·소멸 및 그 구제에 관한 실체와 절차에 관한 법률로서, 이는 특허법, 실용신안법 및 디자인법 등과 함께 강학상(講學上) 명명(命名)되는 산업재산권법의 일부이다.

상표법상 보호되는 상표(Trade Mark)는, 특허법이나 실용신안법으로 보호되는 발명·고안처럼 발명자의 창작활동에 의해 얻어지는 것이 아니고, 상표 사용자의 단순한 선택에 의해 얻어지는 것인 점에서 양자는 그 본질적 차이점을 가진다.

이와 같이, 상표는 상표사용자가 단순히 선택한 것에 지나지 않지만, 그것이 법정요건에 합치되어 일단 등록이 되면, 그 상표는 독점적으로 사용할 수 있는 재산권(Property Right)으로 된다는 점에서는 양자는 하등의 차이가 없다.

현재 대부분의 산업국가에서는 이러한 상표기능의 중요성을 인식하고 각국마다 독립된 상표제도를 확립하고 자국의 상표보호를 위한 노력을 하고있다.

2. 타법과의 관계

가. 상표법의 지위

1) 공법으로서의 상표법

상표법은 공익의 보호에 중점을 두는 법이므로 공법에 속한다. 또한 상표법은 행정법의 일부로서 행정법과 밀접한 관계가 있다.

2) 특별법으로서 상표법

상표법은 공익성이 강한 법이므로 공익우선의 원칙이 적용되며 사법관계의 권리의무와는 달리 행정주체인 국가 또는 공공단체가 그 상대방인 타인에 대하여 가지는 권리의무도 그 타인의 이익을 위해서만 인정되는 것이 아니라 국가적 견지에서도 필요하여 이를 갖게 하는 것이다.

나. 상표법과 타법과의 관계

1) 상표법·실용신안법과의 관계

특허법이나 실용신안법은 자연법칙을 이용한 기술사상의 창작을 보호대상으로 하는데 대하여 상표법은 상표사용자의 업무상의 신용유지를 도모하여 산업발전에 이바지함과 아울러 수요자의 이익을 보호함을 목적으로 한다. 즉, 특허나 실용신안은 신규성이나 진보성을 갖추어야 되는데 상표는 자타 상표를 식별할 수 있는 식별성만 있으면 된다.

2) 디자인법과의 관계

디자인은 물품의 형상·모양·색채 등으로 창작된 물품외관의 미감을 보호 대상으로 하고 공지되지 아니한 신규성을 절대적인 구성요건으로 하고 있으나 상표는 신규성을 요하지 않는다.

3) 저작권법과의 관계

상표권과 저작권은 둘 다 무체재산권으로서 동일의 범주에 속하나 저작권은 문예·예술·미술 또는 음악의 범위에 속한 저작물의 저작자의 저작물을 독점 배타적으로 사용함으로써 얻어지는 영업상의 신용유지수단이다.

4) 부정경쟁방지 및 영업비밀보호에 관한 법률과의 관계

상표법이나 부정경쟁방지 및 영업비밀보호에 관한 법률이나 다같이 부정경쟁을 방지하고 경업질서를 바로잡기 위하여 마련된 제도이기는 하나 부정경쟁방지 및 영업비밀보호에 관한 법률은 무엇보다도 국내에 널리 알려진 미등록상표를 그 보호대상으로 하며, 타인의 부정경쟁행위가 있는 경우 금지청구권·손해배상청구권 등 일정한 권리를 인정함으로써 부정경쟁행위를 금지하고 공정한 경쟁질서를 유도하고자 하는 것인 데 반하여, 상표법은 국내에 널리 알려진 것과 관계없이 등록된 상표에 대하여 상표권이라는 하나의 권리를 부여하고 상표권자에게는 그 등록상표의 독점사용을 인정하는 등 등록상표의 보호를 주된 내용으로 하고 있는 점에서 양 법은 본질적인 차이가 있다 할 것이다.

그러나 국내에서 널리 알려진 등록상표의 경우 그 침해의 태양에 따라 상표법에 의한 보호수단을 강구할 수 있음(이때는 상표권 침해에 대한 보호)은 물론 그 침해가 부정경쟁을 목적으로 하는 등의 경우에는 부정경쟁방지 및 영업비밀보호에 관한 법률에 의하여도 보호될 수 있다.

5) 종자산업법과의 관계

종자산업법에서는 동법에 의한 품종보호를 받기 위하여 종자산업법에서 정한 절차에 따라 품종명칭등록원부에 등록하도록 하며 모든 품종은 하나의 고유한 품종 명칭을 가지도록 하고 또한 품종명칭등록원부에 등록되어 있는 품종명칭만을 사용하도록 하여 유통상의 혼란을 방지하도록 하고 있다.

종자산업법에 의하여 등록된 품종명칭도 상표법에 의하여 등록된 상표와 같이 독점·배타적인 권리를 인정하는 점에서는 같다고 하겠으나, 품종명칭은 반드시 품종의 존재를 전제로 한다는 점에서 상표와 다르다고 할 수 있다.

등록된 상표와 동일·유사한 표장이 종자산업법에 의하여 품종명칭으로 등록되는 것을 방지하기 위하여 종자산업법에 "품종명칭이 등록출원일보다 먼저 상표법에 의해 등록출원 중에 있거나 등록된 상표와 동일 또는 유사하여 오인 또는 혼동할 우려가 있는 품종명칭"은 등록을 받지 못하도록 규정하고 있고, 실무상으로 종자관리소는 품종명칭등록심사 시 종자산업법의 규정에 따라 선출원 또는 선등록상표의 존재 여부를 검색하고 있다.

반대로, 등록된 품종명칭과 동일·유사한 상표가 등록되는 것을 방지하기 위하여 상표 심사에서는(상표심사기준 제6조) "종자산업법에 의해 등록된 품종명칭 또는 농수산물의 품종으로 거래업계에서 널리 알려진 명칭과 동일·유사한 상표가 그 품종의 종자, 묘목 또는 이와 유사한 상품을 지정상품으로 한 경우에는 거절하는 것"으로 운용하고 있다.

6) 독점규제 및 공정거래에 관한 법률과의 관계

독점규제 및 공정거래에 관한 법률은 사업자의 시장지배적 지위의 남용과 과도한 경제력 집중을 방지하고 부당한 공동행위나 거래행위를 규제하는 것을 목적으로 1980년 12월 31일 법률 제3320호로 제정된 법률로서 사적독점(私的獨占)의 금지, 부당한 거래제한의 금지, 불공정한 거래방법의 금지를 목적으로 하고 있다.

이와 같이 독점규제 및 공정거래에 관한 법률은 경쟁제한과 불공정거래를 방지함으로써 산업발전을 도모하자는 것인 반면, 상표법은 독점권을 부여하여 산업발전 도모를 그 목적으로 하고 있어 양법의 이념상 충돌관계에 있다고 할 수 있다. 다만, 독점규제 및 공정거래에 관한 법률에서는 동법 제59조에서 적용예외 규정을 두어 저작권법, 특허법, 실용신안법, 디자인보호법 또는 상표법에 의한 권리의 행사라고 인정되는 행위에 대하여서는 이를 적용하지 않는다고 하여 상표를 소극적인 면에서 보호하고 있다.

7) 대외무역법과의 관계

대외무역법은 대외무역을 진흥하고 공정한 거래질서를 확립하여 국제수지의 균형과 통상의 확대를 도모함으로써 국민경제의 발전에 이바지함을 목적으로 1986년 12월 31일 법률 제3895호로 제정되어 1987년 7월 1일부터 시행되고 있는데, 동법은 무역업자 등이 불공정한 수출입행위를 하는 경우 그 시정의 권고나 무역업 등의 전부 또는 일부의 정지명령을 주내용으로 하고 있다.

① 국내의 법령 또는 교역대상국의 법령에 의하여 보호되는 특허권, 실용신안권, 디자인권, 상표권, 저작권, 저작인접권 및 프로그램저작권을 침해하는 물품을 수출·수입하는 행위

② 원산지를 허위로 표시한 물품을 수출·수입하는 행위 등

8) 관세법과의 관계

관세법은 관세의 부과·징수 및 수출입물품의 통관을 적정하게 하여 국민경제의 발전에 기여하고 관세수입의 확보를 기함을 목적으로 하는 법률로서 동 법률에는 수입물품에 관련되는 특허권·상표권·디자인권 등의 권리사용료가 수입물품에 관련되는 것인지의 여부, 거래조건으로 지급되는 것인지의 여부를 판단할 수 있는 기준을 정하고 있으며 그 외 원산지표시 등에 대하여도 규정하고 있다. 또한 1994년 법을 개정하여 상표권·저작권 침해물품에 대한 세관단속의 근거를 마련함으로써(동법 제146조의2) 위조상품 등 지식재산권 침해물품을 통관단계에서 단속할 수 있게 되었으며, 〈지적재산권 보호를 위한 수출입통관사무처리규정〉에서 진정상품 병행수입처리에 관하여도 규정하고 있다.**175)**

〈지적재산권 보호를 위한 수출입통관사무처리규정〉에 따르면 ① 외국의 상표권자와 국내의 상표권자가 동일인인 경우, ② 외국의 상표권자와 국내의 상표권자가 동일소유권 또는 동일지배권하에 있는 경우, ③ 세관장에 상표보호를 신청한 자가 외국의 상표권자와 ① 또는 ②호의 관계에 있는 국내상표권자로부터 전용사용권을 설정받는 경우에는 병행수입을 허용하는 것으로 규정하고 있다.**176)**

3. 상표법상 기본주의

가. 의의

상표법이 지향하는 목적이나 상표제도를 어떻게 운용할 것인가 하는 문제는 각 나라마다 산업정책 내지 상표정책에 따라 다르다 할 수 있다.

---

175) 조용식, 〈판례로 본 병행수입의 인정요건〉《특허소송연구》, 특허법원, 1999, pp. 272-273. 병행수입은 동일제품에 대한 국내·외의 가격차이 때문에 발생하며, 그 가격차이는 특허권자 등 지적재산권자의 가격정책에 기인한다. 따라서 병행수입을 일어나게 하는 동기를 제공한 것은 다름아닌 특허권자 등 지적재산권자이다. 병행수입을 인정하는지 여부는 파리조약의 규정인 속지주의나 산업재산권독립의 원칙으로부터 바로 결론이 나오는 것도 아니며, GATT 우루과이 라운드에서는 병행수입의 자유를 인정하는 것에 반대하는 선진국, 병행수입의 자유를 주장하는 발전도상국의 의견이 대립해서 그 타협으로서 WTO분쟁해결절차에 의해 해결될 수 없는 것으로 되어 있으므로 그 불인정이 WTO/TRIPs 위반도 아니다. 보편주의에 기초하여 가격경쟁을 긍정하는 입장은 국제적 소진을 긍정하는 반면 블록경제화를 인정하고 라이선스동 기화를 중시하는 입장에서는 소진을 부정한다. 따라서 병행수입의 허용 여부와 그 인정범위는 세계국가 간의 조화와 함께 우리 경제 현실과 바람직한 발전방향을 고려한 뒤 법률적 측면과 경제적 측면을 아울러 고려하여 결정되어야 할 것이다.

176) 이인종, 《상표법》, 법경사21c, 2006, pp. 69-73.

상표제도를 채택하고 있는 세계 대부분의 국가는 동 제도의 효율적인 운용을 위하여 몇 가지 기본이 되는 주의를 채택하고 있는데 권리주의, 등록주의, 선원주의, 1상표 1출원주의, 심사주의 등을 두고 있다.

나. 권리주의와 은혜주의

1) 권리주의

권리주의라 함은 상표를 사용하고자 하는 자는 누구나 상표권의 설정을 국가에 대하여 요구할 수 있고 국가는 법률상 요건을 구비한 이상 이를 거부할 수 없다는 주의를 말한다. 이와 같은 권리주의는 상표제도를 채택하고 있는 세계 대부분의 국가가 채택하고 있으며 우리 상표법도 권리주의를 취하고 있다.

2) 은혜주의

은혜주의는 권리주의에 대응되는 개념으로서 권리의 부여를 국가나 국왕의 은혜로서 생각하는 주의로서 영국에서 유래된 것이다. 은혜주의에 의할 경우 상표권은 타인의 자유를 제한하는 것이므로 본래 누구도 이와 같은 권리를 가질 수 없으며, 다만 상표권은 국가나 국왕이 특별히 은혜로서 권리를 부여해 주는 것이라고 한다.

다. 등록주의와 사용주의

1) 등록주의

등록주의라 함은 상표의 사용 여부에 관계없이 법정요건을 갖춘 상표에 대하여는 그 등록을 인정하고 상표권은 등록에 의하여 그 권리가 발생하도록 하는 주의를 말한다.

이와 같은 등록주의하에서는 최선의 출원인만이 상표등록을 받을 수 있는 선원주의가 지배함이 일반적이며 상표등록이 되면 이와 동일 또는 유사한 상표는 이를 타인이 등록받을 수 없고 그 사용도 배제된다. 등록주의 법제하에서는 상표의 사용 여부에 불문하고 불사용을 이유로 취소함에 의하여 그 등록이 취소되지 않는 한 권리는 유효하게 존속하게 된다.

2) 사용주의

사용주의라 함은 상표의 사용 사실에 의하여 상표권이 발생하도록 하는 주의를 말한다.

'상표의 사용'의 개념은 상표권의 취소유무가 다투어지는 불사용취소심판과 침해금지청구권 및 손해배상청구권을 발생시키는 침해소송의 경우에 사용되는 개념이다. 즉, 상표의 사용이 있었다고 판단한 경우에 상표권 침해소송의 경우에는 피의침해자가 침해행위의 책임을 지게 되며, 불사용취소심판에서는 상표권자의 상표등록의 취소를 면하게 되는 법적 효과가 부여되기 때문이다.

라. 선출원주의와 선사용주의

1) 선출원주의

상표권의 발생을 어디에 기초하여 인정할 것인지와 관련하여 선출원주의와 선사용주의가 있다.

선출원주의라 함은 상표가 동일 또는 유사하고 상품이 동일 또는 유사한 상품을 지정상품으로 한 2 이상의 상표등록출원이 경합하는 경우 최선출원인에게 상표등록을 허여하는 주의를 말한다.

2) 선사용주의

이에 대하여 선사용주의는 상표권의 발생을 상표의 선사용 여부에 기초하여 허여하는 주의를 말한다.

마. 심사주의와 무심사주의

1) 심사주의

심사주의라 함은 상표권의 발생에 대하여 법에서 정한 요건을 구비하였는지 여부를 특허청의 심사관으로 하여금 심사케 하고, 그것이 상표등록요건을 구비하고 부등록사유에 해당되지 아니하면 권리를 부여한다는 주의로서 세계 대부분의 국가가 심사주의를 채택하고 있다. 우리나라도 심사주의를 채택하고 있다.

2) 무심사주의

무심사주의는 상표의 등록 여부를 결정함에 있어 등록요건이나 부등록사유는 심사하지 아니하고 형식적 요건만을 심사하여 등록한 후 심판에 의하여 그 등록의 무효 여부를 다투도록 하는 제도를 말한다.

Ⅲ. 상표법상 보호되는 표장의 종류

1. 상표

상표**177)**는 기호·문자**178)**·도형**179)**·입체적 형상**180)** 또는 이들을 결합**181)**한 것 또는 이들 각각에 색채**182)**를 결합한 것(이것을 표장(標章)이라 한다)으로서 이는 상품 상표(Product Mark)와 영업표(House Mark)의 2종류로 나뉜다.

상품상표는 예컨대, 약품에 있어서, 활명수, 훼스탈 등, 자동차에 있어서, 포니, 르망, 소나타 등과 같이, 상표권자에 의하여 취급되는 상품을 표시하는 데 사용하는 표지이고, 영업표는 예컨대, 럭키, 해태, 롯데 및 Ford, Sony 등과 같이, 상표권자의 영업 내지 명칭을 표시하는 데 사용하는 표지이다.

광고업, 금융업, 보험업 등 서비스업을 표시하기 위하여 사용하는 서비스 마크(Service Mark)도 여기의 영업표의 일종이다. 2011년 개정법에서 소리, 냄새 등 시각적으로 인식할 수 없는 것 중 기호, 문자, 도형 또는 그 밖의 시각적인 방법으로 사실적(寫實的)으로

---

177) 상표의 영문은 Trademark(거래표), 독일어는 Warenzeichen(상품표), 프랑스어는 Marque de Fabrique de Commerce(복제판매표)로 표기하고 있다(이수웅, 상표법, 한국지적재산권법).

178) 문자상표란 한글 한자 외국어 로마자 숫자 등의 문자로 구성된 상표이다. 문자상표의 예로 'PRADA', 'VERSACE', 'CHANNEL NO.5', 'Google', 'SONATA', '모나미(Monami)' 등이 있다. 문자상표를 식별력이 있는 순서로 구분하면, 'Microsoft'와 같은 암시적 상표가 있다.

179) 도형상표는 동물·식물·풍경 등의 자연물이나 인공물·추상물 또는 기하학적인 도형을 근거하여 만든 로고(logo)를 도형상표라 한다. 도형상표의 예로는 벤츠자동차의 로고, 현대자동차의 로고, NIKE 신발의 로고, Apple 컴퓨터의 로고 등이 있다.

180) 입체상표는 상품 또는 용기의 외형을 입체적 형상으로 도안화하여 구성된 상표다. 입체상표라는 그것이 상품의 기능성을 갖지 않고 자타상품의 식별력을 가질 경우 상표등록을 받을 수 있다. 예를 들어, 미키마우스의 형상, KFC의 할아버지 형상, 맥도날드 햄버거 광대, 바나나 우유의 병모양 등이 있다.

181) 결합상표는 기호 문자 도형 등이 결합된 상표 또는 입체적 형상 중 2 이상이 하나로 결합되거나 이들 각각에 색채를 결합하여 구성된 상표를 말한다. 예를 들어, BMW, Audi, Microsoft, StarBucks, IBM, 아시아나항공, 대한항공 등의 상표는 결합상표이다.

182) ① WTO/TRIPs 15조 1항에 따르면 "상표는 자타 상품 및 서비스의 식별력을 가진 표지 또는 표지의 결합으로 구성된다. 성명, 문자, 숫자, 도형과 색채의 조합 및 이들의 결합"은 상표로서 등록될 수 있다. ② 색채, 즉 색채상표를 협정에 포함시키느냐의 문제는 협상 초기에 우리나라를 포함한 개도국의 반대로 논란의 대상이 되었으나 상표의 국제등록에 관한 마드리드(Madrid)협정, 상표법 통일화(Harmonization)회의에서 논의에서도 색채상표가 이미 포함되어 있거나, 포함이 긍정적으로 논의되고 있기 때문에 본 협정에서도 포함되게 된 것이다.(특허청 WTO/TRIPs 협정해설 참조). 한편 우리나라에서 색채상표의 도입은 법률 제5083호(1995. 12. 28)에서 이다. 오늘날 상표에 다양한 색채가 결합되어 사용되고 있는 거래실정에 비추어 시험에서뿐만 아니라 실무적으로도 관심이 있는 부분이다. 다만, 우리나라에서 채택되고 있는 색채상표는 선진외국과 달리 색채만으로 된 상표를 인정하지 않고 있음에 유념할 필요가 있다.

표현한 것도 상표의 범위에 포함시켰다(상표법 제2조 제1항 "다"호)

2. 서비스표

일반적으로 서비스표라 하면 개성화된 무형의 상품인 서비스의 동일성을 표시하기 위하여 서비스업을 영위하는 자(者)가 당해 서비스에 사용하는 표지를 말한다.

즉, 서비스표(Service Mark)는, 광고업, 금융업, 보험업, 토목·건축업, 수선업, 통신업, 방송업, 운송업, 특수가공업 및 연예업 등 서비스업을 타인의 그것과 식별시키기 위하여 사용하는 표지이다.

따라서, 이는 상품이나 영업을 표시하는 데 사용하는 상품상표 (Product Mark) 또는 영업표(House Mark)와는 그것을 표시하는 대상이 다르다.

3. 업무표장

업무표장(Business Emblem)이라 함은 국내에 영리를 목적으로 하지 아니하는 업무를 영위하는 자가 그 업무를 표시하기 위하여 사용하는 표장을 명한다.

여기서 영리를 목적으로 하지 아니하는 업무를 영위하는 자란 공익법인 등을 포함한 비영리업무를 영위하는 자(者)를 말한다.(적립자사, 청년회의소, 로타리크럽 등)

4. 단체표장

단체표장(Collective Mark)은, 조합이나 협회 등 단체가 그 소속 회원에 의하여 사용되고, 그 소속 회원임을 표시하기 위하여 사용하는 상표 또는 서비스표를 말한다.

단체표장은, 원래 지방적 특산품을 제조·판매하거나, 지방적으로 뭉쳐진 중소기업 또는 일반공중에게 서비스를 제공하는 업자인 조합 등이 그들의 신용에 의하여 거래자 및 일반수요자에게 그 상품 또는 서비스의 품질을 보증하고, 또, 신용(고객 흡인력)을 획득하기 위하여 사용하는 표지이다.

5. 증명표장

증명표장(certification mark)은 단체표장과 유사하며 상품이나 서비스업의 품질을 증명하기 위하여 사용하는 표장이다. 증명표장이란 상품이나 서비스업의 품질, 원산지, 생산방법이나 그 밖의 특성의 증명을 업으로 하는 자가 상품의 생산·제조·가공 또는 판매를 업으로 하는 자의 상품이나 서비스업을 영위하는 자의 서비스업이 정하여진 품질, 원산지, 생산방법이나 그 밖의 특성을 충족하는 것을 증명하는 데 사용하게 하기 위한 표장을 말한다.[183] 현행 상표의 기능은 자기의 업무와 관련된 상품을 다른 사람의 상품과 식별하도록 하는 데 중점을 두고 있어 품질인증 기능이 제한적이므로, 상표의 품질보증기능을 강화하여 소비자에게 올바른 상품의 정보를 제공하여 최적의 선택 소비가 가능하도록 하는 데에 그 의미가 있다(2011. 12. 2. 공포된 상표법에 증명표장 신설)

6. 기타

최근의 개정법에서 상표의 범위에 소리상표 및 냄새상표가 포함.

가. 소리상표(의미)

펩시콜라의 병 따는 소리, MCM 영화의 첫 장면에 등장하는 숫사자 레오의 울음소리, SK 텔레콤의 "띵띵띠딩띵" 또는 KT의 "두두두 올레"와 같은 소리도 상표로 보호받을 수 있게 되었다. 유럽공동체상표디자인청(OHIM)에 소리상표를 출원할 경우, 사실적 표현 요건을 강조하여 소리표장이 음악 또는 언어가 수반하는 음악인 경우에는 반드시 악보를 제출하여야 하며, 비음악적 소리인 경우 오실로그램, 스펙트럼, 소노그램 등으로 소리를 시각적으로 표현하거나 전자파일을 제출하여야 한다.

나. 냄새상표(의미)

제주도 감귤(천혜향)의 향기를 이용하여 피로회복용 드링크에 적용한 경우 천혜향의 냄새도 상표로 등록을 받을 수 있게 된다. 냄새상표를 최초로 인정한 사례로는 1990년 미국에서 자수용실 및 바느질용 실이 지닌 특징적 냄새에 대하여 비기능적인 한 냄새도 출처를 구별하는 상표로서 다른 요소와 달리 취급할 아무런 이유가 없다고 하여, 냄새상표의 사용에 의한 식별력을 인정하였다. 이후 레이저프린트의 토너에 대한 레몬향, 차량용 윤활유에 대한 아몬드향 등에서도 등록결정을 내렸다.

---

183) 증명표장등록출원은 이를 이전할 수 없다. 다만 해당증명표장에 대하여 법 제3조의 3에 따른 증명표장을 등록받을 수 있는 자에게 그 업무와 함께 이전하는 경우에는 특허청장의 허가를 받아 이전할 수 있다(신설 2011. 12. 2).

Ⅳ. 상표의 기능

1. 출처표시 기능

상표는 자기의 상품과 타인의 상품을 식별하는 기능을 가진다. 또 하나는 상표는 기능 면에서 보면 우선 소유표식 내지 재산표식으로 일정한 출처를 나타내기 위하여 생긴 것이라 할 수 있다.

2. 품질보증 기능

상품의 품질보증 기능은 일반 소비대중을 위한 공익상 필요에서 인정된다고 할 수 있다. 즉 출처표시 기능은 주로 상표 사용자 쪽에서 본 상표의 기능이며, 품질보증의 기능은 주로 소비자 쪽에서 본 상표의 기능이라 할 수 있다.

3. 광고선전 기능

오늘날 상품경쟁은 제품의 평준화, 균질화 경향에 따라 제품의 품질경쟁보다 오히려 제품의 광고경쟁에 더 주력하고 있는 경향이다.

4. 재산적 기능

상표는 기업의 얼굴이자 상징이기 때문에 신용을 축적하는 근본원인이 된다. 즉 주지·저명상표가 부착된 상품은 소비자의 구매력을 증가시켜 재산을 축적할 수 있게 된다. 또한 상표에 대한 재산적 행사는 상표를 그 지정상품과 함께 양도한다든가 사용권 설정 등을 통해서 양도대가, 사용권설정료, 상속재산권, 담보제공 등으로 나타난다.

5. 고객흡인 기능

이는 영·미의 판례법[184]에서 유래된 것으로서 광의로는 객관적 의미에서의 영업을

---

184) 영국의 고대 판례(1810년) : Good Will이란 "단골 고객이 옛장소로 가려고 하는 가능성을 뜻하는 데 지나지 않는다"고 판시하고 있다. 미국의 판례(1936년) : Good Will이란 "특별한 출처에서 나온 것으로 알려진 상품에 대하여 구매 대중에 의하여 나타내어지는 유리한 배려라고 정의할 수 있다"라고 판시하고 있다.

구성하는 사실상의 관계로서 재산적 가치를 가진 것을 총칭하는 개념이고 협의로는 단골거래처를 지칭하는 개념으로 이해하고 있다. 그러나 여기에서 말하는 고객흡인력은 영업의 경험, 비결, 신용, 기술, 상품의 품질 등에서 발생한 영업의 고객흡인력을 의미하는 것이다.

상표는 상품을 통하여 고객 흡인력이 축적되고 축적된 고객흡인력의 강도에 따라 상표의 저명성 여부가 결정되어 기업은 이에 큰 영향을 받는다. 저명상표는 영업의 고객흡인력의 화체물이라 할 만큼 기업의 표상이며 심장이기도 하다. 그러므로 고객흡인력이 클수록 그 상표의 저명도는 높아져 영업활동에 있어서 경쟁적 우위를 확보할 수 있는 등 경제적 가치를 증대시키는 기능으로 평가할 수 있다.

결국 상표의 기능이란 요약하면, 표식으로서의 상표의 기능을 말하는 것으로, 이러한 표식의 기능이 상품과의 관계에서 어떻게 나타나는가에 대한 문제를 의미하는 것이다. 상표의 기능은 상표를 사용함으로써 비로소 현실적으로 발휘되는 것이며, 사용기간이나 범위, 밀도 등에 비례하여 증대되고 강화되는 것으로 경제사회의 발전 및 거래현실상의 요청에 따라 변천되는 경향을 보인다.

V. 상표등록의 요건

특정의 출원상표에 대해 상표등록을 받기 위해서는, 그 출원상표는 법정의 절차적, 주체적 및 객체적 요건을 모두 구비한 것이어야 한다.

여기에서 '절차적 요건'이란, 출원의 형식에 관한 요건으로, 출원인은 행위 능력을 가진자 이어야 하고, 대리인에 의한 출원의 경우에는 그 대리인에게 특별수권(特別授權)이 있어야 하고, 출원이 법정의 방식(方式)에 적합하여야 하고 그리고 관련 수수료를 납부하여야 하는 등의 요건을 말하고, '주체적 요건'이란, 상표권의 주체가 될 수 있는 지위(자격) 즉, 권리능력에 관한 요건을 말하며, '객체적 요건'이란, 상표의 구성 자체가 상표법상의 상표이어야 하고, 자타상품의 식별력(Distinctiveness)을 가진 것이어야 하고 그리고 공익 또는 제3자와의 공평한 이익조정을 위한 부등록사유에도 해당되지 않아야 한다는 등의 요건을 말한다.

1. 주체적 요건

가. 권리능력자

1) 자연인

(1) 내국인 : 내국인은 태어나면서부터 사망할 때까지 즉, 생존하는 동안 권리 능력을 가진다.(민법 3조) 태아는 원칙적으로 권리능력을 가질 수 없으나, 상표 등록출원으로 발생한 권리 또는 상표권이 상속재산에 속하게 되어 상속순위를 정하는 경우에 있어서는 예외적으로 권리능력을 가진다. 즉, "태아는 상속순위에 관하여는 이미 출생한 것으로 본다"(민법 1000③)

(2) 외국인 : 외국인이라도 파리협약 동맹국의 국민은 내국민 대우의 원칙(National Treatment)에 의거 우리나라에서 권리능력을 가지며(파리협약 2), 그 외국인이 비동맹국의 국민일지라도 파리협약 동맹국의 영역 안에 주소 또는 영업소를 가진 자(준동맹국 국민)는 역시 우리나라에서 권리능력을 가진다.(동 3)

또한, 우리나라와의 조약체결로 상호주의 원칙을 적용 받은 비동맹국의 국민도 우리나라에서 권리능력을 가진다.

2) 법 인

법인도 정관으로 정한 목적의 범위내에서 권리의 주체가 될 수 있다.(민법 34)

나. 상표등록을 받을 수 있는 자

국내에서 상표를 사용하는 자 또는 사용하고자 하는 자는 자기의 상표에 대해 상표등록을 받을 수 있다. 다만, 특허청 직원 및 특허심판원 직원은 상속 또는 유증의 경우를 제외하고는 재직 중 상표를 등록받을 수 없다.

2. 객체적 요건

가. 상표는 자타상품의 식별력이 있어야 한다

1) 식별력의 의미

식별력(Distinctiveness)이란, 거래자나 일반수요자들로 하여금 그 상품이 누구의 업무에 관련된 상품인가를 알 수 있도록 구별시켜 주는 상표 그 자체가 지니는 구별력을 말하며 (상표법 6①) 여기에는, 상표의 구성상 본래적으로 식별력을 가지는 것도 있고, 본래에는 식별력이 없거나 있더라도 약하지만, 계속 반복적으로 사용함으로써 2차적으로 식별력 (Secondary Meaning)을 획득한 것도 있다.

2) 식별력이 없는 상표

(1) 상품의 보통명칭

"그 상품의 보통명칭을 보통으로 사용하는 방법으로 표시한 표장만으로 된 상표는 등록을 받을 수 없다." 여기서 보통명칭이란, 거래계에서 그 상품의 일반적인 명칭으로 인식되는 명칭을 말한다. 또한 보통명칭은 동종업자 및 거래자들까지도 보통명칭이란 인식을 하고 있어야 하고, 나아가 당해 상품의 거래계에 있어서 현실로 보통명칭으로 사용될 필요가 있어야 한다.

- 보통명칭의 예[185]

지정상품	상 표	지정상품	상 표
자동차 피 복	CAR 청바지	옥수수, 건과자 가구, 농 등의	콘치프 호마이카

(2) 관용상표

"그 상품에 대하여 관용하는 상표는 등록을 받을 수 없다." 여기에서 '관용표장'이라함은, 특정의 종류에 속하는 상품에 관하여 수요자나 동업자들 간에 일반적으로 사용한 결과 자타상품의 식별력을 상실한 상표를 말한다.

- 관용상표의 예[186]

지정상품	상 표	지정상품	상 표
청주 구중청량제	정종 인단(66후 7)	직물 과자	TEX, LON, RAN 깡(대판 73후 43)

(3) 성질표시적(기술적)상표[187]

"그 상품의 산지·품질·원재료·효능·용도·수량·형상·가격·생산방법·가공방법·사용

---

185) 상표관리 소홀을 틈타 경쟁업자가 무단사용한 결과 보통명칭화되는 경우 (예 : 호마이카)

186) 그 자체만으로는 자타 상품식별력이 없을 뿐만 아니라 이를 특정인에게 독점시키는 것은 공익적 견지에서 매우 부당하기 때문이다.

방법 또는 시기를 보통으로 사용하는 방법으로 표시한 표장만으로 된 상표는 등록을 받을 수 없다.”

- 성질표시적 상표의 예

  - 산지 표시[188]

지정상품	상 표	지정상품	상 표
사 과 모 시	대 구 한 산	안 경 굴 비	VIENNA 영 광

  - 품질 표시[189]

지정상품	상 표
전 상 품 환경관련상품 등 런닝셔츠 기술관련상품 호텔 등 경업업	上, 中, 下, 품질보증, 우,량,가, 특급, 특선, 특별, 일품, 명물, 순정, 원조, 우수, SUPER, DELUXE, NEW, 청정, 무공해, GREEN, BIO, 생명물 ELEGANCE BOUTIQUE(대판 94후 548) Hitec(대판 93후 1100) TRAVEL LODGE 또는 트래블 로지(대판 92후 1882)

  - 원재료 표시[190]

지정상품	상 표	지정상품	상 표
두 부 양 복	콩 WOOL	금 고 블라우스	STEEL SILK

---

187) 상품의 산지표시표장 및 상품의 특성을 설명하거나 품질·내용 등을 기술한 목적으로 표시된 표장을 기술적표장 이라고 한다.

188) 1993년 12월 15일자로 체결된 UR/TRIPs 협정에서는 상품의 명성·품질과 기타 특징이 본질적으로 지리적 근원에 기초하는 경우로서 회원국 또는 회원국의 일지역, 지방에서 생산된 상품임을 알리는 지리적 표시에 대해서는 진정한 원산지 이외의 곳에서 생산된 상품에 사용하는 행위를 원칙적으로 금지함과 동시에 그러한 상표등록을 거절·무효할 것을 요구하고 있다.

189) 당해 지정상품과의 관계에서 품질의 상태 또는 우수성을 직접적으로 표시하는 것이라고 인정되는 경우를 말하며, 상품의 품위와 등급의 표시, KS, JIS 등의 표시도 이에 포함된다.

190) 당해 원재료(주요 부표 포함)가 당해 지정상품에 현실적으로 사용되고 있거나 사용될 수 있다고 인정되는 경우를 말하며, 이때 원재료라 함은 당해 상표의 주원료 또는 주요부품은 물론 보조원료 또는 부품이라 하더라도 동 상품의 품질, 성능, 효능 등에 중요한 영향을 줄 수 있는 것을 포함한다. 현실적으로 사용되고 있지 않지만 사용될 수 있는 원재료를 표시함으로써 상품의 품질·성능 등의 오인을 유발할 경우에는 상표법 제7조 제1항 제11호도 아울러 적용한다.

– 효능표시[191]

지정상품	상표	지정상품	상표
약품 화장품	잘나 보들보들	전자렌지 전기냉장고	원터치 HITEK

– 용도표시[192]

지정상품	상 표	지정상품	상 표
비 료 콜 라	원 예 Diet Cola	축구화 가 방	Kickers 학 생

– 수량표시[193]

지정상품	상 표
일반상품 비디오테이프	2짝, 100그램, 10봉지, 3꾸러미, 325리터 L – 830(81후 55)

– 형상표시[194]

지정상품	상 표	지정상품	상 표
일반상품 연 필	소형, SLIM 4각표	의 류 신 발	POP MODE 10문

– 가격표시[195]

지정상품	상 표
일반상품	100원, 10Dollar, 5$, 백 원, 1,000¥, ₩500

191) 당해 지정상품과의 관계에서 직접적인 물품의 성능 또는 효과를 표시하는 것으로서 당해 상품의 객관적인 성능 또는 효과표시는 물론 주관적인 안락감, 쾌감 등 만족감의 표시도 포함한다.

192) 당해 지정상품의 용도를 직접적으로 표시하는 것으로서 지정상품의 사용목적, 사용처, 수요계층 또는 수요자, 다용도, 전천후 필수품, 편의품, 오락용 또는 레저용 기타 용도에 관한 기술적, 설명적인 표시를 포함한다.

193) 당해 지정상품과의 관계에서 거래사회에서 사용되고 있거나 사용될 수 있는 수량의 단위, 기호나 그 상품의 개수, 크기 또는 규격, 중량의 표시로 인정되는 경우를 말한다.

194) 당해 지정상품과의 관계에서 그 상표 또는 포장의 외형, 모양, 무늬, 규격, 색깔, 구조 등을 직접적으로 즉, 기술적 또는 설명적으로 표시한 것을 말한다.

195) 거래 사회에서 현실적으로 유통되고 있는 가격과 유통될 수 있는 가격표시로 인식되고 있는 단위 및 그 단위의 기호 등을 표시하는 것으로 인정되는 경우를 말한다.

- 생산방법·가공방법·사용방법의 표시[196]

지정상품	상 표	지정상품	상 표
햄 시 계	훈 제 정밀가공	책 상 구 두	조 립 수 제

- 시기표시[197]

지정상품	상 표	지정상품	상 표
타이어	전천후, Four Season	의 류	춘, 추, 여름, 겨울 Summer Shirt

- 형상표시[198]

ⓐ 입체적 형상에 나타난 형상이나 모양을 통하여 거래사회에서 당해 지정상품과 관련하여 동종의 상품(상품의 포장 또는 용기를 포함한다)으로 인식될 수 있는 경우에는 그 입체적 형상은 당해 물품의 일반적 형태에 해당하는 것이므로 식별력이 없는 것으로 본다.

예 시

제5류 의약품　　　　제15류 전기기타　　　　제21류 은단수납용기

ⓑ 상기 ⓐ항에 해당하는 입체적 형상에 일부 변형을 가하거나 추가적인 장식을 하였더라도 그 변형 등이 상품 또는 상품의 포장의 기능이나 심미감을 발휘하는 데 불과한

---

196) 당해 지정상품의 제도, 재배, 양식, 조립, 가공방법이나 Push, Pull, Switch, Combination 등 사용방법 등을 직접적으로 즉, 기술적·설명적으로 표시하는 것을 말한다.

197) 당해 지정상품과의 관계에서 그 상품의 판매 또는 사용의 계절, 시기, 시간 등 상품의 판매 또는 사용의 특정 또는 불특정시기를 설명적으로 표시하는 것을 말한다.

198) 상표심사 기준 제8조(성질표시상표)⑦항에서 규정(規定)하는 그 상품 또는 포장의 '형상표시(形狀表示)'라 함은 당해 지정상품(指定商品)과의 관계에서 그 상품(商品) 또는 포장의 외형, 모양(무늬를 포함한다) 및 규격(規格) 등을 직접적(直接的)으로 표시(表示)하는 것이라고 인정되는 경우에 이에 해당(該當)하는 것으로 본다. 특히 입체상표(立體商標)의 경우 그 상품 또는 포장의 외형이 당해 물품의 일반적 형태(一般的形態)를 나타내는 것이라고 인식(認識)될 때에는 이에 해당하는 것으로 본다.

것으로서 전체적인 형상의 특징을 통하여 거래사회에서 채용할 수 있는 범위를 벗어나
지 않는 것으로 인식될 경우에는 당해 입체적 형상은 전체적으로 식별력이 없는 것으로
본다.

예 시

제30류 과자   제30류 향수류

- 모든 상품에 공통적인 기술적(記述的)상표
  - BEST, No1, NICE, DELUXE, SMART, 최고, 정상, 제일 등
- 서적류의 제호(Title)에 대한 본호적용 기준

  단행본 서적의 제호(Title)는 그 제호가 직접 서적의 내용을 나타내는 것이라고 인정
  되는 경우에는 본호에서 규정하는 '품질'을 표시한 것으로 본다.

  신문, 잡지, 연보, 연감 등 동일한 제호로 연 1회 이상 계속적으로 발행되는 정기 간
  행물의 제호는 원칙적으로 본호에 해당하지 아니한 것으로 본다. 다만, 순수한 학습
  자료 또는 상업광고만을 기재하는 카탈로그 및 팸플릿 등은 정기간행물에 속하지 아
  니하는 것으로 본다.
- 식별력이 없는 예(※상표등록을 받을 수 없는 상표)
  - 산업재산권법, 경제학, 행정학, 민법총칙, 국문법, 영어, 현대문학전집, 영한사전 등
- 식별력이 있는 예(※상표등록을 받을 수 있는 상표)
  - 빙점, 토지, 서울야곡 등 소설류의 제목, 삼화영한사전, 홍길동 생활영어 등

(4) 현저한 지리적 명칭

"현저한 지리적 명칭[199] 그 약어 또는 지도만으로 된 상표는 등록을 받을 수 없다."

- 현저한 지리적 명칭의 예
  - 현저한 지리적 명칭의 경우 : OXFORD, VIENNA LINE, ROCHAS, PARIS,

---

199) 여기에서 '현저한 지리적 명칭'이라 함은 국가명, 국내의 특별시·광역시 또는 도의 명칭, 시 또는 서울특별
시의 구, 광역시의 구, 군의 명칭, 저명한 외국의 수도명, 대도시명, 주 또는 이에 상당하는 행정구역의 명
칭 그리고 현저하게 알려진 국내외의 고적지, 관광지, 번화가 등의 명칭 등과 이들의 명칭을 말한다.

HEIDELBERG, 뉴욕, MANHATTAN, GEORGIA, LONDON TOWNE (현저하게 알려진 국내외의 관광지, 고적지, 번화가 등 명칭)

(5) 흔한성 또는 명칭

"흔히 있는 성 또는 명칭을 보통으로 사용하는 방법으로 표시한 표장만으로 된 상표는 등록을 받을 수 없다."

(6) 간단하고 흔히 있는 표장

"간단하고 흔히 있는 표장만으로 된 상표는 등록을 받을 수 없다."

- 간단하고 흔히 있는 표장의 예
  - 문자상표인 경우
    · 식별력이 없는 것 : 가, 나, 취, ㅊ, ㅜ, AI, ALPHA, MT, , MEGA 등
    · 식별력이 있는 것 : 닭, 별, ACF 등
  - 숫자상표인 경우
    · 식별력이 없는 것 : 88, 伍伍, 九拾九, NINETY-NINE, 원투, ONE TWO,123, 345 등
    · 식별력이 있는 것 : 777, 888, 원화이브 쓰리, ONE FIVE THREE 등
  - 도형상표인 경우
    · 식별력이 없는 것 : ○, △, □, #, +, &, 卍, ⊙, ◎, 월계수 무늬, 봉황새, 용, 삼태극 등
    · 식별력이 있는 것 : ◈, ◍, ▣, ◤, ◎, △△

(7) 기타 식별력이 없는 표장

"위 (1)내지 (6)외에 수요자가 누구의 업무에 관련된 상품을 표시하는 것인가를 식별 할 수 없는 상표는 등록을 받을 수 없다."

- 기타 식별력이 없는 표장의 예
  - 일반적으로 쓰이는 구호, 표어, 인사말, 인칭 대명사 또는 유행어로 표시한 표장
    · 인류를 아름답게 사회를 아름답게(85후 85), 기술혁신, I CAN DO, 믿어 주셔요, Believe It or Not!(94후 173), It's Magic(94후 906)
    · 봉쥬루, MERCI(불어) = THANK YOU
    · Mr. Ms. Miss. Miz, Missy
  - 단기 또는 서기를 나타내는 문자로 표시하거나, 동년도와 혼동할 우려가 있는 표 장

· 1988, 2002, 서기 1997년

- 사람, 천연물 또는 자연물을 사진으로 표시한 표장

· 남산타워 사진, 봉황새 모양 등

(3) 사용에 의한 식별력[200]

"법 제6조 제1항 제3호(성질표시적 상표), 제5호(흔한성 또는 명칭)또는 제6호(간단하고 흔히 있는 표장)에 해당하는 상표라도, 출원전에 사용한 결과 수요자 간에 그 상표가 누구의 업무에 관련된 상품을 표시하는 것인가 현저하게 인식되어 있는 것은 그 상표를 사용한 상품을 지정상품으로 하여 상표등록을 받을 수 있다."[201]

나. 부등록사유에 해당되지 않아야 한다.(상표법 7조)

(1) 취 지

출원상표가 상표법상의 상표(상표법 2조①(1))로서 위 식별력 요건(상표법 6조)을 구비한 것이라 하더라도, 다음과 같이 일정한 경우에는 공익상 또는 타인과의 공평한 이익조정을 위하여 상표등록을 허여하지 아니한다.

(2) 부등록사유

① 국기·국장 등과 동일 또는 유사한 상표

② 국가·민족 등을 허위로 표시하는 등의 상표[202]

③ 국가 또는 공공단체의 표장과 동일 또는 유사한 상표

---

200) 식별력이 없거나 약한 상표라 하더라도 특정인이 오랜 기간에 걸쳐 자기의 상품표지로 사용함으로써 거래자·수요자에 현저하게 인식되어 거래상의 식별력을 획득할 경우 상표로서의 실질적 보호요건을 사후적으로 취득한 것으로 보아 예외적으로 그 상표등록을 인정하며, 상표법 제6조 제2항이 이를 규정하고 있다.

201) 입법예 : (1) 영국법 – '특별 현저성'의 의미를 자타 상품 식별력으로 정의하고 상표의 사용 및 그 밖의 사정으로 상표가 사실상 식별력을 갖게되면 등록을 허여하고 있다. (2) 미국법 – 출원인이 거래계에서 출원일의 5년 전부터 실질상 독점적, 계속적으로 사용함으로써 문자 본래의 의미(Primary meaning)가 아닌 특정인의 상품표지로서의 출처표시능력을 가진 파생적 의미(Secondary meaning)을 획득하면 적법한 상표로 등록받을 수 있도록 하였다. 이는 판례에 의해 인정되어오던 관습법(Common Law)상의 재산적 권리를 성문법으로 추인한 것이라 할 수 있다. (3) 독일법 – 식별력이 없는 상표라도 출원인의 상품표식으로서 거래상 통용되는 것에 대해서는 등록을 허용하고 있다.

202) 허위표시, 비방, 모욕 또는 악평등은 출원인의 이러한 목적 또는 의사의 유무를 불문하고 지정상품과 관련하여 동 상표를 사용하는 것이 사회통념상 이러한 결과를 유발할 우려가 있다고 인정되는 때에는 이에 해당하는 것으로 본다. ※ 예: ㅇ해당되는 것 : 양키, 로스케, Nigger(Negro), ㅇ해당되지 않는 것 : 인디안 (대판 89후 346)

④ 공서양속에 반하는 상표[203]

⑤ 박람회의 상패·상장등과 동일 또는 유사한 표장이 있는 상표

⑥ 저명한 타인의 성명·명칭 또는 상호, 초상, 서명, 필명 또는 이들의 약칭[204]을 포함하는 상표

⑦ 선출원에 의한 타인의 등록상표와 동일 또는 유사한 상표

⑧ 등록상표의 소멸 후 1년이 경과하지 아니한 상표, 다만, 다음의 1에 해당하는 경우에는 위 제8호의 규정은 적용하지 아니한다.(상표법 제7조)

1) 등록상표가 상표권이 소멸한 날로부터 소급하여 1년 이상 사용되지 아니한 경우

2) 등록상표가 제1항 제6호, 제9호 및 제10호, 제8조 또는 제73조 제1항 제7호의 규정에 위반된 것을 사유로 무효 또는 취소의 심결이 확정된 후 그 정당한 출원인이 상표등록출원한 경우

3) 등록상표에 대한 상표권의 존속기간갱신등록출원이 되지 아니한 채 제43조 제2항 단서의 규정에 의한 6월의 기간이 경과된 경우

⑨ 주지상표(Well-known mark)

⑩ 저명상표(famous mark)

⑪ 품질의 오인 및 수요자 기만의 염려가 있는 상표

⑫ 부정한 목적으로 사용하는 상표[205]

⑬ 상품 또는 그 포장의 기능을 나타내는 입체적 형상 상표[206]

⑭ WTO 가입국 내의 포도주·증류주의 지리적 표시로 된 상표[207]

---

203) ① 국제 간의 선린관계 또는 신뢰관계를 저해할 우려가 있는 상표 ② 상표의 구성 자체가 과격한 슬로건으로 이루어진 상표, 문자나 도형을 읽는 방법 또는 보는 방법에 따라서 일반인에게 외설적인 인상을 주거나 성적흥분 또는 수치심을 유발할 수 있는 상표(예: Smuggler, 사기꾼, 소매치기, 새치기, 뇌물 등 공중도덕 감정을 저해하는 상표)

204) 약칭이라 함은 그 약칭에 관한, 그 타인의 결정 여부를 불문하고 국내일반수요자 또는 관련 거래업계에서 그 타인으로 약칭되고 있으면 족하다고 본다(예시: 대한 주택공사=주공, 한국은행=한은, 한국토지공사=토공).

205) "국내 또는 외국의 수요자간에 특정인의 상품을 표시하는 것이라고 현저하게 인식되어 있는 상표와 동일 또는 유사한 상표로서 부당한 이익을 얻으려 하거나 특정인에게 손해를 가하려고 하는 등 부정한 목적을 가지고 사용하는 상표는 등록을 받을 수 없다."('97. 8개정법 신설)

206) "상표등록을 받고자 하는 자는 상품 또는 그 상품의 포장의 기능을 확보하는 데 불가결한 입체적 형상만으로된 상표는 등록을 받을 수 없다."('97. 8 개정법 신설) 이는 입체상표의 도입에 따른 조치로서 입체상표중 그 상품 또는 포장의 기능적 특성만을 나타낸 입체상표는 식별력을 인정할 수 없기 때문이다.

207) "WTO 가입국 내의 포도주 및 증류주의 산지에 관한 지리적 표시로서 구성되거나 동 표시를 포함하는 상표로서 포도주·증류주 또는 이와 유사한 상품에 사용하고자 하는 상표는 등록을 받을 수 없다."('97. 8

Ⅵ. 상표의 동일·유사

1. 서설

특허·실용신안은 기술에 관한 것이므로 동일성 판단만으로 족하나, 상표, 디자인의 경우에는 시각적 요소가 강하므로 그 모방이 용이하여 유사범위까지의 판단을 필요로 한다. 특히, 상표와 상품의 동일·유사 여부의 판단은, 부등록판단을 필요로 한다. 특히, 상표의 동일·유사 여부의 판단은, 부등록사유, 선원주의, 무효사유, 취소사유 및 상표권의 침해행위 등의 규정을 적용함에 있어서 요구되는 선결문제로서, 상표법 운영에 있어서 매우 중요하고도 필수적인 요소라 할 수 있다. 즉, 상표와 상품의 동일·유사 여부의 판단은 상표법의 기본원칙인 '중복등록금지의 원칙'을 실현하기 위하여 매우 중요하고도 필수적인 요소이다.

2. 상표의 동일·유사

가. 상표의 동일(同一)

1) 의의

상표의 동일은, 물리적 동일과 사회통념상의 동일로 구분할 수 있는바, 전자는 상표의 동일이란, 등록상표[208] 그 자체, 즉 상표의 구성요소인 기호·문자·도형·색채·형상 또는 이들의 결합 자체의 동일을 의미한다고 보는 견해로서, 이에 따르면, 등록상표 자체를 확대 또는 축소한 것은 동일상표이나 서체가 다른 문자상표나 원산지·상호 등이 부기된 상표는 동일상표가 아닌 것으로 본다. 반면 후자의 견해는 단순한 물리적 동일에만 구애되지 않고 사회통념상 동일성이 있는 상표는 동일하다고 보는 입장이다.

2) 적용대상 법규정

(1) 상표의 불사용으로 인한 취소심판(상표법 73조④) 시 등록상표와 동일 범위의 사용

개정법 신설) ※ 포도주 및 증류주의 지리적 표시는 상품출처의 오인·혼동의 여부와 관계없이 보호하여야 하는 것이 TRIPs상의 규정이므로 이를 이행하기 위하여 신설하였다.

208) 타인의 등록 상표라함은, 타인의 선출원에 의한 선등록상표를 말하며 후출원에 의한 선등록 상표는 이에 포함되지 아니한다.

이라 판단되면 등록은 취소되지 않는다.

(2) 상표권자의 부정사용으로 인한 취소심판(상표법 73조①(2))시 등록상표와 동일 범위의 사용이라 인정되면 등록은 취소되지 않는다.

(3) 상표권의 적극적 효력범위는 등록상표와 동일하다고 인정되는 범위에만 미친다. 따라서 타인의 등록상표와 동일한 범위의 상표를 사용을 하고 있다고 인정되면 상표권의 직접침해로 본다.

(4) 동일 범위의 상표는 보정에 있어 요지변경이 되지 않는다.

나. 상표의 유사(類似)

1) 의의

상표의 유사라 함은, 비교되는 두 상표가 서로 동일하다고는 할 수 없으나 평균수요자의 주의력을 기준으로 관찰할 때 그 칭호·외관·관념 중 어느 하나가 유사하여 거래상 상품출처의 오인·혼동의 우려가 있을 정도로 서로 근사한 것을 말한다.

2) 유사 여부 판단의 요소와 기준

(1) 상표의 유사 여부 판단은, 원칙적으로 상표의 칭호, 외관, 관념의 세 가지의 요소를 가지고 행한다. 즉, 상표의 유사 여부 판단은, 상표의 칭호, 외관, 관념 중 어느 하나가 유사하여, 거래상 상품출처의 오인·혼동의 우려가 있는 상표는 유사한 것으로 본다. 다만, 전체적으로 현격한 차이가 있어 거래상 상품출처의 오인·혼동을 일으킬 우려가 없는 것은 그러하지 아니하다.

(2) 상표의 유사 여부 판단은, 그 상표가 사용될 상품의 주된 수요계층과 기타 상품의 거래실정을 고려하여 평균수요자의 주의력을 기준으로 행한다.

(3) 결합상표의 유사 여부 판단은, 그 결합의 강약의 정도를 고려하여 다음과 같이 행한다.

- 형용사적 문자와 결합하여 구성된 상표는 원칙적으로 그 형용사적 문자가 결합하지 아니한 상표와 유사한 것으로 본다.
- 2개의 어구로 결합된 상표는 원칙적으로 각각의 부분만으로 된 상표와 유사한 것으로 본다. 다만, 2개의 어구가 일련불가분적으로 호칭되거나 인식될 때에는 그러하지 아니한다.
- 긴 문장으로 구성된 경우 그 일부만에 의하여 간략화될 가능성이 있는 상표는 원

칙적으로 그 간략화될 가능성이 있는 부분만으로 된 상표와 유사한 것으로 본다.

- 지정상품과의 관계에서 관용문자와 다른 문자가 결합하여 구성된 상표는 관용문자를 제외한 부분만으로 된 상표와 유사한 것으로 본다.

- 상호상표(상호의 약칭으로 된 상표를 포함한다)에 대해서는 상호의 일부분으로 통상 사용하는 문자 예컨대 주식회사, 상사, 회사, CO, LTD, 사, 조합, 협동조합 등의 문자(이들을 외국어로 번역한 문자도 포함한다)가 상호의 접두나 혹은 어느 부분에 결합되어 있든간에 원칙적으로 이를 제외하고 나머지 상표의 요부만에 의하여 그 유사 여부를 판단하는 것으로 한다.

- 지리적 명칭과 결합한 상호상표는 동일한 지리적 명칭이 결합되어 있는 때에도 업종이 다른 때에는 원칙적으로 유사하지 아니한 것으로 본다.

- 주지 또는 저명한 상표와 다른 문자가 결합된 상표는 원칙적으로 그 주지 또는 저명한 상표와 유사한 것으로 본다.

- 기호, 문자 또는 도형만으로 각기 구성된 상표(이들과 색채가 결합된 상표를 포함한다)와 이들을 결합한 상표 간의 대비 또는 이들을 결합한 상표들 간에 대비를 할 때의 유사 여부 판단은 도형과 기호는 외관, 칭호 및 관념에, 문자는 칭호와 관념에 중점을 두되 이들 표장간의 전체적 결합상태 그리고 문자상표의 경우는 문자의 구성, 형태 등 외관도 부수적으로 고려하여 판단한다.〈개정 96. 2. 29〉

- 한글과 외국어가 결합된 상표의 유사 여부는 그중 어느 한 부분과 타 상표의 해당 부분과의 비교 관찰에 의하여 판단한다.

- 상표의 구성부분 중 식별력이 있는 부분(작게 표시된 경우를 포함한다)과 식별력이 없는 부분(크게 표시된 경우를 포함한다)이 결합되어 있는 때에는, 후자는 고려대상에서 제외하고 나머지 식별력이 있는 부분만을 중심으로 그 유사 여부를 판단한다.

(4) 상표의 칭호의 유사 여부는 비교되는 두 상표의 음질, 음량, 음조 및 음절상의 공통성 또는 근사성의 유무에 따라 판단한다. 다만, 음질, 음량, 음조, 음절 등 판단 요소에 관한 구체적 사항은 별도로 정한다.

(5) 외국문자 상표에 관한 칭호의 유사 여부의 판단은 내국인 관례상의 칭호는 물론, 해당 외국인의 대표적인 칭호도 함께 고려하여야 한다.

(6) 도메인 이름(인터넷상 주소의 문자적 표현)으로 구성된 상표의 유사 여부는 다음 각 호에 따라 판단한다.**208)**

① 도메인 이름의 형태로 구성된 상표의 유사성에 대한 판단은 원칙적으로 상표심사

의 일반기준에 따라 심사한다.

② 표장이 도메인 이름의 형태로 구성된 경우 도메인 이름에 공통적으로 쓰이는 부분은 식별력이 없는 것으로 보아 이러한 부분을 제외한 그 나머지 부분 만으로 유사성 여부를 판단하여야 한다.

- 식별력이 없는 것 : www. http://,@, com, go, edu, org, net, kr, re, pe

(7) 표장이 입체적 형상(立體的 形狀)인 경우에는 보는 방향에 따라 인식되는 외관이 다르다는 특수성이 있으므로 다음 각호에 따라 유사 여부를 판단한다.

① 입체적 형상의 어느 특정한 방향에서 인식되는 외관이 평면표장 또는 다른 입체적 형상의 그것과 유사한 경우에는 양 표장은 유사한 것으로 본다.

② 입체적 형상의 칭호 또는 관념은 형상의 전체적인 외관만이 아니라 어느 특정한 방향에서 인식되는 외관에 의해서도 발생하는 것으로 본다.

③ 입체적 형상과 문자가 결합된 경우 원칙적으로 당해 문자부분만으로 칭호 또는 관념이 발생하는 것으로 본다.

3) 유사 여부의 판단 방법

상표의 유사 여부의 판단 방법은, 전체적·객관적·이격적 관찰을 원칙으로 하되 상표의 구성중 인상적인 부분(요부)에 대하여 비교하는 것으로 한다.

(1) 여기에서 '이격적 관찰'이라 함은, 대비적 관찰에 대응되는 개념으로, 대비적 관찰

---

209) '도메인 이름(Dormain Name)'은 인터넷의 주소로 호스트 컴퓨터에 해당하는 숫자로 된 주소(IP Address)에 알파벳 및 숫자의 일련의 결함으로 구성된다. 상표는 문자뿐만 아니라 기호·도형·입체적 형상이나 색채로 구성되나 도메인 이름은 문자·일부숫자·특수기호로만 구성되는 점에서 상이하며, 또 상표는 자타상품의 식별표지이므로 식별력이 없는 상표는 등록을 허용하지 않고 있으나 도메인 이름의 경우는 컴퓨터의 주소적 성질을 기본으로 하기 때문에 관용표장, 성질표시 표장 등도 도메인 이름으로 등록될 수 있다. 그러나 문자상표의 경우 그 구성이 도메인 이름과 유사하여 양자는 모두 상품이나 서비스업의 출처 표시 기능을 할 수 있다는 점이 유사하다. 또한 실제로 대부분의 기업의 경우 자기상호나 대표적인 상표를 도메인 이름으로 사용하고 있어 상표로서의 기능을 도메인 이름도 가지고 있는 경우가 많아 양자가 충돌하는 경우가 많다. 우리나라는 상표와 도메인 이름 간 상표법상의 조정규정을 두고 있지 않다. 다만, 당해 도메인 이름이 상호로서의 성격을 가질 경우에는 상표와 상호에 관한 상표법상의 조정규정이 적용된다 할 것이며, 도메인 이름이 상표적 기능을 수행하여 상표의 사용으로는 인정되는 경우라면 상표법이 적용된다 할 것이다. 한편, 부정한 이익을 목적으로 국내에서 널리 알려진 상표와 표지를 도용해 도메인 이름으로 등록하는 소위 사이버스쿼팅(Cyber-squating) 행위는 부정경쟁행위로 간주되어 부정경쟁방지 및 영업비밀보호에 관한 법률이 적용된다. 즉, 이는 최근 인터넷을 통한 상품판매 등의 행위가 활발해지면서 부정한 이익을 목적으로 타인의 유명상표와 동일하거나 유사한 도메인 이름을 등록 사용하는 행위가 빈번해지자 이를 부정경쟁행위로 추가하였다.(2004. 1. 20. 부정경쟁방지 및 영업비밀보호에 관한 법률 개정, 법률 제7095호).

은 양 상표를 나란히 놓고 그 유사 여부를 판단하는 방법이고, 이격적 관찰은 수요자가 불확실한 기억을 토대로 때와 장소를 달리하여, 상표를 접하는 수요자의 상표의 착각 여부를 전제로 하는 관찰방법을 말한다.

(2) '전체적 관찰'이라 함은, 상표의 유사 여부를 판단함에 있어서 주요 부분과 부기부분을 구분하여 관찰하는 것이 아니라, 상표 전체에 대해서 비교적 관찰을 함을 원칙으로 하는 것으로 말한다. 다만, 적절한 전체관찰의 결론을 유도하기 위해서 전체관찰과 병행하여 식별력 없는 윤곽이나 부기적 사항을 제외하고 식별력이 있는 요부만을 비교 대조함으로서 식별기능면에서 보아 외관, 칭호, 관념 중 어느 하나가 혼동을 일으키는지 여부에 따라 그 유사 여부를 결정하여야 한다.

(3) 요부관찰은, 전체적 관찰의 수단이므로 요부의 선정은 상표를 전체적으로 관찰했을 경우에 식별기능을 가진 부분으로 하여 결정하여야 한다. 원칙적으로 상표법 제6조 제1항 각호의 1에 해당하는 식별력이 없는 표장과 상표법 제51조 각호가 규정하는 상표권의 효력이 미치지 아니한 표장은 요부가 아니며 유사 여부를 판단하는 때에도 이 부분을 가지고 대비해서는 안 된다.

(4) '객관적 관찰'이라 함은, 상표의 유사 여부의 판단은 원칙적으로 상표 자체의 구성에 의거 객관적으로 관찰하여 행하여야 함을 말한다. 즉, 인용상표 또는 출원상표의 서체나 그 밖의 표시가 변경되어 사용된 경우 또는 특수한 방법으로 사용된 경우 또는 부정하게 사용할 의사가 있는지 여부는 고려할 필요가 없다.

(5) '평균 수요자의 주의력을 기준으로 판단'한다 함은, 상품의 종류, 성격, 형상, 구조, 크기 등 사용되는 상품의 속성이나 그 상품의 거래자층의 종류, 상품이 거래되는 업계의 상관습, 기타 거래실정도 고려한 후에 객관적으로 판단하여야 함을 말한다. 예컨대, 약제에 대해서는 독일어식 발음이, 화장품에 대해서는 프랑스어적인 발음이 많으므로 이들 상품에 대해서 사용되는 상표에 대해서는 이들 칭호도 감안하여 그 유사 여부를 판단하여야 한다.

4) 유사상표의 예 (※상호간에 서로 유사한 것은 상표등록을 받을 수 없음)

(1) 외관이 유사(similarity in appearance)한 것

    HOP = HCP   白花 = 百花

(2) 칭호가 유사(similarity in sounding)한 것

    INTERCEPTOR = 인터셉트   REVILLON = REVLON

LYSOTAN = LOSOTAN 로소탄　　　千 年 = 天 然 TVC = TBC

UNITED = UNITED FASHON　　　EVOL = EPOL TOBY = TOPY

DANYL = DAONIL　　　Leeman = Riman

PAPASHELIN = PAPAPHYLLIN　　　CHROMATRON = CHROMATONE

SAFUNEN = SAFUNENSO　　　ADEFLON = ADOPRON

COLLMA = COLEMAN　　　三 星 = SAMSUNG 光 盛 = 광 성

에네르기 = Energy　　　미쓰이 = MITSUI = み つ い

(3) 칭호가 유사하지 아니한 것

Solar≠Polr　　　TBC≠CBC　　　삼정≠미쓰이, MITSUI, み つ い

송 하≠마쓰시다

(4) 관념이 유사(similarity in concept)한 것

임금 = 王 = KING　　　平 和 = PEACE

VICTOR = VICTORY　　　三進 수랏상 = 수라(89후 1059)

Golden Spike = Golden Spur(상품:골프화)

(5) 관념이 유사하지 아니한 것

말(실존관념)≠용마(상상관념)　　　SUNSHINE≠일광(89후 1110)

동백표 Camellia(92후896)　　　화니핀 장미≠WHITE ROSE(90후4720)

(6) 결합상표로서 유사 혹은 유사하지 아니한 것

• 형용사적 문자와 결합하여 유사한 것

얼굴 = 새얼굴　　　STAR = SUPER　　　STAR 모란 = 금모란

멜로디 = MY MELODY, MELODY　　　동아 = 신동아

DIAMOND = BLUE DIAMOND

MAGIC SALON = SALON, 매직 살롱, 살롱(90후2249)

• 2개의 어구가 결합되어 유사한 것

VOLCAN DAMEO = VOLCAN 또는 DAMEO　　　ALCOS-ANAL = 아날

만수무강 = 만수 또는 무강　　　GS PIPING = G.S지에스

DONGBANGKING = DONGBANG 또는 KING

COSMO WIND = COSMO　　　농심포메이트 = 포메이트

COTY AWARDS = COTY　　　DONGBANG PLAZA = PLAZA

- 2개의 어구로 결합되어 유사하지 아니한 것

  SANOMY≠SAN 또는 NOMY   WORLD CUP≠WORLD

  SUNSTAR≠SUNMOON   SUSTAR≠MOONSTAR

  Morning Glory≠Morning 또는 Glory, (나팔꽃)

- 긴 칭호 또는 결합상표 중의 요부가 유사한 것

  Chrysanthemumbluesky = Chrysanthemum

  Cherry blossom boy = Cherry blossom

- 지정상품의 관용문자와 다른 문자가 결합되어 유사한 것

  직물지 : KINGTEX = KING

  라면 : 골드콘 = 골드, GOLD

  견직물 : 에이스란(ACELAN) = ACE

- 지리적 명칭이 결합된 상호상표로서 유사한 것

  주식회사 大成 = 대성 또는 대성공업사

  대한방직(주) = 대한모직(주) (업종이 유사한 경우)

  서울전선(주) = 서울전기(주) (업종이 유사한 경우)

  삼성중공업(주) = 삼성공업사

- 지리적 명칭이 결합된 상호 상표로서 유사하지 아니한 것

  대한모직(주)≠대한철강(주) (업종이 다른 경우)

  서울제과공업사≠서울전기공업사 (상호 등기된 경우)

5) 유사 여부 판단시점

  상표법 제7조 제1항 제7호에 의한 선출원에 의한 타인의 등록상표와 동일 또는 유사한 상표에 대한 판단시점을 출원 시 기준으로 하고 있다. 이는 행정행위의 용이성 차원에서 판단시점을 획일적으로 일원화한 것이다.

  그러나 획일적으로 출원 시를 기준으로 판단 시점을 적용하면 출원상표에 대한 등록 여부결정 시 이전에 그 상표와 저촉하는 타인의 선등록상표가 등록무효 취소 포기 등이 된 경우에도 출원을 거절하여야 한다는 불합리한 경우가 있으므로 판단시점을 출원 시 기준에서 등록 여부 결정 시로 변경하는 방안 등을 검토하는 것이 필요하다고 본다. 이는 외국의 입법례를 살펴보아도 대부분 등록 여부 결정 시를 채택(EU공동체상표법)하고 있다.

Ⅶ. 상표등록출원절차

1. 서설

상표등록출원에 있어서 과거에는 서면출원제도를 채택하였으나, 정보처리의 발달과 급속한 컴퓨터의 보급으로 1999년 1월 2일부터 특허넷시스템이 개통되어 종래의 서면 출원뿐만 아니라 FD출원 및 온라인 출원에 의한 전자출원이 가능하게 되었다. 그러나, 구두에 의한 상표등록출원은 인정되지 않는다.

2. 상표등록출원의 기재요건과 그 구비서류

가. 상표등록출원

1) 기재요건 (상표법 제9조 제1항)

상표등록을 받고자 하는 자는 다음 각호의 사항을 기재한 상표등록출원서를 특허청장에게 제출하여야 한다.

  (1) 출원인의 성명 및 주소(법인인 경우에는 그 명칭 및 영업소의 소재지)

  (2) 출원인의 대리인이 있는 경우에는 그 대리인의 성명 및 주소나 영업소의 소재지 (대리인이 특허법인인 경우에는 그 명칭, 사무소의 소재지 및 지정된 변리사의 성명)

  (3) 상표

  (4) 지정상품 및 그 류구분

  (5) 상표법 제20조 제3항에 규정된 사항(우선권주장을 하고자 하는 경우에 한하여 기재한다)

  (6) 기타 산업통상자원부령이 정하는 사항

2) 구비서류 (상표법시행규칙 제4조)

상표등록출원을 하고자 하는 자는 소정의 출원서에 다음 서류를 첨부하여 특허청장에게 제출하여야 한다.

  (1) 상표견본 1통

  (2) 단체표장의 사용에 관한 정관(단체표장등록출원시에 한한다) 1통

  (3) 업무의 경영사실을 입증하는 서면(업무표장등록출원시에 한한다) 1통

(4) 대리인에 의하여 절차를 밟는 경우에는 그 대리권을 증명하는 서류 1통

(5) 출원인은 위 각 서류 외에 색채상표·입체상표 또는 지정상품에 대한 설명서 또는 등록하고자 하는 상표를 국어로 번역하거나 음역한 설명서를 특허청장에게 제출할 수 있다.

(6) 사용에 의한 식별력을 획득한 경우에는 그 증거서류

나. 상표권존속기간 갱신등록출원

1) 기재요건 (상표법 제43조)

상표권의 존속기간갱신등록을 받고자 하는 자는 관련서류를 기재하여 상표권의 존속기간갱신등록출원서를 특허청장에게 제출하여야 한다.

2) 구비서류 (상표법시행규칙 제4조)

상표권의 존속기간갱신등록출원을 하고자 하는 자는 소정의 갱신등록출원서에 관련서류를 첨부하여 특허청장에게 제출하여야 한다.

다. 지정상품의 추가등록출원

상표권의 지정상품의 추가등록을 받고자 하는 자는 소정의 서류를 기재한 상표권의 추가등록출원서를 특허청장에게 제출하여야 한다.

3. 부적법한 출원서류 등의 반려

가. 반려사항

특허청장은 상표등록출원에 관한 서류·견본 그 밖의 물건(이하 "출원서류등"이라 한다)이 다음 사유에 해당하는 경우에는 법령에 특별한 규정이 있는 경우를 제외하고는 이를 적법한 출원 또는 심판에 관한 출원서류 등으로 보지 아니하여 반려한다.

(1) 출원 또는 서류의 종류가 불명확한 것인 경우

(2) 존속기간갱신등록출원 또는 상표등록에 관한 청구 기타의 절차를 밟는 자의 성명(법인의 경우에는 명칭) 또는 출원인코드[출원인코드가 없는 경우에는 성명 또는 주소(법인인 경우에는 그 명칭 및 영업소의 소재지)]가 기재되지 아니한 경우

(3) 국어로 기재되지 아니한 경우

(4) 상품분류전환등록신청서에 전환하여 등록받고자 하는 지정상품을 기재하지 아니한 경우

(5) 국내에 주소 또는 영업소를 가지지 아니하는 자가 상표법 제5조에서 준용하는 특허법 제5조 제1항의 규정에 의한 상표관리인에 의하지 아니하고 등록출원을 한 경우

나. 반려처분에 대한 불복

위 반려처분에 대하여 불복이 있는 때에는 행정심판법에 의한 행정심판을 제기하여 구제를 받을 수 있고, 그 행정심판의 재결에 대해서도 불복하는 때에는 행정소송법에 의한 행정소송을 제기하여 구제받을 수 있다. (행정소송은 '98. 3. 1부터는 행정법원에 제기)

4. 마드리드 의정서에 의한 국제출원

가. 국제출원절차

특허협력조약(Patent Coperation Treaty : PCT)에서 마련한 특허에 관한 국제출원 절차가 성공적으로 운영됨에 따라 상표에서도 국제간출원을 용이하게 하고자 마드리드 의정서(Protocol Relating to the Madrid Agreement Concerning the International of Marks)가 마련되었다.

우리나라는 그간 동 의정서에 가입을 유보하다가 미국 등 선진국이 가입을 적극적으로 검토하는 등 국제 여건을 감안하고 우리기업의 국제간 상표등록출원을 용이하게 하고자 2001년 1월 동 의정서에 가입을 기탁하게 되었으며, 2003년 4월부터 동 협약이 우리나라에도 발효되었다.

마드리드 의정서 제2조(1) 본문에 의하면 "체약당사국의 관청에 표장의 등록을 위한 출원이 제출된 경우 또는 그 등록의 명의인인 자는 의정서의 규정을 조건으로 세계지적재산권기구 국제사무국의 등록원부에 그 표장의 등록을 취득함으로써 체약당사국의 영역에서 그의 표장에 대한 보호를 확보할 수 있다."고 규정하고 있다.

나. 마드리드 의정서에 의한 국제출원의 특징

상표의 국제출원에 관한 마드리드 의정서는 3개의 부분으로 구성되었는데, 첫째는 본국관청으로서 특허청에 대한 절차를 규정하고 있으며, 둘째는 지정관청으로서의 특허청에 대한 절차를, 셋째는 국내등록을 국내출원으로서의 전환에 관한 절차를 규정하고 있다.

마드리드 의정서에 의하면 본국관청[210]은 국제출원인으로부터 국제출원서를 제출받아 국제출원서에 대한 형식심사를 한 후에 당해 국제출원서를 WIPO 국제사무국에 송부하며, 국제사무국은 형식심사 결과 하자가 없는 경우 이를 국제등록부에 등록하고 각 지정국에 통보한다.

국제사무국으로부터 국제상표등록출원서가 지정국관청[211]으로부터 송부되면 지정관청은 국내 법령에 의하여 국제상표등록출원을 심사하고 그 결과 거절이유가 발견되면 이를 국제사무국에 통지하여야 하는데 일정기간 이내에 거절통지를 하지 않을 경우에는 그 국제등록된 상표는 당해 지정관청에 등록된 것으로 된다.

따라서 마드리드 의정서에 의한 국제상표등록출원은 국제 간에 상표등록출원 절차가 통일되고 간소화되었을 뿐만 아니라 지정관청에서 별도의 거절통지가 없는 한 국제사무국에서 행해진 상표등록이 그대로 지정관청에서도 상표등록으로 인정된다는 점에 그 특징이 있다. 따라서 통상의 조약우선권 주장출원과의 차이점은 통상의 조약우선권 주장출원은 출원인이 출원하고자 하는 국가에 그 국가의 언어로 출원서를 작성하여 제출하여야 하며, 출원한 각 국가별로 별개의 절차에 의해 등록 여부에 대한 심사나 절차가 진행된다(1국가 1출원 시스템). 이에 비해 마드리드 의정서에 의한 국제출원은 출원인이 영어로 작성된 국제출원서를 보호받고자 하는 국가를 지정하여 본국관청을 통해 WIPO사무국에 제출하면, 마드리드 의정서에서 정한 통일된 절차에 의해 진행된다(다국가 1출원 시스템)는 점에서 통상의 국제출원과 차이가 있다.[212]

5. 출원절차상의 제원칙과 제도

가. 1상표1출원의 원칙

1) 의의

1상표1출원의 원칙이라 함은 상표등록출원에 있어서는 산업통상자원부령으로 정하는 상품류구분표상 1류구분 이상의 상품을 지정하여 상표마다 출원하여야 하는 제도를 말

---

210) 본국관청이란 국제출원이 기초로 하는 상표등록의 출원인 또는 상표등록의 권리자가 ① 당해 국가에 주소를 두거나, ② 당해 국가에 영업소를 둔 경우 그 국가의 관청(특허청, 상표청)을 말한다.
211) 지정국관청이란 국제상표등록출원인이 국제상표등록을 받고자 지정한 국가의 특허청, 상표청을 말한다.
212) 공경식, 《상표법(plus+)》, 한빛지적소유권센타, 2009, p. 446.

한다(상표법 10조①). 따라서 상표등록출원은 1출원서에 2개 이상의 상표를 기재하여 출원하여서는 아니된다.

2) 본 규정 위반의 효과

1상표1출원의 원칙에 위반한 상표등록출원은 거절된다. (상표법 23조①(1)) 그러나 심사관이 이를 간과하여 잘못 등록되었다 하더라도 무효사유로 되는 것은 아니다. (상표법 71조) 이것은 실체적 요건이 아닌 형식적 요건에 불과한 것이기 때문이다.

나. 다류1출원제도

다류1출원제도라 함은 상품류구분표에서 정하는 2 이상의 상품류 구분에 속하는 지정상품도 1출원서에 일괄 기재하여 상표마다 출원할 수 있는 제도를 말하며(상표법 10조①), 이는 동일한 상품류 구분 내에서 그 지정상품을 정하여 상표마다 출원하도록 하던 종래의 1류1출원제도에 대응되는 제도이다.[213)

다. 선원주의

1) 의의 및 취지

선원주의[214)라 함은, 동일 또는 유사한 상품에 사용할 동일 또는 유사한 상표가 다른 날에 2 이상 중복출원되어 경합되었을 때에는 가장 먼저 날짜에 출원한 자만이 그 상표에 관하여 상표등록을 받을 수 있는 주의를 말하며(상표법 8①), 이는 상표를 가장 먼저 사용한 자에게 우선적으로 상표등록이 인정되는 선사용주의[215)에 대응되는 주의이다.

본 조의 취지는 상표권은 독점배타적 권리이어서 그 성질상 동일 또는 유사한 상표는 어느 1국의 영역 안에서는 하나의 상표권만이 존재하여야 하기 때문이다. 즉, 이는 상품출처의 오인·혼동을 방지하기 위한 중복등록금지의 원칙을 실현하기 위해서이다.

---

213) 1998년 3월 1일부터 '1상표1류1출원주의'제도를 폐지하고 '1상표다류1출원주의'를 채택함에 따라 상표마다 출원하되 상표와 서비스업을 동시에 지정하여 출원할 수도 있게 되었다.

214) 선원주의라 함은 선사용주의에 대응하는 주의로서 우리나라을 비롯하여 일본이나 이탈리아 등에서 채용하고 있으며, 동일·유사한 상표가 동일·유사한 상품에 대하여 경합출원된 경우에 가장 먼저 출원한 자가 등록을 받을 수 있도록 하는 것을 말한다.

215) 선사용주의라 함은 등록출원 시기에 관계없이 상표를 먼저 사용하고 있는 자에게 그 상표의 등록을 허여하는 입법주의이다.

2) 동일자출원의 취급

동일 또는 유사한 상품에 사용할 동일 또는 유사한 상표가 같은 날에 2 이상 중복출원되어 경합되었을 때에는 출원인들의 협의에 의하여 정하여진 하나의 출원인만이 그 상표에 관하여 상표등록을 받을 수 있으며, 협의가 성립되지 아니하거나 협의를 할 수 없는 때에는 특허청장이 행하는 추첨에 의하여 결정된 하나의 출원인만이 그 상표에 관하여 상표등록을 받을 수 있다.

이것은 상표는 특허·실용신안이나 디자인의 경우와는 달리 당해 상표등록출원이 거절결정된 때에는 선원의 지위가 상실되므로(상표법 8③) 이들 경합상표보다 늦게 출원한 제3자의 동일 또는 유사한 상표가 등록되는 불합리를 제거하기 위해서이다.

3) 본 규정 위반의 효과

선원주의 규정에 저촉되는 후출원은 거절결정되어야 할 것이나, 잘못 심사하여 출원공고되었다면 이의신청의 대상이 되고(상표법 25조) 등록되었다면 무효사유가 된다.

4) 선원주의 규정의 예외

우선권 주장을 수반하는 출원(상표법 20조), 박람회에 출품한 상품에 사용한 상표의 출원(상표법 21조), 상표등록출원과 서비스표등록출원 간에 출원을 변경한 경우의 출원(상표법 19조), 출원을 분할한 경우의 출원(상표법 18조)에 대하여는 각각 출원일의 소급효가 인정된다. 즉, 최초의 출원 또는 원출원 시까지, 또는 박람회출품일까지 그 출원일이 소급된다.

5) 사용주의와 출원

미등록된 상표라도 그것이 주지·저명화[216]된 것일 때에는 이와 동일 또는 유사한 타인의 상표등록출원은 거절된다. (법 7조①(9)(10)) 이것은, 비록 우리 상표법이 선원주의 원칙을 채용하고 있다 하더라도, 이와 같은 경우는 상표의 본질적 기능인 상품 출처의 혼동을 야기시킬 우려가 있기 때문이다.

---

216) 특정인의 상품을 표시하는 것이라고 수요자 사이에 현저하게 인식되어 있는 상표를 강학상 주지상표(周知商標)라고 한다. 한편 저명상표(著名商標)라 함은 동일·유사 범위뿐만 아니라 이종상품 및 영업에 이르기까지 특정인의 상표로 수요자 사이에 널리 인식되어 있는 상표를 말하며 따라서 주지상표와는 그 오인·혼동의 범위상 차이가 있다.

라. 심사주의

심사주의는 무심사주의에 대립되는 사상(思想)이다.

심사주의는 상표를 등록허여할 것인가의 여부를 심사하여 상표의 등록 여부를 결정하는 주의이다.

이에 반하여 무심사주의는 출원의 형식이 구비되었으면 즉시 등록허여하고 요건의 구비에 대하여는 등록 후에 심판이나 재판으로 다룬다는 사상(思想)이다.

심사주의는 등록에 대한 신뢰도가 높으며 권리가 인정된다는 장점이 있는 반면 많은 수의 심사관과 자료, 비용, 시간을 요하는 단점이 있다.

마. 출원공고주의 및 이의신청주의

1) 우리나라 제도현황

상표법에는 심사 결과 거절이유를 발견한 경우에는 거절결정을 하여야 하지만. 발견할 수 없는 경우 등록결정 전에 출원공고를 하여야 한다. 이는 심사관의 심사 후에도 공고를 통한 공중의 심사를 거쳐야만 등록받을 수 있다는 원칙으로 '출원공고주의'라 한다. 특허법이나 디자인법의 구법에 의하면 출원공고주의를 택하였지만, 현재는 조속한 권리화를 위해 등록 후 공고주의에 의하고 있다. 하지만 상표등록출원 시에는 기술·창작 내용의 파악이 필요하지 않기 때문에 그다지 심사의 지연이 문제되지 않으므로 출원공고주의에 의하고 있다.

출원공고된 상표등록출원에 대해 거절이유가 있는 경우 누구든지 그 이유로 이의신청을 할 수 있다.[217] 이의신청 절차는 공중의 심사를 통해 심사의 공정성을 높이는 데에 의의가 있지만, 심사관 단독으로는 심사하거나 결정하기 어려운 이유의 경우, 즉 인용상표의 주지·저명성의 판단이나 상표법 제23조 제1항 제3호의 거절이유를 적용할 수 있다는 데에 부가적 의의를 둘 수 있다.

2) 신속한 권리 확보를 위한 제도개선 필요성

이의신청에 대한 입법례로는 크게 i) 등록전 이의신청제도와 ii) 등록후 이의신청제도가 있는데, 현행법은 등록 전 이의신청제도를 채택하고 있다(상표법 제25조). 그러나 출

---

217) 특허청장은 출원공고가 있는 날로부터 2개월 간 상표등록 출원서류 및 부속서류를 특허청에서 공중의 열람에 제공하여야 한다. 이에 따라 출원공고가 있는 경우 누구든지 출원공고가 있는 날로부터 2월 이내에 이의 신청을 할 수 있다.

원공고 건수에 대한 이의 신청률이 최근 5년간 평균 약 2.57%에 불과하여 이의신청이 없는 대다수 출원까지도 심사처리가 지연되는 사례가 있어 조속한 상표등록을 요구하는 거래계의 요구에 부합하지 못하고 있으므로 상표등록 출원에 대하여 방식심사가 완료되면 즉시 조기공고하고 이에 대하여 이의신청을 받는 "조기공고 후 실체심사 전 이의신청제도" 등으로 개정하는 방안을 검토하는 것이 필요하다고 본다.

　외국의 입법례를 보면 미국의 경우 출원공고 후 등록 전 이의신청제도를 채택하고 있고 독일의 경우 1995년 1월 1일 개정을 통하여 종전 등록 전 이의신청제도를 등록 후 이의신청제도로 변경하였으며 일본 상표법에서는 누구든지 상표게재 공보의 발행일로부터 2개월 이내에 한하여 특허청장관에게 등록 이의신청을 할 수 있다고 규정하여 권리부여 후 이의신청제도를 채택하고 있으며, 중국의 경우는 출원된 상표에 대해 형식심사와 실체심사를 통해 심사관이 하자를 발견할 수 없는 경우에는 초보심사결정(우리나라 경우 출원공고 결정을 의미함)을 하고 공고한다. 공고된 상표에 대해 이의가 있는 경우 누구든지 3개월이내에 이의신청을 할 수 있다. 즉 중국의 경우 등록 전 이의신청제도로 출원공고 후 3개월간 이의신청을 할 수 있다.

Ⅷ. 상표권의 발생 · 소멸

1. 상표권의 법적 성격

　상표권은 지정상품에 대하여 그 등록상표를 사용할 권리를 독점(獨占)하는 재산권의 일종으로서, 경업질서를 유지하기 위하여 마련된 것인 점에서 특허권 등 다른 산업재산권과 마찬가지의 성격을 가진다. 다만, 상표권은 자타상품의 식별표지인 상표(Trade Mark)의 사회경제적 기능을 보호하는 권리인 점에서 특허권 또는 실용신안권 등과는 다른 특색을 가진다. 즉, 상표권은 상표 그 자체가 아닌 상표사용자의 상표에 화체된 신용(고객흡인력)을 보호하기 위한 것인데 반해, 특허권·실용신안권 등은 개발된 신기술(발명) 자체를 직접 보호하기 위한 것인 점에서 양자는 다르다 하겠다.

2. 상표권의 발생

상표권은 설정등록에 의하여 발생한다. 특허청장은 출원인 등이 상표등록료를 납부한 때에는 상표권의 설정등록을 하여야 한다.

이와 같이 상표권도 특허권과 마찬가지로 출원에서 등록절차에 이르기까지 일련의 행정처분에 의하여 발생한다.

3. 상표권의 효력

상표권의 효력[218]에는 상표권자가 그 지정상품에 대하여 그 등록상표를 독점으로 상용할 수 있는 권리인 적극적 효력(상표법 50조)과 타인의 무단침해가 있을 경우에 민·형사상의 구제조치를 취할 수 있는 권리인 소극적 효력(상표법 65조, 66조, 67조, 69조, 70조 등)의 두 가지로 대별된다.

가. 적극적 효력

상표권자는 지정상품에 대하여 그 등록상표를 사용할 권리를 독점한다.(이것을 '전용권(專用權)'이라 한다) 다만, 상표권에 대하여 전용사용권을 설정한 때에는 그 전용사용권의 범위 안에서는 그러하지 아니하다.

나. 소극적 효력

상표권자 이외의 제3자가 법률상 정당한 권한이나 이유없이 타인의 등록상표를 임의로 사용하여 상표권을 침해(법 제65조에 의한 직접침해와 제66조에 의한 간접침해)한 경우에는 상표권자 또는 전용상표권자는 법원에 그 침해자를 상대로 민·형사소송을 제기할 수 있다.

4. 상표권의 사용권

상표권은 등록상표를 당해 지정상품에 대하여 독점배타적으로 사용·수익·처분할 수 있는 사법상(私法上)의 재산권(財産權)이다. 따라서 상표권자는 자신이 당해 등록상표를

---

218) 상표권 효력의 역사적 발전과정을 상표제도의 최초 확립국가인 영국을 중심으로 하여 살펴보면, 처음에는 단지 형법적 보호만에 의해오다가 그 후 손해배상에 의한 불법행위법(不法行爲法)을 거쳐 오늘날과 같은 소유권과 유사한 배타적 권리로서 확립되게 되었다.

지정상품에 사용하지 않고 상표권자 이외의 자에게 설정행위에서 정하는 범위 안에서 등록상표를 그 지정상품에 사용하도록 할 수 있는데 이를 '사용권제도'라 한다.

상표법에서는 그 내용에 따라 '전용사용권(exculusive license)'과 '통상사용권(non-exclusive license)'으로 나눌 수 있다. 다만, 우리나라 상표법에서는 규정하고 있지 않지만 '독점적 통상사용권(sole license)'이 있을 수 있는데 이는 한 사용권자에게만 사용권이 부여되고 권리자가 타인에게 사용권을 설정할 수 없으나 권리자 자신의 표장사용은 배제하지 않는 사용권을 의미한다.

가. 전용사용권(專用使用權)

전용사용권(exculusive license)이란 등록상표를 그 지정상품에 대하여 일정 범위 내에서 독점적으로 사용할 수 있는 권리를 말한다.

전용사용권의 설정은 일반적으로 상표권자와의 계약에 의해 성립되며, 상표권이 공유인 경우에는 전용사용권의 설정은 전원의 동의가 있어야 가능하다.

전용사용권의 설정을 받은 전용사용권자는 적극적으로는 그 설정행위로 정한 범위 안에서 지정상품에 관하여 등록상표를 독점적으로 사용할 권리를 가지며, 소극적으로는 당해 상표권을 침해하는 제3자의 사용을 금지할 수 있는 권리를 가진다.

나. 통상사용권(通常使用權)

통상사용권(non-exclusive license)이란 상표권자 이외의 제3자가 상표권자 또는 전용사용권자와 설정행위에서 정한 범위 내에서 등록상표를 그 지정상품에 대하여 사용할 수 있는 권리를 말한다.

통상사용권의 설정은 일반적으로 상표권자와의 계약에 의해 성립되며, 상표권이 공유인 경우에는 통상사용권의 설정은 전원의 동의가 있어야 가능하다.

통상사용권을 설정할 수 있는 범위로는 전용사용권과 마찬가지로 등록상표 또는 전용사용권의 '전용권의 범위'인 등록을 받은 상표 및 상품 내에서만 결정할 수 있으며, 그 금지권의 영역인 유사범위에는 미치지 아니한다.

통상사용권 설정을 받은 통상사용권자는 그 설정행위로 정한 범위 안에서 지정상품에 관하여 등록상표를 사용할 권리를 가진다.

5. 상표권의 효력의 범위

상표권의 효력은 전용권(專用權)과 금지권(禁止權)의 두 가지로 구분할 수 있다. 전용권이라 함은, 상표권자 자신이 그 등록상표를 그 지정상품에 대하여 독점적으로 사용할 수 있는 권리로서(상표법 50조, 65조) 이는 등록상표 및 그 지정상품과 동일성이 있는 범위 내에서 인정된다.

금지권이라 함은, 타인이 등록상표와 유사한 상표를 그 지정상품 또는 유사한 상품에 대하여 사용하는 것을 금지할 수 있는 권리로서(상표법 66조) 이는 등록상표 및 그 지정상품의 유사범위에 까지 인정된다. 따라서 금지권의 범위는 전용권의 범위보다 훨씬 넓다고 할 수 있다.

6. 상표권의 효력이 미치지 아니하는 범위

상표권은 다음 각호의 1에 해당하는 경우에는 그 효력이 미치지 아니한다. (상표법 51조본문)

(1) 자기의 성명·명칭 또는 상호·초상·서명·인장 또는 저명한 아호·예명·필명과 이들의 저명한 약칭을 보통으로 사용하는 방법으로 표시하는 상표. 다만, 상표권의 설정등록이 있은 후에 부정경쟁의 목적으로 그 상표를 사용하는 경우에는 그러하지 아니하다.

(2) 등록상표의 지정상품과 동일 또는 유사한 상품의 보통명칭·산지·품질·원재료·효능·용도·수량·형상(포장의 형상을 포함한다)·가격 또는 생산방법·가공방법·사용방법 및 시기를 보통으로 사용하는 방법으로 표시하는 상표.

(3) 등록상표의 지정상품과 동일 또는 유사한 상품에 대하여 관용하는 상표와 현저한 지리적 명칭 및 그 약어 또는 지도로 된 상표

(4) 등록상표의 지정상품 또는 그 지정상품의 포장의 기능을 확보하는 데 불가결한 형상·색채의 조합, 소리 또는 냄새로 된 상표.

7. 상표권의 존속과 소멸

가. 상표권의 존속기간

상표권의 존속기간은 상표권의 설정등록이 있는 날로부터 10년간이나(상표법 42조①), 갱신등록출원에 의하여 이를 10년간씩 갱신할 수 있다. (상표법 42조②)

나. 상표권의 소멸사유

1) 존속기간의 만료[219]

2) 상표권의 포기[220]

3) 상속인의 이전등록 불이행[221]

4) 상표등록의 취소[222]

5) 상표등록의 무효[223]

IX. 상표권의 침해에 대한 구제

1. 상표권 침해의 의의와 그 유형

가. 의의

상표권 침해라 함은, 상표권자 이외의 제3자가 법률상 정당한 권한(전용사용권[224] 및 통상사용권[225]) 이나 이유(법 제51조 각호의 규정에 의하여 상표권의 효력이 미치지 아니하는 범위)없이 타인의 등록상표를 임의로 사용하는 행위를 말한다.

---

219) 상표권의 존속기간은 상표권의 설정등록이 있는 날로부터 10년간이다.

220) 상표권도 재산권의 일종이므로 이를 포기할 수 있다. 따라서 상표권은 그 권리자의 포기에 의하여 소멸한다.

221) 상표권은 상표권자가 사망한 날로부터 3년 이내에 상속인이 그 상표권의 이전등록을 하지 아니한 경우에는 소멸한다.

222) 상표권은 상표등록의 취소심판에 의하여 상표권이 취소되는 경우에는 소멸한다.

223) 상표권은 등록무효심판에 의하여 상표권이 무효되는 경우에도 소멸한다.

224) 전용사용권(Exclusive License)이란, 상표권자 이외의 제3자가 상표권자와 설정행위로 정한 범위 내에서 그 등록상표를 독점배타적으로 사용할 수 있는 물권적 성질의 권리로서(법 55), 이는 양자간의 계약에 의하여 발생한다.

225) 통상사용권(Non-exclusive License)이란, 상표권자 이외의 제3자가 상표권자 또는 전용사용권자와 설정행위로 정한 범위 내에서 그 등록상표를 단지 사용할 수 있음에 그치는 채권적 성질의 권리를 말한다. (상표법 57)

나. 유형

1) 직접침해(등록상표의 전용권에 대한 침해)

이는, 상표권자 이외의 제3자가 법률상 정당한 권한이나 이유없이 임의적으로 타인의 등록상표와 동일한 상표를 그 지정상품과 동일한 상품에 사용하는 행위를 말한다(상표법 65조). 이것은 상표권의 본래적 침해행위라 할 수 있다.

2) 간접침해(등록상표의 금지권에 대한 침해)

이는, 상표권자 이외의 제3자가 정당한 권한이나 이유없이 임의적으로 ⅰ) 타인의 등록상표와 동일한 상표를 그 지정상품과 유사한 상품에 사용하거나, 타인의 등록상표와 유사한 상표를 그 지정상품과 동일 또는 유사한 상품에 사용하는 행위(상표법 66조(1))와, ⅱ) 타인의 등록상표와 동일 또는 유사한 상표를 그 지정상품과 동일 또는 유사한 상품에 사용할 목적이나 사용하게 할 목적으로 교부 또는 판매하거나 위조·모조 또는 소지하는 행위(상표법 66조(2)) 및 ⅲ) 타인의 등록상표를 위조 또는 모조할 목적이나 위조 또는 모조하게 할 목적으로 그 용구를 제작·교부·판매 또는 소지하는 행위를 각각 말한다(상표법 66조(3)). 이것은, 등록상표의 기능을 보다 충실하게 보호하기 위하여 상표권 침해의 예비단계에 있는 일정행위에 대하여도 그 상표권을 침해하는 것으로 법률상 간주하는 것이다.

2. 상표권 침해에 대한 구제방법

가. 민사상의 구제

1) 침해금지 또는 예방청구권

(1) 의의

상표권자 또는 전용사용권자는 자기의 권리를 침해한 자 또는 침해할 우려가 있는 자에 대하여 그 침해의 금지 또는 예방을 청구할 수 있는데, 이것을 침해금지 또는 예방청구권이라 한다. (상표법 65조①).**226)**

---

226) 침해금지 또는 예방청구권은 상표권의 배타적 권리성에 기인하는 것으로서 상표권의 존재를 전제로 하여 성립되는 독립된 준물권적 청구권(準物權的 請求權)으로서의 성격을 지닌다.

한편, 상표법 제65조 제1항의 침해금지 또는 예방을 청구할 때에는 그 침해행위를 조성한 물건의 폐기, 침해행위에 제공된 물건의 제거 기타 침해의 예방에 필요한 행위를 청구할 수 있다(상표법 65조②).

이와 같이, 법이 상표권 침해행위로 인한 피해자에게 침해금지 또는 예방청구권 등을 인정하는 것은 권리자에게 하나의 방어권을 부여한 것이라 할 수 있는 바, 그 청구의 범위는 당해 상표권 침해행위의 금지 또는 예방을 위해 필요한 한도 내에서 인정되어야 한다.

그리고 동조 제2항의 규정에 의한 폐기·제거청구권은 침해행위의 재발을 방지하기 위한 부대적(附帶的) 청구권이므로 이를 독립하여 청구할 수는 없고 항상 동조 제1항의 침해금지 또는 예방청구권과 함께 청구하여야 한다.

(2) 요건

① 고의·과실의 유무를 막론하고 객관적으로 위법한 상표침해행위가 존재하여야 한다.

② 현실로 상표권이 침해되거나 침해될 우려가 있어야 한다.

③ 침해금지 또는 예방의 청구는 상표권자 또는 전용사용권자에 의한 것이어야 한다(상표법 65조①). 한편, 외국인도 파리협약의 동맹국의 국민이라면 청구할 수 있으며, 비동맹국의 국민일지라도 동맹국 안에 주소나 영업소를 가진 자는 이를 청구할 수 있다(파리협약 2조, 3조).

(3) 효과

상표권의 침해행위로 인해 피해를 입은 상표권자 또는 전용사용권자는 법원에 침해금지 또는 예방을 청구할 수 있음과 동시에, 그 침해행위를 조성한 물건의 폐기, 침해행위에 제공된 설비의 제거 기타 침해의 예방에 필요한 행위를 청구할 수 있다(상표법 65①, ②).

2) 손해배상청구권

(1) 의의

고의 또는 과실에 의한 상표권 침해행위로 인해 손해를 입은 상표권자 또는 전용사용권자는 법원에 그 침해자를 상대로 자기가 입은 손해의 배상을 청구할 수 있는데, 이를 손해배상청구권이라 한다.

(2) 요건

① 침해자에게 고의 또는 과실이 있어야 한다. 여기에서 고의라 함은, 그 자신의 행위

가 타인의 상표권의 침해행위로 된다는 것을 알면서도 일부러 그 행위를 하는 심리상 태를 말하고, 과실이라 함은 자신의 행위가 상표권 침해행위로 된다는 것을 알아야 하 는데 부주의로 알지 못하고 그 침해행위를 하는 것을 말한다.

② 객관적으로 위법한 침해행위가 존재하여야 한다.

③ 침해행위로 권리자의 이익이 침해되어 손해가 발생하였어야 한다.

④ 침해행위와 그 손해발생 간에 상당한 인과관계가 있어야 한다.

⑤ 손해배상의 청구는 상표권자 또는 전용사용권자에 의한 것이어야 한다(상표법 67 조). 한편, 외국인도 전술한 금지 또는 예방의 경우와 마찬가지로 이를 청구할 수 있다 (파리협약 2조, 3조).

(3) 손해액의 계산 등

① 침해자가 그 침해행위에 의하여 이익을 얻은 때에는 그 이익의 액을 상표권자 및 전용사용권자가 입은 손해의 액으로 추정한다.

② 등록상표의 사용에 대하여 통상 받을 수 있는 금액 즉 실시료(Royalty)에 상당하는 금액을 상표권자 등의 손해의 액으로 하여 청구할 수 있다(상표법 65조②).

③ 위 규정에 불구하고 그 손해의 액이 위 실시료 상당액을 초과하는 경우에는 그 초 과액에 대하여도 손해배상을 청구할 수 있다. 이 경우 침해자에게 고의 또는 중대한 과 실이 없는 때에는 법원은 그 손해배상의 액을 정함에 있어서 이를 참작할 수 있다.

(4) 고의의 추정

등록상표임을 표시한 타인의 상표권 또는 전용사용권을 침해한 자는 그 침해행위에 대하여 그 상표가 이미 등록된 사실을 알았던 것으로 추정한다. 즉, 입증책임을 침해자에 게로 전환하였다(상표법 68조). 이것은 상표권자가 침해자에게 고의·과실이 있음을 입증 하기란 매우 곤란한 데 반해, 침해자는 이를 비교적 쉽게 입증할 수 있고, 또 상표권자의 보호를 위하여 그 입증책임을 침해자에게로 전환한 것이다.

(5) 효과

상표권의 침해행위로 인해 손해를 입은 상표권자 또는 전용사용권자는 법원에 그 침 해자를 상대로 자기가 입은 손해의 배상을 청구할 수 있다(상표법 67조).

이 경우 실추된 업무상의 신용회복을 위하여 필요한 때에는 신용회복조치청구를 함께 할 수 있다.

(6) 법정손해배상의 청구

상표권자 또는 전용사용권자는 자기가 사용하고 있는 등록상표와 같거나 동일성이 있는 상표를 그 지정상품과 같거나 동일성이 있는 상품에 사용하여 자기의 상표권 또는 전용사용권을 고의나 과실로 침해한 자에 대하여 상표법 제67조에 따른 손해배상을 청구하는 대신 5천만 원 이하의 범위에서 상당한 금액을 손해액으로하여 배상을 청구할 수 있다. 이 경우 법원은 변론 전체의 취지와 증거조사의 결과를 고려하여 상당한 손해액을 인정할 수 있다(본조신설 2011.12.2.).

3) 신용회복조치청구권

(1) 의의

고의 또는 과실에 의한 상표권 침해행위로 인해 업무상의 신용을 실추당한 상표권자 또는 전용사용권자는 법원에 그 침해자를 상대로 손해배상에 갈음하거나, 손해배상과 함께 업무상의 신용회복을 위하여 필요한 조치를 명할 것을 청구할 수 있는데 이를 신용회복조치청구권이라 한다(상표법 69조).

(2) 요건

① 침해자에게 고의 또는 과실이 있어야 한다.

② 객관적으로 위법한 침해행위가 존재하여야 한다.

③ 그 침해행위로 인하여 권리자의 업무상의 신용이 실추되었어야 한다.

④ 손해배상 외에 별도의 신용회복조치를 취할 필요성이 있어야 한다.

⑤ 신용회복조치청구는 상표권자 또는 전용사용권자에 의한 것이어야 한다(상표법 69조). 한편, 외국인도 위 금지 또는 예방청구권 등과 마찬가지로 이를 청구할 수 있다(파리협약 2조, 3조).

(3) 효과

상표권의 침해행위로 인해 업무상의 신용을 실추당한 상표권자 또는 전용사용권자는 법원에 그 침해자를 상대로 실추당한 업무상의 신용회복을 위하여 필요한 조치를 명할 것을 청구할 수 있다. 이 경우 손해배상에 갈음하거나 손해배상과 함께 청구할 수도 있다(상표법 69조).

여기의 신용의 회복을 위한 필요한 조치로는 신문·TV 등 대중매체에 사죄광고를 게재하도록 명하는 것이 통례이다. 그런데, 지난 1991년 4월 1일 결정된 89헌마160 〈민법 제764조의 위헌 여부에 대한 헌법소원〉사건(전원재판부)에서 헌법재판소는 민법 제764조와 관련하여 동조에 규정된 '명예회복에 적당한 처분'에 사죄광고를 포함시키는 것은 헌법상 보장되는 '양심의 자유(헌법 19조)'에 위반하는 동시에 인격권(헌법 37조②)을 침해하는 것이어서 위헌이라고 판시한 바 있다.

나. 형사처벌

1) 처벌대상자 및 형량

상표권 및 전용사용권을 침해한 자는 7년 이하의 징역 또는 1억 원 이하의 벌금에 처한다(상표법 93조). 형사법규에서는 그 행위자 본인만을 처벌하는 것이 원칙이나 그 행위자가 법인의 대표자이거나 기타 법인이나 개인 등에게 고용된 자인 경우에는 행위자를 벌하는 외에 그 법인이나 개인에 대하여도 같은 형량의 처벌을 할 수 있다(상표법 97조). 이를 양벌규정이라 한다.

2) 비친고죄

상표권 침해죄는 그 침해행위가 일반수요자에게도 크게 영향을 미친다는 공익상의 이유로 피해자의 고소가 없어도 공소를 제기할 수 있는 비친고죄로 하고 있다.

3) 비밀유지명령 위반죄

국내외에서 정당한 사유없이 상표법(제92조의 7 제1항)에 따른 비밀유지명령을 위반한 자는 5년 이하의 징역 또는 5천만 원 이하의 벌금에 처한다. 비밀유지명령 위반죄는 비밀유지명령을 신청한 자의 고소가 없으면 공소를 제기할 수 없다(본조신설 2011.12.2.)

다. 행정적 구제방법

(1) 국내상표권 또는 교역상대국의 상표권을 침해하는 상품의 수출입행위는 대외무역법 제44조의 불공정수출입행위에 해당되어 무역위원회의 사실조사에 따른 산업통상자원부장관의 시정권고나 과징금 부과로써 규제되고 있으며, 더 나아가서 1994년 1월 1일자 개정관세법에서는 상표권을 침해하는 물품의 세관통관(수출입면허보류조치)을 금지시킬 수 있도록 하는 규정까지 마련하고 있다(관세법 146조의 2).

(2) 1995년 11월 22일자 개정된 발명진흥법은 산업재산권의 침해로 인하여 발생된 분쟁 등에 대하여 당사자가 원할 경우 특허청 내에 설치된 산업재산권분쟁조정위원회를 통해 조정을 받을 수 있도록 하였다(동법 29조).

X. 상표권자의 의무

1. 의의

상표권자는 상표에 대한 사용실적이 없어도 상표법상 상표등록이라는 행정처분에 의하여 독점배타적인 권리인 상표권을 취득할 수 있고 상당한 재산적 가치를 지니므로 부정한 목적의 상표등록 또는 상표권의 부정한 이용이나 남용의 가능성이 있다. 따라서 상표권자의 상표의 부정한 이용이나 남용을 막고 상표가 유통거래상 상품식별표지로서 정상적인 기능을 발휘할 수 있도록 상표법은 상표권자에게 정당한 사용의무·감독의무·등록료납부의무·공시의무 등을 부과하고 있다. 또한 상표권자의 사용에 대한 관리감독의무가 있다. 사용권자(전용사용권자 또는 통상사용권자)가 지정상품 또는 이와 유사한 상품에 등록상표 또는 이와 유사한 상표를 사용함으로써 수요자로 하여금 상표의 품질오인 또는 타인의 업무에 관련된 상품과의 혼동을 발상하게 하고 상표권자가 상당한 주의를 하지 않은 경우에는 상표등록이 취소될 수 있다(상표법 제73조 제1항 제8호).

2. 등록상표의 사용의무

등록상표의 사용의무란 상표권자 또는 사용권자가 등록상표를 지정상품에 대하여 적절하게 사용해야 하는 의무를 말한다.

상표법의 보호대상인 업무상의 신용은 상표의 현실적인 사용에 의해 비로소 화체되는 것이므로 등록상표가 일정기간동안 사용되지 않는 경우에는 보호해야할 신용이 발생되지 않고 오히려 제3자의 상표선택의 자유만을 제한하게 된다. 상표법은 일정기간 등록상표를 불사용하는 경우에는 취소심판을 청구할 수 있는 규정을 두고 있다(상표법 제73조 제1항 제3호).

3. 권리남용금지

타인의 미등록 유명상표에 편승하고자 상표권을 형식상 취득한 후 오로지 정당한 사용자의 영업을 방해할 목적으로 정당한 사용자에게 권리행사를 하는 경우에는 상표권의 권리남용에 해당되어 침해가 아닌 것으로 취급될 수 있다.

XI. 상표권의 이전

1. 의의

상표권의 이전이라 함은, 상표권이 종래의 권리주체로부터 새로운 권리주체로 옮겨가는 것 즉, 상표권자가 교체되는 것을 말한다. 상표권 또는 출원상표의 이전은 종래에는 지정상품의 전부를 이전하는 경우에만 허용하였으나, 1990년 1월 13일 개정법(법률 제4210호)에서는 상표의 재산성을 제고하기 위하여 유사상품별로 분할하여 이전할 수 있도록 완화하였다(상표법 54조①)

2. 이전의 형태 및 제한

가. 특정승계(特定承繼)

상표권이 공유인 경우에는 각 공유자는 다른 공유자 전원의 동의를 얻지 아니하면 자기의 지분을 타인에게 양도할 수 없다(상표법 54조⑤) 이것은, 새로운 공유자의 자본력, 경영능력 등의 여하에 따라 시장점유률에 변동을 가져오는 등 지분의 재산적 가치가 저하될 염려가 있기 때문에 이를 방지하기 위해서이다.

나. 유사상품의 분리 이전금지

지정상품이 유사한 것은 항상 함께 이전하여야 한다. 즉 유사한 지정상품은 분리하여 이를 이전할 수 없다(상표법 54조① 후단) 이것은, 상품출처의 오인·혼동을 일으키는 것을 방지하기 위해서이다.

다. 업무표장권의 이전제한

비영리법인이 등록한 업무표장권은 이를 이전할 수 없다. 다만, 그 업무와 함께 양도하는 경우에는 이전할 수 있다(상표법 54조⑦) 이것은, 업무표장권이 가지는 공익상의 이유에서이다.

라. 단체표장권의 이전제한

조합이나 협회 등 단체가 사용하기 위하여 등록한 단체표장권은 이를 이전할 수 없다.

다만, 법인이 합병된 경우에는 특허청장의 허가를 받아 이를 이전할 수 있다(상표법 54조
⑨) 이것 역시 공익상의 이유에서이다.

마. 증명표장권의 이전제한

증명표장권은 이전할 수 없다. 다만 해당증명표장에 대하여 그 업무와 함께 이전할 경
우에는 특허청장의 허가를 받아 이전할 수 있다(상표법 54조⑩).

3. 이전의 효력발생과 효과

가. 이전의 효력발생(移轉의 效力發生)

1) 특정승계(特定承繼)

상표권의 특정승계에 의한 이전은 등록하지 아니하면 그 효력이 발생하지 아니한
다.(상표법 56조①).

2) 일반승계(一般承繼)

승계원인의 발생과 더불어 당연히 승계의 효력이 발생하지만, 상속인 등은 지체없이 그
취지를 특허청장에게 신고하여야 한다(상표법 56조②). 또한 상속의 경우에는 상표권자가
사망한 날부터 3년 이내에 상속인이 상표권의 이전등록을 하지 아니한 경우에는 상표권
자가 사망한 날부터 3년이 되는 날의 다음날에 상표권이 자동적으로 소멸한다(상표법 64
조).

나. 이전의 효과(移轉의 效果)

(1) 전용사용권, 등록한 통상사용권, 질권 등의 부수적인 권리의 효력에는 영향이 없
다.

(2) 불사용에 의한 취소심판에 있어 이전 전후의 기간은 합산하여 계산한다는 것이 판
례의 태도이다.

(3) 상표권자가 밟은 절차의 효력은 그 권리의 승계인에게 미치며, 특허청장이나 심판
장은 승계인에게 상표에 관한 절차를 속행하게 할 수 있다.[227]

---

227) 최성우,《(주제별)상표법》, 한빛지적소유권센터, 2001, pp. 405~406

4. 상표권 분할이전 시 유사상품 동시이전에 관한 외국의 입법동향

1) 미국의 입법례

상표권의 이전 및 지정상품 분할 이전 시 유사상품을 동시에 이전하여야 한다는 규정은 없으며, 동시이전 강제규정위반을 상표등록 취소사유로 규정하고 있지 않다.

2) 유럽의 입법례

유럽공동체 상표법 제7조(양도)에서 "공동체상표는 지정상품이나 지정서비스업의 전부 또는 일부를 양도할 수 있다"라고 규정할 뿐 유사한 지정상품은 동시에 이전하여야 한다는 제한 규정은 없다.

3) 일본의 입법례

일본상표법 제24조의 2(상표권의 이전)에서 "상표권의 이전은 그 지정상품 또는 지정서비스가 2 이상 있을 때에는 지정상품 또는 지정서비스마다 분할하여 할 수 있다"라고 규정하고 있을뿐 유사상품 동시이전 규정은 없다.

4) 중국의 입법례

등록상표를 양도할 경우 유사한 상표는 동시에 이전하지 않으면 양도를 허용하지 않으며, 양도에 의하여 오인 혼동할 우려가 있어도 양도를 허용하지 아니한다.(중국상표법 제3차 개정안 제45조).[228]

XII. 심판 및 소송

1. 심판(審判)

가. 서설

1) 심판의 의의와 성격

상표관련 심판은, 행정기관인 특허심판원이 상표에 관한 분쟁을 해결하기 위하여 대법

---

228) 한국상표디자인협회, 《2012 지식과 권리(상표법 전면개정 제안의 배경 및 주요내용)》, 2012, pp. 277-
280.

원의 최종심을 전제로 그 전심(前審)절차로서 행하는 것으로서 이는, 상표에 관한 분쟁을 전문적·기술적 지식과 경험을 가진 특허심판원의 심판관 합의체에 의해 합리적으로 해결토록 하기 위하여 설치한 행정심판의 하나이다.

그런데 상표관련 심판은 형식적으로는 행정기관인 특허심판원에 의해 심리·판단되는 행정심판이라 할 수 있지만, 이에 대하여는 많은 부분에서 민사소송절차가 준용되고 있고, 또, 심판관의 독립성과 업무처리의 자율성은 법관의 그것과 비견될 정도로 강하고 광범위하여 일반 행정심판과는 현저히 다르다. 따라서, 상표관련 심판은, 준사법적 성격을 지닌 특수한 형태의 행정심판이라고 할 수 있다.

2) 심판의 종류

상표관련 심판에는, 다음과 같이 일방당사가 구조의 결정계 심판과, 당사자 대립구조의 당사자계 심판의 두 종류로 대별된다.

(1) 결정계 심판

여기에는 거절결정에 대한 심판(상표법 70의 2)과 보정각하 결정에 대한 심판(상표법 70조의 3)의 두 종류가 있다.

(2) 당사자계 심판

여기에는 상표등록의 무효심판(상표법 71조), 상표권 존속기간 갱신등록의 무효심판(상표법 72조), 상표등록의 취소심판(상표법 73조), 전용사용권 또는 통상사용권 등록의 취소심판(상표법 74) 및 권리범위 확인심판(상표법 75조)의 다섯 종류가 있다.

나. 심판의 종류별 주요내용

1) 거절결정에 대한 심판

(1) 의의와 취지

거절에 대한 심판이라 함은, 상표등록출원에 대한 거절결정을 받은 자가, 그 거절결정에 불복이 있는 때에 특허심판원에 그 거절결정을 취소하고, 등록결정을 하여 줄 것을 청구하는 심판을 말한다(상표법 70조의 2)

이 심판의 취지는, 심사관의 실체심사에 있어서 발생하는 판단착오 등 심사의 과오를 시정하여, 상표등록출원이 부당하게 거절되는 것을 방지함으로써 출원인을 보호하기 위해서이다.

(2) 청구요건

① 청구할 수 있는 자

거절결정에 대한 심판의 청구는, 상표등록출원에 대해 거절결정을 받은 당해 출원인 (또는 그 승계인)이 할 수 있다(상표법 70조의 2).

② 청구대상

거절결정에 대한 심판의 청구의 대상은, 거절결정이라는 행정처분이다. 이 심판의 청구는 특허심판원에 대하여 심사관에 의한 결정을 취소하고, 등록결정을 하여 줄 것을 구하는 심판이기 때문이다.

③ 청구기간

거절결정에 대한 심판의 심리는, 거절결정의 등본을 송달받은 날로부터 30일 이내에 하여야 한다.(상표법 70조의 2 후단) 다만, 교통이 불편한 지역에 있는 자(외국인, 낙도주민 등)를 위하여 심판청구인의 청구에 의하여 또는 직권으로 그 청구 기간을 연장할 수 있다.

(3) 심리절차

① 심리방식

거절결정에 대한 심판의 심리는, 원칙적으로 서면심리에 의한다. 다만, 심판청구인의 신청에 의하여 또는 직권으로 이를 구두심리로 할 수 있다(상표법 77조).

또, 이 심판에는 직권주의가 적용된다. 즉, 상표권은 대세적(對世的) 효력을 가지는 것이어서, 권리의 대항을 받는 일반 제3자의 이익이 부당하게 침해될 염려가 있으므로 이를 방지하고, 또는 사건의 신속한 처리를 취해서 직권탐지주의 및 직권진행주의가 채용된다.

다만, 거절결정에 대한 심판은 특허청장을 상대방으로 하는 결정계(決定系)심판이어서 상표등록의 무효심판 및 권리범위확인심판 등 당사자계(當事者系) 심판과는 달리 일반 제3자에 의한 심판참가는 허용되지 않는다.

② 심판의 종료

심판은 원칙적으로 심결로써 종료한다. 그 외에도 심판청구서의 결정각하, 심판청구의 부적법에 의한 심결각하, 심판청구의 취하 및 심판청구에 관련된 당해출원이 취하 또는 포기된 경우에도 각각 종료한다.

2) 상표등록의 취소심판

(1) 의의

상표등록의 취소심판이라 함은 일단 유효하게 상표등록이 된 후에 상표법 제73조 제1항에 열거된 취소의 사유에 해당됨을 이유로 그 등록의 효력을 장래에 향하여 소멸시키는 심판이다. 상표등록을 취소한다는 심결이 확정된 때에는 상표권은 그때부터 소멸된다(상표법 제73조 제7항). 상표등록의 취소심판의 법적성격은 심판절차에 의하여 취소심결이 확정될 경우 상표권의 효력이 소멸된다는 점에서 형성적 성질을 가진 준사법적 행정행위이라 할 수 있다.

(2) 취지

상표등록의 취소심판은 등록상표가 등록 후 정당한 이유없이 사용되지 아니할 경우에는 상표의 본래적 기능을 수행하지 못할 뿐만 아니라 제3자의 상표선택의 자유를 부당하게 제한하는 한편 시장진입을 어렵게 만들어 산업발전에도 아무런 도움이 되지 않으며 출원건수의 급증, 상표등록원부에 수많은 공권 설정에 의한 폐단이 초래되기 때문에 이러한 폐해를 해소하려는 것이 이 제도의 취지이다. 특허법이나 실용신안법은 그 권리자가 정당한 이유없이 국내에서 3년 이상 그 발명이나 실용신안을 불실시할 경우 이해관계인의 신청에 의해 재정에 의한 강제실시권의 설정 또는 경우에 따라서는 그 권리의 취소를 할 수 있으나, 상표법의 경우에는 그 실시를 강제하는 규정을 두고 있지 않다. 상표법상의 취소제도는 심판의 합의체가 행한 심판의 심결로써 상표권을 소멸시키는 특유의 제도라 할 수 있다.

(3) 상표등록 취소사유

상표등록의 취소는 취소사유에 해당되면 반드시 취소하여야 하고, 오로지 민사소송에 준하는 엄격한 심판절차에 의해서만 할 수 있으며, 그 효력이 장래에 향해서만 발생한다는 점에 특색이 있다. 한편 전용사용권 및 통상사용권등록의 취소는 이들 사용권자의 부정사용에 대한 제재로서 인정된 것이며, 그 효력은 상표등록취소와 같다.

(4) 취소심판 청구절차

상표등록의 취소심판은 원칙적으로 이해관계인에 한하여 이를 청구할 수 있으나 상표권자의 부정사용으로 인한 상표등록의 취소, 단체표장의 부정사용으로 인한 단체표장의 취소, 사용권자의 부정사용으로 인한 상표등록의 취소의 경우에는 누구든지 취소심판을 청구할 수 있다(상표법 제73조 제6항). 상표등록의 취소심판을 청구하고자 하는 자는 심판 청구서를 특허심판원장에게 제출하여야 한다.(개정 2010.1.27. 2011.12.2.)

(5) 취소심결의 효과

심판절차에 의하여 상표등록을 취소하는 심결이나 사용권등록을 취소하는 심결이 확정되었을 때에는 상표권이나 사용권은 그때부터 소멸한 것으로 본다. 따라서 상표등록취소 및 사용권등록취소의 효과는 그 심결이 확정되었을 때부터 장래에 향하여서만 효력이 발생한다. 이는 상표등록 무효심결의 효과와 다른 점이다.[229]

(6) 외국의 불사용 취소심판제도의 입법동향과 비교

현행 우리나라 상표법은 상표권자가 상표권을 취득, 유지 연장할 때에 사용실적을 제출할 필요가 없도록 한 대신에 제3자의 불사용 취소심판 청구를 통하여 불사용 상표를 정리하고 있는데 심판청구인 적격을 확대하여 불사용 상표의 정리를 촉진시키고 불사용 저장상표로 인한 폐해를 없애는 것이 타당하다고 본다. 따라서 불사용 취소심판은 "이해관계인"만이 청구할 수 있도록하고 있는 규정을 "누구든지" 청구할 수 있도록 개정하는 것이 바람직하다고 본다. 최근 국내외 입법동향을 보아도 미국의 경우는 상표등록 후 5년차에서 6년차 사이에 상표사용선서와 사용실적입증자료를 제출하지 않으면 그 상표는 등록이 취소된다. 유럽의 경우 불사용 취소심판청구일 전 3개월 이내에 심판청구가 제기될 것을 알고 사용하면 취소를 면할 수 없으며, 불사용 취소심판 청구는 누구든지 할 수 있다. 일본의 경우는 1996년 상표법 개정당시 불사용 취소심판제도를 대폭 손질하였는데 그 요지는 심판청구인 적격을 "이해관계인"에서 "누구든지"로 확대하였다. 그리고 중국의 경우도 불사용 취소심판청구는 누구든지 청구할 수 있도록 규정하고 있다.

3) 상표등록의 무효심판

이해관계인 또는 심사관은 상표등록 또는 지정상품의 추가등록이 상표법 제71조 제1항 각호의 어느 하나에 해당하는 경우에 무효심판을 청구할 수 있다. 이 경우 등록상표의 지정상품이 2 이상 있는 경우에는 지정상품마다 청구할 수 있다. 상표등록의 무효심판이란 이해관계인이 설정등록된 상표권이 일정한 무효사유가 있다는 것을 이유로 하여 특허심판원에 심판을 청구한 경우에, 심판의 합의체가 이를 심판하는 특별한 행정절차를 말한다. 상표등록의 무효심판청구는 언제나 가능하며, 상표권이 소멸된 후에도 이를 청

---

229) 김원준,《산업재산권법》, 도서출판 오래, 2012. pp. 793-795.

구할 수 있다(상표법 제71조 제2항). 무효심판의 청구인적격은 이해관계인과 심사관에 한한다. 상표 등록을 무효로 한다는 심결이 확정된 때에는 그 상표권은 처음부터 없었던 것으로 본다(상표법 제71조 제3항).

4) 권리범위 확인심판

상표권자·전용사용권자 또는 이해관계인은 등록상표의 보호범위를 확인하기 위하여 상표권의 권리범위 확인심판을 청구할 수 있다(상표법 제75조). 권리범위 확인심판이란 특정대상물인 소위 확인대상상표와 대비하여 상표권의 권리범위에 속하는지의 여부를 판단하는 심판이다. 상표권자는 제3자가 특정한 상품에 대하여 사용하는 상표가 등록상표와 동일 유사하고 제3자의 사용상품과 상표권자의 등록상표의 지정상품이 동일 유사할 경우, 상표권자는 특허심판원에 상표권의 효력범위를 확인하는 심판을 청구할 수 있다. 권리범위 확인심판에는 청구취지에 "확인대상상표가 상표권의 권리범위에 속한다"는 심판을 구하는 적극적 권리범위 확인심판과, 이해관계인이 "확인대상상표가 상표권의 권리범위에 속하지 않는다"는 심판을 구하는 소극적 권리범위 확인심판이 있다.

2. 소송(訴訟)

가. 서설

특허권·상표권 등 산업재산권(Industrial Property Rights)에 관한 소송은, 다음과 같이 ⅰ) 특허심판원의 심판관이 행한 심결 또는 결정(이하 '심결'이라 한다)에 대하여 불복하는 자가 그 취소를 그하는 심결취소소송 ⅱ) 특허청장 또는 특허심판원장이 행한 출원·등록절차의 무효처분 및 심판청구절차의 무효처분 등에 대하여 그 취소·변경을 구하는 행정소송 ⅲ) 특허권·상표권 등의 침해에 대해 권리자가 그 구제를 청구하는 침해금지청구소송 및 손해배상청구소송 등 민사소송 및 ⅳ) 특허권·상표권 등에 대한 침해죄 및 허위표시죄 등 범법자 처벌을 위한 형사소송의 네 가지로 나뉜다. 여기에서는 심결취소소송과 행정소송에 대해서만 살펴보고자 한다.

나. 심결취소소송

1) 서설

해방이후 현재에 이르기까지, 산업재산권에 관한 쟁송은, 특허청 심판소 및 항고심판소의 판단(심결)을 받고, 고등법원을 거치지 않고 바로 대법원에 상고하는 심급구조(審級構造)를 가지고 있었다.

이와 같은, 특허심판제도는 행정기관 내부는 설치된 심판소(항고심판소)에서 법관의 자격을 갖추지 아니한 심판관이 1·2심에 해당하는 심판을 모두 심리하므로, 법관에 의한 사실심리(事實審理)의 기회가 주어져 있지 않다는 이유로 위헌의 소지를 내포하고 있었다.

그러던 중 헌법재판소가 설치되어 위헌법령의 정비가 시작된 1980년대 후반에 들어와 정식으로 사건이 헌법재판소에 계류되게 되었는데, 다행히도 이 문제의 해결을 위한 관계 기관(특허청·대법원 등) 사이의 합의가 이루어져 1998년 3월 1일부터는 특허심판은 새로 설립되는 '특허심판원'이, 그리고 그에 대한 사법심사는 새로 설립되는 고등법원급인 '특허법원'(제1심)이 담당하기로 하여 법원조직법(1994. 7. 27 개정)과 특허법(1995. 1. 5 개정)이 개정되었으며, 이로써 특허심판제도에 관한 위헌논쟁은 종지부를 찍게 되었다.

2) 심결취소소송의 성격

(1) 제1심 소송이다

우리나라의 일반적인 제1심 소송은 지방법원에 제기하는 것이 보통이지만, 심결취소 송은 고등법원급인 특허법원을 제1심으로 하여 제기하는 소송인점에서 다르다. 따라서 특허법원의 심결취소소송은 제1심이다. 왜냐하면, 심결취소소송도 특허심판의 판단(심결)을 받은 것이나, 이것은 사법기관으로 부터 판결을 받은 것이 아니어서, 이를 제1심이라고 볼 수 없기 때문이다.

(2) 실질적 항소심이다

특허심판원은, 비록 법원조직법상 특허법원의 하급법원으로 조직된 것은 아니나, 종전의 항고심판소에 심판소를 흡수통합하여 만든 조직이고, 이른바 준사법기관으로서 종전에 비해 그 독립성 및 전문성이 제고될 것이 예상된다. 따라서, 이러한 준사법기관인 특허심판원의 판단(심결)에 대한 불복을 다루는 심결취소소송은 실질적 항소심 절차라고 볼 수 있다.

(3) 심결취소소송의 대상

심결취소소송은 i) 결정계 및 당사자계 심판사건의 심결 ii) 보정각하 결정 및 심판청구서나 재심청구서의 각하결정에 대하여 불복하는 경우에 청구할 수 있으므로 이들 심결 및 결정이 그 대상이 된다.

그런데 위 대상 중 심판청구서나 재심청구서의 각하결정은 방식적 요건을 위반한 경우에 행하여지는 처분으로, 민소법에 있어서의 소장(訴狀)의 각하 처분에 대하여 인정되는 '즉시항고(卽時抗告)' 제도의 채택을 고려해 볼 수도 있겠으나, 특허심판의 경우에는 속심적(續審的) 관계의 상급심이 없으므로 이 제도를 채택할 수 없다. 그래서 이 경우에도 특허법원에 소송을 제기하는 방식을 취한 것이다.

(4) 전속관할 및 전담 재판부의 구성 등

① 전속관할

특허심판원의 심결 또는 결정에 대하여 불복이 있는 자는 특허법원에 대하여 그 취소를 구하는 소송을 제기하여야 한다. 즉, 심결취소소송은 특허법원의 전속관할이다.

② 특허법원의 지위

특허법원은 전술한 바와 같이 제1심 법원이지만, 법원조직법 제28조의 2내지 제28조의 4조문에서 규정하는 바와 같이 고등법원급의 법원이다.

③ 특허법원의 재판부의 구성

특허법원에는 부(部)를 둔다 (법원조직법 28의 3①)

※ 일본의 경우는, 도쿄고등재판소가 관할하고, 이를 전담한다.

부(部)에는 부장판사를 두며, 부장판사는 그 부의 재판에 있어서 재판장이 되며, 특허법원장의 지휘에 의하여 그 부의 사무를 감독한다.

재판부의 심판권은, 판사 3인으로 구성된 합의부에서 이를 행한다.

④ 기술심리관

특허법원에 기술심리관(技術審理官)을 두며, 법원은 필요하다고 인정하는 경우에는 결정으로 기술심리관을 특허·실용신안 및 디자인 관련 소송의 심리에 참여하게 할 수 있고 또, 기술심리관은, 재판장의 허가를 얻어 기술적인 사항에 관하여 소송관계인에게 질문을 할 수 있고, 재판의 합의에서 의견을 진술할 수 있다.

기술심리관 제도는, 재판의 심리와 합의에 참여할 수 있다는 점에서 독일의 기술판사 제도와 유사하지만, 사건의 결정 권한을 가지지 않는다는 점에서는 일본의 조사관 제도와 유사하다고 할 수 있다.

⑤ 상고

특허법원의 판결을 받은 자가 그 판결에 대하여 불복 있는 때에는 판결등본을 송달받은 날로부터 2주일 이내에 민사소송의 규정에 의한 상고절차에 따라 대법원에 상고할 수 있다.

상고는 원판결의 당·부를 법률적인 측면에서만 재심사할 것을 불복신청으로서 이와 같은 상고제도는 법령해석의 통일과 당사자의 권리구제를 그 목적으로 하고 있으며 대법원이 이를 전담하고 있다.[230]

다. 행정소송

산업재산권 관련 행정소송은 특허청장이나 특허심판원장이 행한 출원·등록절차에 대한 무효처분이나, 심판청구절차에 대한 무효처분, 특허권의 수용·제한에 따른 보상금의 결정 또는 통상실시권 설정에 관한 재정(裁定) 등의 처분에 불복하는 경우의 쟁송으로서 이들은 행정기관에서의 일반적인 행정처분에 대한 쟁송과 전혀 다를 바 없다.

따라서 위 특허청장 등의 처분에 대한 불복신청은 먼저 행정심판법에 의한 행정심판을 청구하여 구제를 받을 수 있으며, 그 행정심판의 재정(裁定)에 대해서도 불복하는 경우에는 행정소송법에 의한 행정소송[231]을 제기하여 구제를 받을 수 있다.

XIII. 상표의 분쟁사례

1. 상표법 제6조 제1항 제3호 관련 판례

〈법 제6조 제1항 제3호〉

그 상품의 산지, 품질, 원자료, 효능, 수량, 형상(포장의 형상을 포함한다), 가격, 생산방법, 사용방법 또는 시기를 보통으로 사용하는 방법으로 표시한 표장만으로 된 상표

---

230) 심결취소소송은 고등법원급인 특허법원을 제1심으로 하여 대법원을 최종심으로 한다. 대법원은 상고권이 없거나 방식을 위반하여 부적법한 경우에는 상고각하의 판결을 하며, 상고가 이유없다고 인정될 때 또는 상고인이 기간 내에 상고이유서를 제출하지 아니한 때에는 상고기각판결을 한다. 또한 상고가 이유가 있다고 인정된 때에는 원판결을 파기하고 사건을 특허법원에 환송하는 판결을 한다. 상고의 남발을 제한하기 위해서 "상고심 절차에 관한 특례법"이 상표소송에서도 적용된다. 2002년 7월 1일부터 시행된 이 법률의 제4조(심리의 불속행)의 규정에서 나열하고 있는 사유에 해당되면, 대법은 특허법원의 판결에 대하여 더 이상 심리를 속행하지 않고 상고를 기각한다.

231) 행정소송사건도 1998년 3월 1일부터는 지방법원급인 행정법원이 설치됨으로써 종전의 2심제에서 3심제로 그 심급구조가 바뀌게 되었다.

가. 제6조 제1항 제3호에 해당된다고 본 사례

출원표장	지정상품 및 서비스업	판결요지
SURGEARREST	제39류 전원보호장치	○SURGE: 전류·전압의 급격한 변화현상 ○ARREST: 저지, 억제 ∴ 상품의 품질·효능을 보통으로 사용 하는 방법으로 표시한 표장에 해당 (2000허1580, 2000. 7. 7)
PNEUMOSHIELD	제5류 인체용 백신, 인체용 폐렴구공역 백신	○PNEUMO: 폐, 폐렴 ○SHIELD: 방패, 보호물 ∴ 지정상품의 효능·용도 등을 직접적 으로 표시하는 표장 (99허9564, 2000. 6. 30)
안흥찐빵	제30류: 찐빵(강원 도 횡성군안흥에서 생산되는 찐빵)	○안흥: 지정상품의 산지표시 ○찐빵: 보통명칭 ∴ 상표법 6조-①항-3조 해당 (2000허4071, 2000. 10. 5)

나. 제6조 제1항 제3호에 해당하지 않는다고 본 사례

출원표장	지정상품 및 서비스업	판결요지
AMERICA ONE	제38류 데이터통신업 등	○6-1-3 해당 여부 : '미국에서 최고', 또는 '미국에서 유일한' 등의 의미를 직감 할 수 없으므로 해당 안 됨. ○6-1-7 해당여부: 'AMERICA'는 현저 한 지리적 명칭, 'ONE'은 간단하고 흔한 표장으로 해당됨. ∴ 식별력이 없는 표장에 해당(6-1-7) (2000허2811, 2000. 7. 14)

2. 상표법 제6조 제1항 제7호 관련 판례

〈법 제6조 제1항 제7호〉

제1호 내지 제6호 외에 수요자가 누구의 업무에 관련 상품을 표시하는 것인가를 식별할 수 없는 표장.

출원표장	인용표장	지정상품 및 서비스업	판결요지
e eOne		제9류: 컴퓨터, 컴퓨터모니터, 기록된컴퓨터 소프트웨어, 모 뎀, 비디오폰 등	○도형부분: 컴퓨터나 인터넷을 상 징하는 것으로 식별력 인정 곤란. ○문자부분인 'eONE'은 간단하고 흔한 표장 ∴ 상표법 6조-①항-7호 해당 　(2000허6585, 2001. 4. 13)
DoubleClick	**CLICK**	〈출원표장〉 구 상품류 제 39류 광고 및 판매촉진과 관 련된 컴퓨터 프로그램 등 〈인용표장〉 구 상품류 제 39류·콤팩트디 스크플레이어	○6-1-7 해당 여부: 지정상품과 관련하여 자타 상품 식별력 없음 ○7-1-7 해당 여부: 'Click'만에 의하여 호칭되는 경우 호칭, 관념 유사 ∴ 등록될 수 없음. 　(2000허2781, 2000. 8. 11)

※인용표장은 출원표장(신규로 신청한 표장)보다 먼저 등록된 표잠임

3. 상표법 제7조 제1항 제7호 관련 판례

〈법 제7조 제1항 제7호〉

선출원에 의한 타인의 등록상표와 동일 또는 유사한 상표로서 그 등록상표의 지정상품과 동일 또는 유사한 상품에 사용하는 상표

가. 제7조 제1항 제7호에 해당한다고 본 사례

출원표장	인용표장	지정상품 및 서비스업	판결요지
M LO	**MILO**	〈출원표장〉 구 상품류 제2류: 영양보충식품, 특수영양식품 등 〈인용표장〉 구 상품류 제2류: 야채쥬스, 아침식사용 시리얼 등	○호칭, 관념 유사 여부: 비유사 ○외관 유사 여부: 유사 ∴ 상품출처의 오인, 혼동 야기 가능 (99허7780, 2000. 7. 20)
LLOYD KLEIN K	(도형)	〈출원표장〉 구 상품류 제12류: 아잉Oehdn, 크리인 싱크림 등 〈인용표장〉 구 상품류제12류: 향수, 화장크리임, 향수 뿌리개 등	○외관 유사 여부: 상이 ○칭호 유사 여부: 출원표장이 '로이드'로 호칭될 경우 유사 ∴ 유사한 상표→7-1-7 해당 (2000허3067, 2000. 7. 21)

나. 제7조 제1항 제7호에 해당하지 않는다고 본 사례

출원표장	인용표장	지정상품 및 서비스업	판결요지
(도형) UNIVERSAL 유니버살	**UNIVERSAL**	〈출원표장〉 제39류: 전기이불, 전기모포, 전기방석 등 〈인용표장〉 제39류: 텔레비전, 필름, 녹음기관, 라디오 등	○지정상품 유사 여부: 비유사 ∴ 7-1-7→해당 안 됨. (2000허1238, 2000. 8. 24)

출원표장		지정상품 및 서비스업	판결요지
AQUATEINT MAT	**MAT** 〈출원표장〉 구 상품류 제12류: 아이섀도, 마스카라 등		○상표의 요부 : AQUATEINT ※ MAT는 식별력이 없는 기술적 표장에 불과 ○상표의 유사 여부 : 비유사 ∴ 7-1-7 → 해당 안 됨 (99허9328, 2000. 8. 31)
	MATT 〈인용표장〉 구 상품류 제12류: 아이섀도, 마스카라 등		

4. 상표법 제7조 제1항 제11호 관련 판례

> **〈법 제7조 제1항 제11호〉**
>
> 상품의 품질을 오인(誤認)하게 하거나 기만(欺瞞)할 염려가 있는 상표

가. 제7조 제1항 제11호에 해당한다고 본 사례

출원표장	인용표장	지정상품 및 서비스업	판결요지
(도형) 초코파이		상품류 제30류: 건과자,비스킷, 초코파이,식빵, 곡물소시지 등	○출원상표를 '초코파이'가 아닌 다른지정상품에 사용할 경우 '초코파이'로 오인하게 할 염려 ∴ 7-1-11 해당 (2000허3760, 2000. 9. 1)
FUBU	F. U. B. U	〈출원표장〉 구 상품류 제45류: 오버코트,잠바, 방한복(파카), 모자, 혁대 등 〈인용표장〉 의류	○상표의 유사 여부 : 외관, 호칭 유사 ○일반수요자들은 인용상표가 특정인의 상표라고 인식 ∴ 상품의 오인·혼동야기, 수요자 기만 → 7-1-11 해당 (2000허5469, 2001. 2. 2)

		구 상품류 제45류: 스웨터, 카디건, 점퍼, 재킷, 양복바지 등	○'진(Jeans)'이 아닌 다른 섬유로 만든 의류에 출원상표를 사용할 경우 거래통념상 일반 수요자들은 '진(Jeans)'으로 만든 의류로 그 품질을 오인할 가능성 있음 ∴ 7-1-11 해당 (2000허8215, 2001. 3. 30)

나. 제7조 제1항 제11호에 해당하지 않는다고 본 사례

출원표장	인용표장	지정상품 및 서비스업	판결요지
언플러그드 보이 Unplugged Boy	UNPLUGGED	〈출원표장〉 제16류, 제25류, 제30류 〈인용표장〉 제51류:수동축음기, 레코드판, 녹음된테이프 등	○인용표장의 주지저명성 판단 -'UNPLUGGED' 또는 'UN-PLUGGED'음악은 국내에서 'MTV'의 방송 프로그램 또는 전자악기를 사용하지 않는 형식의 음악으로 어느 정도 알려졌다 할 것이나, 주지저명하다고 보기는 곤란 ∴7-1-4, 7-1-11에 해당 안됨. (2000허7991, 2001 5. 18)

다. 제7조 제1항 제10호에 저명상표에 해당된다

〈법 제7조 제1항 제10호〉
수요자 간에 현저하게 인식되어 있는 타인의 상품이나 영업과 혼동을 일으키게 할 염려가 있는 상표

출원표장	인용표장	판결요지
이 타 례 놀 EETARENOL 제456218호	TYRENOL 타이레놀 TYLENOL	○인용상표들이 사용된 기간, 방법, 태양, 사용량, 거래범위 등 거래의 실정과 선전광고의 지속성, 기간 및 광고 방법 등을 종합하여 볼 때, 인용상표 등은 이 사건 등록상표의 등록사정일인 1999. 9. 20은 물론 출원일인 1998. 9. 30. 당시에 이미 진통해열제에 관하여 국내에 일반 수요자나 거래자 사이는 물론 일반 공중의 대부분에까지 널리 알려질 정도로 주지·저명성을 획득하게 되었다고 봄이 상당하다. (2002. 4. 8. 상고. 2002후628)
제5류: 진통제 해열제	제5류: 해열진통제	

5. 심사청구일 전 계속 3년 이상 상표 국내불사용 심판사례

※ 아래 사건은 최근 3년 이상 국내에서 불사용하여 취소된 사례임

[심판번호]　97당000(특허청심판소, 심결)

[사건표시]　등록 제000000호 상표의 등록취소

[청 구 인]　○○○　○○　○○○

　　　　　　이태리 10024 ○○○　○○○

　　　　　　대리인 변리사 이○○

　　　　　　서울 강남구 ○○○　○○○

[피청구인]　○○○　○○　○○○

　　　　　　대구 북구 ○○○　○○○

[주　문]　등록 제000000호 상표의 등록을 취소한다.

　　　　　　심판비용은 피청구인의 부담으로 한다.

[이　유]　1. 청구인은 주문과 같은 취지의 심결을 구하고 그 이유의 요지로서 피청구인이 등록 제000000호 상표(이하 "이 건상표"라 한다)를 정당한 이유없이 그 지정상품에 대하여 이 건 심판청구일 전 계속하여 3년 이상 국내에서 사용하고 있지 아니하므로 상표법 제73조 제1항 3호의 규정에 의하여 그 등록이 취소되어야 한다고 주장하면서 (갑)제1호증 내지 (갑)제2호증을 제출하였다.

이에 대하여 피청구인은 소정의 답변기간이 경과한 현재까지 아무런 답변이 없다.

2. 이 건 상표는 상품류 구분 제25류 '핸드백' 등 10개 상품을 지정상품으로 하여 1989. 0. 00. 출원, 1990.0.00. 등록된 것으로서 상표의 구성은 'BROOKSFIELD(부룩스필드)'와 같은 것임을 그 등록원부에 의하여 알 수 있다.

3. 청구인은 이 건 상표의 지정상품과 같은 동종의 업을 영위하고 있음을 (갑)제2호증(심판청구인의 법인증명서)에 의하여 알 수 있으므로 이 건 심판청구는 이해관계인에 의한 적법한 청구라고 인정된다.

4. 본안을 살핀다.

상표법 제73조 제1항 3호의 규정에 해당하는 것을 이유로 상표등록 취소심판이 청구된 경우에는 같은 법 제73조 제4항의 규정에 의하여 피청구인은 그 청구에 관계되는 지정상품 중 1 이상에 대하여 그 심판청구일 전 3년 이내에 국내에서 정당하게 사용하였음을 증명하거나 사용하지 아니한 데 대한 정당한 이유를 증명하지 아니하는 한 그 취소를 면할 수 없도록 규정되어 있음에도 불구하고 피청구인은 이 건 상표를 정당하게 사용하

였음을 증명하지 아니하고 있을 뿐만 아니라 사용하지 아니한 데 대한 정당한 이유 역시 증명하지 못하고 있으므로 이 건 상표는 상표법 제73조 제1항 3호 및 같은 법 제73조 제4항의 규정에 의하여 그 등록이 취소됨을 면할 수 없는 것이라고 판단된다.

따라서 이 건 심판청구를 인용하고 심판비용은 피청구인의 부담으로 하기로 하여 주문과 같이 심결한다.

1998. 0. 00

심판장 심판관 이 한 상
심판관 이 ○○
심판관 유 ○○

6. 현저한 지리적 명칭 관련 판례

※ 아래 사항들은 모두 지리적 명칭에 해당되어 상표등록이 불가능하다고 대법원에서 판결한 사례임.

가. LONDON TOWNE(도형)

(88. 10. 25. 선고 86 후 ○○○)

본원상표: 'LONDON TOWNE'은 특별한 주의를 기울이지 않는 한 'LONDON TOWN'으로 인식하게 될 것이고, 이 경우 'TOWN'은 'LONDON'과 연관하여 수도 또는 도시를 의미하는 것으로 인식하게 될 것이므로 'LONDON TOWN'은 영국의 수도인 런던시라는 지리적 명칭으로 쉽게 인식되게 될 것이어서 'LONDON'은 그 자체와 관념상 다를 바 없고 그 결과 탑과 다리 모양의 도형은 런던시의 시가지 모습을 연상케 되어 그 도형이 차지하는 면적과 상관없이 이것이 새로운 관념을 형성시키는 요소로 작용될 수 없어 현저한 지리적 명칭만으로 된 상표와 다를 바 없다.

나. FINLANDIA(핀란디아)

제45류(96. 8. 23. 선고 96 후 ○○○)

이 건 등록상표들은 핀란드의 영문국가명 'FINLAND'에 로마자 'IA'를 부가하여 구성된 것이거나 한글자로 '핀란디아'라고 표기한 것으로서 이는 핀란드 국가명과 외관과 칭호 및 관념이 유사하여 일반 수요자나 거래자들에게 현저한 지리적 명칭인 핀란드로 인식 될 것이다.

다. BRITISH AMERICAN

1997.○.○. 선고 96 후 판결(거절결정)

〔1〕 현저한 지리적 명칭 판단기준

[출원인, 상고인]　　(소송대리인 변리사)

[상대방, 피상고인]　특허청장

[원심심결]　　　　특허청 항고심판소 1996.○.○.자 항원 심결

[주문]　　　　　　상고를 기각한다. 상고비용은 출원인의 부담으로 한다.

[이유]　　　　　　상고이유를 함께 본다.

　원심심결 이유에 의하면, 원심은 이 사건 출원상표 'BRITISH AMERICAN'의 지정상품은 성냥, 라이터 등인바, 우리나라 일반수요자들의 영어 이해 수준에 비추어 볼 때 'BRITISH'는 '영국의 영국인의'라는 뜻으로 'AMERICAN'은 '미국의 미국인의'라는 뜻으로 직감적으로 이해될 것이므로 이 사건 출원상표는 영국 및 미국을 일컫는 현저한 지리적 명칭만으로 된 상표라 할 것이어서 식별력이 부족하고, 한편 이 사건 출원상표가 영국이나 미국에서 제조·생산된 것이 아닌 지정상품에 사용될 경우에는 일반 수요자들의 영국산이나 미국산인 것으로 상품의 출처나 품질을 오인, 혼동할 염려가 있다는 이유로 상표법 제23조 제1항 1호, 제6조 제1항4호 및 제7조 제1항 11호에 의하여 그 등록을 거절한 원사정을 유지하였다. 기록과 관련법규에 비추어 살펴보면, 원심의 위와 같은 조치는 정당하고 거기에 상고 이유로 지적하는 법리오해나 경험칙위배, 심리미진 등의 위법이 없다. 이 사건 출원상표는 출원인의 상호의 일부에 불과하여 이를 가리켜 출원인의 상호상표라고 할 수는 없으므로 상호상표임을 전제로 하는 상고주장은 이유없다. 논지는 모두 받아들일 수 없다. 그러므로 상고를 기각하고 상고비용은 패소자인 출원인의 부담으로 하기로 관여법관들의 일치된 의견으로 주문과 같이 판결한다.

1997. 0. 0

재판장 대법관 ○○○

주 심 대법관 ○○○

대법관 ○○○

대법관 ○○○

7. 상표등록 무효관련 판례

대법원 2012. 11. 15. 2011후1982 판결[등록무효(상)]

등록상표의 구성 중 식별력이 없거나 미약한 부분과 동일한 표장이 거래사회에서 오랜 기간 사용된 결과 상표의 등록 전부터 수요자 간에 누구의 업무에 관련된 상품을 표시하는 것인가 현저하게 인식되어 있는 경우에는 그 부분은 사용된 상품에 관하여 식별력을 가지게 되므로(대법원 2008. 5. 15선고 2005후2977 판결 등 참조), 위와 같이 식별력을 취득한 부분을 그대로 포함함으로써 그 이외의 구성 부분과의 결합으로 인하여 이미 취득한 식별력이 감쇄되지 않는 경우에는 그 등록상표는 전체적으로 볼 때에도 그 사용된 상품에 관하여는 자타상품의 식별력이 없다고 할 수 없고, 이러한 법리는 상표법 제2조 제3항에 의하여 서비스표의 경우에도 마찬가지로 적용된다고 할 것이다.

▷ '갑' 대학교산학협단이 등록서비스표 " **경남대학교** KYUNGNAM UNIVERSITY "의 등록권리자 '을' **慶南大學校** 학교법인을 상대로 등록서비스표가 상표법 제6조 제1항 제4호, 제7호 등에 해당한다는 이유로 등록무효심판청구를 한 사안에서, 등록서비스표의 구성 중 " **경남대학교** " 부분은 그 자체로는 현저한 지리적 명칭인 '경상남도'의 약어인 '경남'과 보통명칭인 '대학교'를 표시한 것에 지나지 않아 식별력이 있다고 할 수 없으나, 오랜 기간 지정서비스업에 사용된 결과 등록결정일 무렵에는 수요자 사이에 그 표장이 '을' 학교법인의 업무에 관련된 서비스업을 표시하는 것으로 현저하게 인식되기에 이르렀으므로 그 표장이 사용된 지정서비스업에 관하여 식별력을 가지게 되었고, 위와 같이 식별력을 취득한 " **경남대학교**" 부분을 그대로 포함한 등록서비스표는 영문자 부분인 'KYUNGNAM UNIVERSITY' 및 한자 부분인 " **慶南大學校**"와의 결합으로 이미 취득한 식별력이 감쇄된다고 볼 수 없어 전체적으로 볼 때에도 지정서비스업에 대해서 자타서비스업의 식별력이 없다고 할 수 없다는 이유로, 이와 달리 본 원심판결에 법리오해의 위법이 있다고 한 사례.[232]

---

[232] 최종선,《2013년도 상반기 변리사 민사소송실무연수(상표디자인분야심결취소소송의 최근 동행 및 판례분석)》,대한변리사, 2013, p. 114.

8. 상표적 사용으로 보지 않은 관련 판례

대법원 2013. 1. 24. 2011다18802 판결[상표권침해중지등]

지정상품을 귀금속제 목걸이 등으로 하는 등록상표 "  "의 상표권자인 '갑' 외

국법인이 " " 형상을 사용하여 목걸이용 펜던트를 판매하는 '을' 주식회사를 상대로 상표권 침해중지 등을 구한 사안에서, '갑' 법인의 등록상표와 '을' 회사 제품의 형상은 모두 강아지를 형상화한 도형으로서 '강아지'로 관념되고 '강아지 표'로 호칭될 수 있으나, 위 등록상표의 지정상품과 동일 유사한 상품에 관하여 강아지를 주제로 한 다양한 모양의 도형상표가 다수 등록되어 있는데, 수많은 종류의 유사 또는 상이한 형상을 통칭하는 용어에 의하여 호칭되고 관념되는 도형상표의 경우에 그 외관의 유사에 관계없이 호칭과 관념이 유사하다는 이유만으로 대비되는 양 상표가 전체적으로 유사한 상표라고 한다면 상표의 유사 범위가 지나치게 확대되어 제3자의 상표선택의 자유를 부당하게 제한하는 불합리한 결과를 가져오는 점 등에 비추어 볼 때, 통칭적인 호칭 및 관념이 유사하다는 점만으로 서로 유사하다고 단정할 수는 없으므로, '갑' 법인의 등록상표와 '을' 회사제품의 형상은 전체적으로 상품출처의 오인 혼동을 피할 수 있는 것이어서 유사하지 않고, 한편 목걸이용 펜던트의 특성 및 위 상품을 둘러싼 거래실정, '갑' 법인의 등록상표와 '을' 회사 등록상표의 주지저명의 정도, '을' 회사의 의도와 '을' 회사 제품의 제조 판매 형태 및 경위 등을 종합하여 살펴보면, '을' 회사 제품의 형상은 디자인으로만 사용된 것일 뿐 상품의 식별표지로 사용된 것이라고는 볼 수 없다고 한 사례.[233]

---

[233] 최종선, 《2013년도 상반기 변리사 민사소송실무연수(상표디자인분야심결취소소송의 최근 동행 및 판례 분석)》,대한변리사, 2013, p. 102-103.

제3편 | 뉴라운드시대의 지식재산권

Ⅰ. 뉴라운드 시대의 지식재산권 보호정책

국제통상문제로 지식재산권이 다루어지게 된 배경은 과학기술의 발전과 문화산업의 중요성이 부각되면서부터이다. 발전을 거듭하고 있는 과학기술은 막대한 자금의 투자를 요구하는데 주로 선진국 중심으로 발전해왔다. 그러나 개도국들은 이런 선진국들의 투자 결과만을 챙기는 무임승차가 만연하게 되자 이에 대해 부당하다는 인식을 갖게 된 선진 국들은 지식재산권의 중요성을 인식하게 되고 이를 국제통상의 문제와 연계하는 방안을 강구하게 된다. 대표적인 선두주자가 미국이었다.

앨빈 토플러(Alvin Toffler)의 말처럼 지식은 선진경제에 있어서 가장 중심적인 구성요소 로서 원료, 노동, 시간, 공간, 자본 등 다른 투입요소들의 필요성을 상대적으로 점점 더 저 하시키고 있는 것이다. 18세기 산업혁명이 1차산업의 중요성을 상대적으로 축소시켰던 것처럼 오늘날 지식기반 경제시대의 도래는 2차산업 소위 말하는 굴뚝산업의 비중을 급 격히 감소시키는 것이다.

브루킹스(Brookings) 연구소에 따르면 미국제조업체들의 총 자산 중 지식재산이 차지 하는 비중은 1982년도에 38%이었으나 1992년에 62%로 급증한바 있고 또한 최근에 미 국 오션토모(Ocean Tomo)사가 2010년도 500대 기업의 가치구성을 분석한 것을 보면 2005년의 기업의 재산가치는 유체재산이 20%, 무체재산이 80%를 차지하고 있어서 기 업의 재산가치는 무체재산으로 이동하였음을 알 수 있다.[234]

더 이상 지식은 생산하고 판매하기 위한 수단이 아니라 비중이 가장 높은 상품이자 자 산으로 되고 있는 것이다. 그러나 지식은 유형의 자산이 아니다. 새로운 지식이 제도적 장치에 의해 보호되지 않는다면 재산 가치를 잃어버리고 순식간에 공공재로 변해버릴 수 있는 것이다. 이런 취약성에도 불구하고 미국기업들이 지식자산을 급속히 증가시킬 수 있었던 것은 지식재산권의 제도적 보호강화와 밀접한 관련이 있음을 보여주고 있다. 결론적으로 지식의 권리화, 지식재산권의 보호강화, 나아가 지식재산 국제규범의 강화는 지식기반경제시대의 필수 요건인 것이다.

또한 지식재산정책은 단순히 새로운 제도의 도입만을 의미하지 않는다. 어느 시점에서 어떻게 도입할 것인가에 대한 충분한 검토가 필요하며, 지식재산권제도를 국가경쟁력과 국익 증대의 관점에서 어떻게 운영되고 타 분야의 국가정책방향과 어떻게 조율해야 할

---

234) 미국의 지식재산가치 평가사인 오션토모(Ocean Tomo)가 2011년 4월 4일 시카고에서 발표한 "OCEAN TOMO'S Annual Study of Intangible Asset Value-2010"

것인가 등에 대한 종합적 판단이 필요하다.

그리고 지식재산 정책방향에 있어서 지식재산권에 대한 정책적 인식을 제고하여야 한다. 단순히 지식재산권의 보호강화가 현재의 우리 경제여건에서 최상의 선택이라고 할 수는 없다. 반면에 국제규범을 벗어난 지식재산권 제도의 채택과 운영은 통상마찰에 따른 불리한 결과만을 초래할 따름이다. 그러나 통상압력이나 국제규범화 움직임에 따른 수동적 자세로 지식재산 정책이 마련되어서도 곤란하다. 국제규범의 변화추세에 대응하고 우리의 경제 여건에 따라 전략적으로 그 채택의 속도를 조절하도록 치밀한 전략적 준비가 필요하고 국제통상에서 우리의 이익이 최대한 반영될 수 있도록 정책적인 우선 순위를 마련해야 할 시기에 도달해 있는 것이다.

1. 지식재산권의 국제적인 위상 제고

지식재산 국제규범협상에 있어서 선진국들에 비해 정치경제적 역량이 부족한 우리로서는 우리의 독자적인 주장으로 인해 선진국 및 타 개도국의 불필요한 마찰을 가져올 필요는 없을 것이다. 그러나 우리의 경제발전의 경험과 현재의 산업기술 수준으로 보아 지식재산 분야 남북갈등의 틈바구니에서 조정자의 역할을 수행할 위치에 도달해 있다. 이러한 역할을 수행하기 위해서는 WIPO 등 지식재산 관련 국제기구에서 우리의 역할을 증대시키고 선진국 및 개도국과의 지식재산권 정보교환, 전산화 기술 및 인력교류 등을 통하여 내실 있는 양자간 협력체제를 다양하게 구축해나가고 공동관심사를 항시 파악하고 다자간 국제협상에서 공동이익을 도모해나가는 노력을 늘려나가야 할 것이다. 특히 21세기 지식기반 경제사회에서 우리 정부와 국회가 '지식재산기본법'을 제정하기 위하여 수많은 어려움을 극복하고 노력한 것은 매우 희망적인 일이라고 할 수 있다. 우리나라가 지식재산 경쟁력 제고를 위하여 지식재산 정책을 종합적 체계적으로 추진할 수 있는 제도적 장치로서 국가 전략체계를 구축했다는 측면에서 볼 때 지식재산기본법 제정(법률제10629호,2011.5.19.)은 역사적으로 그 의의가 매우 크다고 생각한다.[235]

---

235) 지식재산기본법(법률 제10629호)이 2011년 5월 19일 공포되었고, 2011년 7월 20일부터 시행되었다. 지식재산기본법은 우리나라 지식재산관련 산업뿐만 아니라 지식재산의 창출 보호 활용의 촉진에 크게 기여할 것으로 전망된다.

2. 지식재산권 관련 전문인력 확보 필요성 및 지식재산 인프라 구축

가. 전문인력확보필요성

지식재산권제도는 새로운 지식의 창조를 촉진시키기 위해 개인에게 독점권을 부여하는 것이다. 그러나 지식재산권 부여는 시장기능의 약화를 가져오고 소비자후생의 감소를 수반한다. 그러므로 특허 등 산업재산권에 대한 심사·심판이 양적인 성과에만 치중하여 부실권리의 발생을 높이게 된다면 대가 없는 경제적 손실을 가져오게 되는 결과를 초래하게 될 수 있다. 또한 기술료·손해배상의 국제적인 고액화 추세에 따라 불필요한 국익 손실의 증가를 가져올 수도 있을 것이다.

IMF 이전까지 우리의 산업계는 기업의 홍보전략의 일환으로 산업재산권에 대한 출원 경쟁을 벌였던 적이 있었다. 그러나 이제는 점차 대부분의 기업이 경쟁우위를 확보하기 위해 산업재산권제도를 활용하고 있고, 산업재산권 확보를 통해 창업하는 벤처(Venture) 기업이 늘어나고 있는 현시점에서는 산업재산권 심사·심판의 질적 수준이 국제수준으로 제고되어야 할 시기에 도래해 있다.

또한 전문인력도 양성되고 있지 못하고 있다. 현재 지식재산권 관련학과를 대학과정에 개설하고 있는 대학은 몇 개 대학에 불과하고 일반대학원은 아직 설치되지 않았으며 다만 특수대학원 형태로 특허법무대학원, 국제법무대학원, 행정정책대학원 내에 산업재산권학과 과정이 개설되어 있는 정도이다. 이 정도의 교육기관으로는 비중이 높아지는 지식재산권 관련 전문인력을 충당할 수 없다.

한편 산업기술인력 증강을 위한 또 다른 투입요소로서 전문기술인력의 양성을 들 수 있는데, 중장기적으로(향후 10년 이내) 지식재산의 창출에 있어서 주요 핵심역할을 수행할 고급과학 기술인력을 체계적으로 양성해 나가는 프로그램이 필요하다.

결론적으로 앞으로는 고부가가치가 보장되고 국제적 경쟁력 배양에 최우선적으로 필요한 산업의 발전에 국가경제정책의 패러다임을 설정하는 방향으로 나아가야 하겠다.

나. 지식재산 인프라 구축

보다 효율적이고 쉽게 접근할 수 있는 지식재산 인프라(Infrastructure)가 구축되어야 한다. 지식재산권 중 산업재산권을 관장하고 있는 특허청은 1999년 1월 일본에 이어 세계 두 번째로 전자출원 및 민원처리 시스템을 설치 완료하여 성공적으로 운영하고 있다. 또한 2000년부터는 산업재산권 무료검색서비스(KIPRIS)가 통신망을 통해 제공되고 있다. 그러나 아직도 발명자나 기업이 지식재산권제도를 보다 효과적으로 활용할 수 있도록 하기 위해서는 제도적, 정책적으로 보완해내야 할 사항이 산재해 있다. 개인발명가 및 중소기업에 대한 정보검색과 국내외 출원 지원, 발명의 사업화 지원 확대, 중소기업에 대한 해당 기술분야의 기술동향분석정보 및 특허정보의 제공, 분야별 발명 자문가(Invention Advisor) 양성, 지식재산권 평가체제 구축, 분야별 전문변리사제도 정착, 지식재산권 관련 재판관할의 일원화 등을 통한 지식재산권 분쟁해결을 위한 전문성제고, 지식재산권 분쟁에 대한 재판외 분쟁 해결제도 등 지식재산권 제도를 보다 적은 비용으로 편리하면서도 효율적으로 이용할 수 있는 방안이 모색되어야 할 것이다.

또한, 과학기술의 투자규모를 선진국 수준으로 대폭 늘려 나가며 이러한 투자정책을 농업구조조정, 남북교류 및 통일기반 사업, 금융구조조정보다 우선하여 추진할 것인지의 판단에 앞서 범경제주체의 고부가가치 창출노력을 통하여 경제희생과 성장발전이 더 이상 지연되어서는 아니된다는 시대적 필요성에 대한 국민적 합의 및 지지를 얻는 절차가 반드시 필요하다는 의미이며, 창출된 지식재산은 특허와 같은 지식재산권으로 반드시 확보해 두어야 부가가치창출이 그만큼 가능해지는데, 최근에 고부가가치를 낳고 있어 각광을 받고 있는 생명공학, 비즈니스모델,[236] 환경산업, 대체에너지개발 기술 등은 기술개발의 영역이 무한하고 인접기술과 산업에의 파급효과가 대단하여 미래 국가 경쟁력의 초석이 될 수 있을 것으로 판단된다. 아울러 최근 인터넷 등 정보통신기술의 급격한 발전에 힘입어 전자상거래에 관한 특허출원이 급증하고 있음을 상기해보면 우리의 미래를 이끌고 갈 중요산업임에 틀림없다. 따라서 이러한 지식정보집약형산업과 벤처산업(Venture Industry)[237]의 육성과 아울러 산업재산권 분야에서는 특허권리화 촉진과 보호 범위확대 및 강화노력도 함께 하여야 할 것이다.

---

236) 비즈니스모델이란, 재화나 용역의 거래에 있어서 방법을 나타내는 사업아이디어(피라미드 영업, 경매, 역경매 등)이다.

237) 벤처사업이란 고도의 기술력과 지식 및 아이디어를 가진 소수의 모험(벤처)기업가들이 혁신기술을 상품화하기 위해 큰 자본 없이 과감하게 세우는 기업을 말하며, 유망성이 있으나 자금력이 딸려 위험이 따른다. 정부는 창업투자사나 신기술사업금융회사의 투자분이 회사지분의 10% 이상인 기업을 벤처기업으로 규정하고 있다. 기존 중소기업과의 차이는 사장과 종업원이 같은 경영철학을 갖고 성장, 과실도 동등하게 나누는 가치관을 유지하는 데 있다. 최근에는 큰 수익을 기대하는 자본가들(벤처캐피탈)이 참가하여 기술자와 자본가가 결합하는 형태로 벤처기업이 탄생하고 있다.

다. 직무관련 발명 보상제도 확대 필요성

직무발명을 일명 근무발명이라고도 할수 있는데, 이 제도는 종업원, 법인의 임원 또는 공무원 등이 그 직무에 관하여 발명한 것이 성질상 종업원, 법인 또는 직무를 집행하는 자의 업무 범위에 속하고 그 발명을 하게 된 동기가 종업원 등의 현재 또는 과거의 직무에 속하는 발명을 말한다. 따라서 이러한 제도를 좀 더 시대의 변화와 더불어 과거와는 혁신적인 개선 내지 확대의 필요성이 있다고 본다. 예를들어 입사 지원서나 업적고과서류 첫장에 학벌, 생년월일 대신 특허출원건수를 적는 나라, 대학을 졸업하지 않은 기술자라도 현장 혁신이나 발명에 매진하면 후한 보상을 받을 수 있는 제도적 방침이 되어 있는 나라, 특히 최근 첨단기술과 특허를 앞세워 고임금과 가짜제품의 홍수 속에서 산업기술대국의 번영을 이끌어 가기 위해서는 이러한 제도의 확대 필요성을 검토하여야 할 것이다.

3. 자유무역(FTA)협정 이행을 위한 후속조치

가. 특허법분야

출원인이 출원발명을 학술대회발표 등으로 자발적으로 공개한 경우 일정기간 이내에 출원하면 특허를 받을 수 있는 공지예외 적용기간(Grace period)을 현행 6개월에서 12개월로 연장되고, 등록지연에 따른 특허권 존속기간 연장제도가 도입되었으며, 강제실시권 허여후 2년간 불실시될 경우 특허를 취소할 수 있는 특허권 취소제도가 폐지되고, 특허권 침해에 관한 소송에서 법원이 당사자가 보유한 영업비밀에 대해서 법원이 비밀유지명령을 내릴 수 있도록 하는 근거규정을 신설하였다.

나. 상표법 분야

2012년 개정상표법 제2조 제1항에 소리 냄새 등 비시각적 상표에 대한 정의규정을 신설하여 보호대상에 포함시키고, 우리의 단체표장과 유사하며 상품이나 서비스업의 품질을 증명하기 위하여 사용되는 증명표장(Certification Mark)제도가 도입되었으며, 등록하지 않은 전용사용권자도 상표권 침해로부터 손해배상 등을 통해 구제받을 수 있도록 전용사용권 등록을 효력발생요건에서 제3자 대항요건으로 변경되고, 상표위조에 의한 침해행위에 대하여 법정손해배상제도를 신설하여 권리자가 실손해액과 법정손해액을 선택적으로 청구할 수 있도록 하였다.

다. 저작권법 분야

저작권 보호기간이 2011년 7월 1일 한 EU FTA 발효 후 저작자 생존기간 및 사후 70년으로 연장하는 것으로 저작권법이 개정되었으며, 저작권에 대한 침해행위에 대하여 법정손해 배상제도를 신설하여 권리자가 실손해액과 법정손해액을 선택적으로 청구할 수 있도록 하였고, 기타 저작물의 공정한 이용제도 도입으로 저작재산권자의 허락을 받지 아니하고 저작자의 정당한 이익을 부당하게 해치지 아니하는 경우 이는 저작물을 이용할 수 있도록 하였다.

II. 전자상거래 관련 지식재산권 이슈

1. WIPO PRIMER[238]

인터넷(internet)의 발전은 전자상거래, 정보거래, 표현의 자유, 명예훼손, 프라이버시, 음란성, 사이버범죄, 실시허락, 온라인상의 광고, 과세, 재판관할권 등 여러 분야에서 많은 법적인 쟁점을 야기하고 있다. 지식재산권과 관련하여서는 상표, 저작권, 특허, 영업비밀, 데이터베이스, 퍼블리시티권(right of publicity), 트레이드 드레스(trade dress) 등 역시 많은 쟁점을 야기하고 있다. 인터넷은 컴퓨터들이 서로 연결되어 있는 컴퓨터 통신망을 의미하여 이러한 수많은 컴퓨터 네트워크로 연결되어 있는 통신체제를 의미한다.[239] 이하에서는 특허, 싱표 등 지식재산권 분야별 논의 동향을 요약하여 설명하기로 한다.

가. 특허권 이슈

인터넷상에 회계, 결제, 광고, 거래 등의 영업방법 등을 포함하는 전자상거래 관련발명의 특허성, 소프트웨어의 특허성 문제에 대해 각국의 입장이 상이하며, 특히 특허의 청구항에 대한 각국의 인정 여부가 다름을 지적하고 있으며, 사이버 스페이스(Cyber-space)상

---

238) WIPO "premier on Electronic Commerce and Intellectual Property"(2000. 5), WIPO Electronic Commerce Section

239) 인터넷의 의의 및 발달역사 등에 관하여 좀 더 자세한 것은 이 대회, 도메인 이름의 관리체계에 관한 연구, 창작과 권리 제15호(1999년 6월), 30쪽 내지34쪽; 이 대회, 도메인 이름에 관한 쟁점 및 그 사례분석, 지식재산 21 제57호 pp. 2-30 (1999년 11월) 참조.

의 선행기술이 선행기술로서 법적효력이 있는지의 문제 등도 거론되고 있다.

한편, 특허권은 속지주의를 원칙으로 하고 있으므로, 각국의 특허법은 자국의 영토 내에서만 적용 가능하나, 인터넷을 통해 소프트웨어가 국제적으로 판매되거나 배포되는 경우, 소프트웨어 관련 특허의 침해행위판단을 위해서는 재판관할권 및 준거법의 결정이 필요시된다. 이 경우, 불법소프트웨어의 수입이 인터넷을 통해 이루어지므로 불법소프트웨어에 대한 세관의 발견 및 통관보류도 실질적으로 불가능한 문제점이 있다.

또한, 특허발명이 다수의 국가에서 다수의 개인에 의한 행위를 포함하는 경우, 침해판단 및 재판관할의 결정이 어려운 문제점이 있다. TRIPs협정 제28조는 특허받은 제품 또는 프로세스에 대한 타인이 "사용"을 금지하는 권한을 특허권자에게 부여하고 있는데, 인터넷 관련 특허의 경우, 어떠한 행위가 특허받은 제품 또는 프로세스의 "사용"을 구성하는가의 판단이 실질적으로 곤란하다. 예를 들어, 특허청구범위 제1항은 다수의 구성수단(means)으로 이루어져 있으며, 각 구성수단이 각기 타 구성수단으로부터 멀리 떨어져, 상이한 나라에 배치되어 있는 경우, 실제적인 특허권 침해자의 판단과 이에 대한 재판관할의 결정이 명확하지 않다는 문제점이 있다.

한편, 병행수입과 특허권의 권리소진은 동일한 문제의 두 가지 측면으로 병행수입 허용 여부는 특허권의 국제적 권리소진의 인정 여부에 기초하고 있다.

병행수입 되는 상품은 적법하게 제조 또는 판매된 진정한 상품으로, 수입국과 수출국 사이의 가격차이가 병행수입의 주요한 원인이다. 병행수입은 동 수입을 통해 수입국 내에서의 가격경쟁을 유발하여 소비자들에게는 낮은 가격으로 다양한 상품을 선택할 수 있는 기회를 부여하고 있으나, 특허권 소유자들에게는 판매의 감소 등 불이익을 줄 수 있다.

따라서 특허권을 가지고 있는 특허권자는 이러한 병행수입을 저지하려고 한다. 그러나 병행수입된 상품은 합법적으로 유통된 상품으로서 이미 특허권자의 이익을 보증한 진정 상품이므로, 이러한 진정상품의 병행수입까지 권리가 미치는 것으로 하면 소비자 이익보호의 측면에서 특허권 권리자의 보호가 너무 강하다는 것이다. 즉, 병행수입은 특허권자 또는 그 허락을 받은 자가 특허상품을 적법하게 생산하여 유통시키면 특허권자는 그 상품에 대하여 더 이상 특허권을 행사하지 못한다는 특허권의 권리소진원칙에 기초하고 있다.

그러나 병행수입은 국경을 넘는 거래이므로 특허권의 국내권리소진이론을 외국에서 특허상품의 적법한 유통에까지 적용하자는 주장이 바로 국제적 권리소진이론이다. 즉, '권리소진이론'은 외국에서의 발명특허 실시품이 판매 등의 양도행위에 의하여 적법하게 유통된 경우에는 해당 상품에 대하여 수출국에서의 권리가 소진함과 동시에 수입국에서의 권리도 소진되므로 수입국으로 수입되어 동 국가 내에서 판매, 사용이 특허권 침해에 해당하지 않는다는 것으로 국내적 권리소진이론과 마찬가지로 국제적으로 이를 인정하자는 이론이다.[240]

나. 상표권 이슈

상표권 침해는 상표를 등록한 나라에서 등록상표의 "사용"이 이루어지는 경우에만 성립되나, 인터넷상에서 그러한 상표를 사용하는 경우, 어떠한 행위가 특정국가에서 상표의 "사용"을 구성하며 침해를 야기하는지가 명확하지 않다. 또한, 인터넷상에서의 상표권 침해판단의 결정문제가 대두되고 있는데 예를 들어, 미국에서 등록된 상표를 미국에서 타인의 허락없이 사용한 경우 침해가 되나, 한국의 사용자가 인터넷상에서 그 등록상표를 사용하는 경우, 어떠한 사용이 침해를 구성하는지와 미국상표를 침해하는 것으로 인정할 것인지의 판단이 실질적으로 곤란하다는 것이다.

최근까지 문제되는 새로운 침해행위는 바로 메타 태그(Meta Tag)를 이용한 보이지 않는 타인의 상표권 침해행위다.[241] 온라인 환경에서 상표권침해의 문제는 주로 상표의 보이지 않는 이용에 의하여 발생하게 된다.[242]

또한, 인터넷상 타인의 상표사용에 대한 상표권침해 구성요건이, 그러한 인터넷상의 상표사용이 등록상표와의 관련성(link)이 있는지의 여부를 기준으로 판단하여야 할 것인지의 문제가 제기되고 있다. 즉, 웹사이트상 권리불요구(disclaimer) 문구를 삽입하여 등록상표와 무관함을 제시함으로써 상표권 침해를 회피할 수 있는지의 여부와, 상표를 등록받은 특정국가와의 관련성(link)의 규명을 상표를 등록받은 국가에서 효과를 발휘하고자 인터넷상 사용자가 의도하였는지를 기준으로 판단할 것인지의 여부, 인터넷상 상표의 사용목적(예 : 상업적 사용)을 고려하여 상표권 침해를 판단하여야 할 것인가의 문제, 인터넷상 광고문구에서의 상표의 사용을 웹사이트상 제품 및 서비스 판매를 위한 사용과 다르게 취급하여 침해를 판단하여야 하는가의 문제 등은 지속적인 연구와 검토가 필요한 부분이라 할 수 있다. 또한 상표정책상으로 보더라도, 모방상표출원을 허여하고, 등록된 모

---

240) 임호, 《공중보건과 국제지적재산권법》, 한국학술정보(주), 2006. pp. 212~213.

241) 박준석, 〈메타 태그와 상표권 침해〉《인터넷과 법률》, 현암사, 2000, p. 135.

242) Carl S. Kaplan, 〈Court Lays Down the Law on Labels for Web Sites〉, 《Cyber Law Journal》 Apr. 1999.

방상표에 대하여 다른 적법한 상표와 동일한 효력을 인정한다면, 새로 상표를 만들어 사용하려고 하는 자로서는 상표의 선택 또는 창작에 상당한 연구와 비용을 투자하여 고유한 새로운 상표를 개발하기보다는 부당한 이익을 얻을 목적으로 아직 등록되지는 아니하였으나 이미 국내 또는 해외의 거래자 또는 수요자 간에 특정인의 상표라고 알려져 있는 상표를 모방하여 출원하는 극히 손쉽고도 안이한 방법을 택하게 될 것이고 이는 긍정적으로 우리나라의 고유한 상표의 개발을 게을리 하게 하는 나쁜 경향을 조장함으로써 특히 해외에서 우리나라 상품의 국제경쟁력을 약화시키는 결과를 초래하게 된다 할 것이니, 이러한 점에서 보더라도 가능한 한 모방상표의 출원은 거절하고 잘못 등록된 경우에는 이를 무효화함으로써 그 출원을 억제하는 것이 상표정책상으로도 합당하다 할 것이다.

다. 부정경쟁행위 관련이슈

부정경쟁행위를 규제하고 방지함은 지식재산권 보호를 보충하는 역할을 한다. 전자상거래와 관련한 부정경쟁행위로부터의 지식재산권 보호는 보다 광범위한 이슈를 포괄한다. 인터넷상의 마케팅 활동은 국가별로 허용되는 범위가 상이하므로 전자상거래를 이용한 마케팅을 더욱 어렵게 한다. 한 국가에서 허용되는 마케팅 활동이 다른 국가에서는 강력하게 규제될 수 있는데 예를 들어, 경쟁업체에 대한 비교광고, 보너스 지급 혹은 디스카운트 혜택 부여 등은 어떤 나라들에서는 부정경쟁행위로 규정되어 금지될 소지가 있다.

또한 메일유포 등을 통한 집단 마케팅의 불공정행위 구성 여부와, 2개국 이상에서 영업을 하는 경우 국가별로 불공정행위의 구성 여부와, 2개국 이상에서 영업을 하는 경우 국가별로 불공정행위의 구성요건이 상이한 점도 문제가 될 수 있다. 예를 들어, A라는 국가에서 소비자를 오인, 혼동할 우려가 있어 불공정행위로 규정되는 사항도 B라는 국가에서는 문제가 없는 행위일 수도 있다는 것이다.

한편, 대부분의 국가에서 영업비밀은 부정경쟁방지법에 의해 보호되고 있다. 네트워크 환경에서의 영업비밀(Trade secrets) 보호는 보안 또는 인증기술 등과 밀접하게 관련되어 있다는 점에서 법원의 영업비밀의 비밀성 판단에 애로가 있을 수 있다는 점도 그동안은 문제점으로 대두되고 있었다.

2. 전자상거래와 국제사법

전자상거래의 활성화와 국경을 넘나드는 인터넷 매체의 특성상, 국가 간 분쟁이 빈번함에 따라 어느 국가의 법을 준거법으로 할 것인가, 어느 국가의 법원에서 재판을 받으며, 재판결과의 집행 및 효력의 문제가 국제사법의 주요 이슈로 대두되고 있다.

이와 관련하여 몇 년 전 WIPO 주관으로 스위스 제네바에서 전자상거래와 국제사법 회의가 개최되었다. 동 회의의 주요 의제로서는 적용법, 재판관할 및 집행, 전자상거래 관련 국제사법 분야 이슈와 분쟁해결방안, 국제사법의 최근 국제적 동향, 지식재산권(저작권·특허권·상표권) 이슈 등이 논의되었다.

주요 의제별 토의 내용으로서 적용법, 재판관할 및 집행과 관련하여 국제협약을 통한 각국법의 통일화 방안, 분쟁해결 절차의 개발, 국제사법을 조화·통일하는 방안이 거론되고 있으나, 국제사법을 통일화하는 안이 가장 현실적이며 WIPO 차원에서의 SCP(Standing Committee on Patent), SCT(Standing Committee on Trademark) 자문위원회의 활용 등 국제규범 확립의 노력이 언급되었다. 또한, 기술발달에 따른 분쟁양상의 다양화 등을 베른(Bern), 로마(Rome)조약 등 기존의 저작권 보호관련 국제조약에 반영하여야 한다는 주장도 제기되었다.

전자상거래 관련 국제사법 분야 이슈와 분쟁해결과 관련하여 소송비용의 과다를 방지하고 신속한 분쟁해결을 도모하기 위한 효율적인 분쟁해결 방안의 도입이 바람직하다는 견해도 제시되었다.

국제사법의 최근 국제적 동향과 관련하여 EU대표는 통일된 국제사법 절차 규율을 보완하여 WTO/WIPO 차원에서 국제협약 제정방안이 논의되고 있는 추세이며, 지식재산권 분쟁양상과 관련하여, 등록권리의 유효성(validity)판단은 각 권리가 등록된 국가에서 판단하고, 권리침해(infringement)의 판단시에는 재판관할(jurisdiction)을 결정하도록 하자는 견해가 지배적인 상황이다.

지식재산권 이슈와 관련하여 저작권은 특허·상표권과는 다른 특성이 있으므로 재판관할 문제의 판단에 있어 별개로 취급되어야 한다는 견해가 있었으며 진정한 저작권자의 판단을 위하여는 베른(Bern)조약 원칙을 적용하여야 한다는 주장도 제기되었다.

특허권 이슈와 관련하여 유럽 연합은 특허법의 통일은 재판관할의 판단을 용이하게 하는 장점이 있으므로 유럽 각국의 특허법 조화·통일을 위해 노력해 왔음을 설명하였다.

한편, 유럽연합 발표자는 현행 재판관할 시스템이 갖고 있는 문제점으로서 각 국가의 법원이 유럽특허협약(EPC)을 상이하게 해석하고 있음을 지적하면서, 유럽연합하에서 특허침해 및 유효성 판단 케이스에 대한 배타적 사법관할권을 부여하는 유럽특허 프로토콜 또는 규칙 제정을 제안하기도 하였다.

상표권 이슈에 대해 발표자인 한 교수는 인터넷상 침해상표에 대한 사법적 관할이 단순히 침해상표를 포함하고 있는 웹사이트에 접속가능(accessibility) 여부만을 결정되어서는 안 됨을 지적하면서, 국제적인 상표분쟁 시 적용법을 결정할 수 있는 실제적 입법 작업이 선행되어야 함을 설명하였다.

3. 해외수출 기업의 상표분쟁현황 및 주요국의 구제제도

가. 상표분쟁 현황

우리나라의 해외 수출물량이 늘어남에 따라 종래의 구매자 중심의 OEM방식에서 점차로 한국기업의 자가상표를 부착한 상품수출로 바뀌어가고 있음은 주지의 사실이다. 한편 그동안 크게 늘어난 상품수출과 이로 인한 국력의 신장과 더불어 일부 개발도상국이나 심지어 선진국들에서조차 한국기업의 상표를 도용하거나 모방하는 사례가 빈번할 뿐만 아니라 수출대상국가에 상표권을 등록하지 않고 상품을 수출하다가 해당국가의 세관이나 정부기관으로부터 제재를 받는 일이 빈번히 일어나게 되었다.

상표는 유명해질수록 침해될 가능성이 높다. 특히 유명상표일수록 위조품이 기승을 부리게 되는데 상표침해에는 오랫동안 축적된 상표권자의 신용을 침해하는 것이기 때문에 물건을 훔친 것보다 피해가 더 크다고 할 수 있다. 즉 상표가 침해되면 신용의 상실을 초래하기 쉽고, 한번 실추된 신용은 회복하기 결코 쉽지 않기 때문이다.

이러한 상표권 침해에 대한 각국은 민·형사상 및 행정적 구제제도를 마련하고 있으므로 상표권 침해로 인한 피해에 대하여 손해배상의 청구가 가능하다. 상표권을 침해한 경우 손해액이 얼마인가를 증명하기 곤란한 경우가 많기 때문에 손해액의 추정규정을 두어 등록상표권자의 권리를 보호하고 있다.

나. 해외에서의 우리나라 상표권 침해

한국 수출기업의 상표권에 대한 해외에서의 침해 내용을 지역별로 나누어보면, 중국권지역, 중국권을 제외한 아시아 기타지역, 아프리카지역, 유럽지역, 북미지역, 중남미지역

등으로 나누어볼 수 있다. 그리고 상표권 침해유형으로 나누어보면 다음과 같다

  1) 무단 선등록 : 현지인에 의한 상표 무단 선등록

  2) 등록권리 침해 : 등록된 권리에 대한 위조·침해상품 유통

  3) 미등록권리 침해 : 미등록된 권리에 대한 위조·침해상품 유통

다. 내국민의 외국상표 침해

상표권 등 지식재산권은 각국이 자국의 문화, 산업발전 수준에 따라 자유롭게 보호하고 있기 때문에 국가마다 보호법제가 상이하고 보호 수준에 차이가 있다. 선진국들로부터 상표권을 침해하는 국가 또는 많은 위조상품을 제조 및 판매하고 있다고 의심받은 국가는 주로 중국, 홍콩, 대만, 한국 및 동남아국가들과 일부 중남미국가 등 개발도상국들로 알려져 있다. 그러나 미국, 캐나다, 일본, 이탈리아 등 선진국에서도 상품위조행위가 자주 발생하고 있어 상품위조행위는 개발도상국뿐만 아니라 전 세계적인 문제라고 할수 있으며, 현재 전 세계 총 교역량의 5~7%가 위조 및 해적상품으로 추정되고 있다.

1) 위조상품의 정의

위조상품이란 일반적으로 타인의 등록상표와 동일 또는 유사한 상표를 등록상표의 지정상품과 동일 또는 유사한 상품에 상표권자의 허락 등 정당한 권원 없이 사용함으로써 상표권자의 권리를 침해하는 상품을 말한다. 그리고 미등록상표라 하더라도 국내에 널리 인식된 타인의 상표와 동일 또는 유사한 상표를 사용하여 타인의 상품과 혼동을 일으키는 상품도 위조상품으로 본다(부정경쟁방지 및 영업비밀보호에 관한 법률).

2) 주로 위조되고 있는 상품

국내에서 주로 위조되는 상표는 약 70여 종으로 미국, 이탈리아, 프랑스, 영국, 스위스, 독일, 일본 등 외국상표가 대종을 이루고 있다. 위조상품 제조품목은 주로 의료, 핸드백, 지갑 등 가방류, 신발류, 시계류 등이 주종을 이루고 있으나 최근에는 자동차용품, 소규모 전자제품, 식료품에까지 그 범위가 확대되고 있는 상황이다.

라. 진정상품 병행수입관계

1) 개념

진정상품의 병행수입이란[243] 동일한 상표가 외국과 국내에 등록되어 있고, 국내 의상

표권자 또는 그 전용사용권자에 의해서 국내에서 상품이 판매되고 있는데 외국의 상표권자가 동일한 상표를 부착하거나 부착을 허락해서 제조된 진정상품이 제3자에 의해서 국내로 병행해서 또는 경쟁적으로 수입되어 오는 것을 말하며, 이러한 현상은 수입국의 상품가격이 타국보다 높을 때 발생한다. 그러나 진정상품의 병행수입(parallel importation)에 의하여 지식재산권의 권리자의 국가 이외의 국가에서 적법하게 제조되거나 복제된 특허제품 또는 정당한 상표를 부착한 제품이 상표권자의 의사에 반하여 수입된 경우, 상표권자는 자신의 상표권에 기하여 그 수입을 저지할 수 있는가가 문제된다. 이러한 진정상품 병행수입이 허용되는지에 여부에 대하여 우리 상표법은 명문의 규정을 두고 있지 않으며, 이에 따라 그 허용 여부는 학설 판례에 일임되어 있는데 진정상품 병행수입의 허용 여부는 전면 허용 또는 전면 부정이 아닌 그 구체적인 사실관계에 따라 달라진다.

2) 허용 여부

(1) 금지론

• 이론적 근거

속지주의 원칙이란 상표권은 각국마다 독립적이므로 상표권의 효력은 당해 국가에 한정되는 것이고, 따라서 진정상품인지의 여부에 관계없이 수입국의 상표권자 또는 전용사용권자의 허락없이 동일한 상표가 부착된 상표·품을 수입하는 것은 상표권의 침해라고 한다.

• 불허 취지

병행수입자는 정당권리자의 광고 및 투자, 대고객 서비스체제에 무임승차함으로써 부당한 이득을 취할 수 있고, 병행수입품은 품질관리가 허술하고 A/S가 미치지 않아 소비자에게 불측의 손해를 줄 수 있고 이러한 경우 정당권리자의 신용만 훼손된다. 또한, 다국적 기업은 국가별로 다른 품질의 상품을 공급하는 경우가 많은데, 동일상표라도 열등품이 수입되면 정당권리자 및 소비자에게 피해를 준다.

(2) 허용론

• 이론적 근거

상표를 일단 적법하게 사용하여 상표·품을 유통하였으면 국내외를 막론하고 상표권

---

243) 상표권은 파리협약의 속지주의 원칙에 따라 우리나라의 영토에서만 그 효력이 미치고, 외국에는 그 효력이 미치지 아니한다. 진정상품 병행수입이란 국내 외에 동일한 상표권을 소유하고 있는 상표권자가 외국에서 유통시킨 진정상품을 권원 없는 제3자가 국내로 상표권자의 허락없이 수입하여 판매하는 행위를 말한다.

은 이미 소모되어버린 것이므로 진정상품의 병행수입은 상표권의 침해를 구성하지 않는 다는 국제적 소모이론, 상표 등 물리적인 표장의 진정함을 문제 삼고 유통경로나 지역적으로 형성된 신용은 무시한다는 보편성 이론과 상표권은 상표권자의 신용과 경업질서를 보호하려는 것이지 상표권자에게 국제적 시장의 독점지배를 인정하려는 것이 아니다. 따라서 진정상품의 병행수입과 같이 상표의 출처표시기능을 해치지 않고 공중에게 오인·혼동을 생기게 할 위험성이 없는 때에는 속지주의를 관철할 이유가 없으므로 상표권의 침해가 아니라는 상표기능론(공중오인론)이 있으며, 최근에는 상표기능론이 가장 유력하다.

- 인정 취지

소비자들이 다양한 종류의 상품을 저렴한 가격으로 구입할 선택권을 부여할 수 있고, 병행수입을 금지하면 자유로운 국제유통을 제한함으로써 가격차별 및 재판매가격 유지를 통해 국제시장을 통제하려는 다국적 기업의 독점이윤권만을 보장해주며, 공정경쟁을 제한하고, 수요자의 가격부담을 상승시키고, 고액의 로열티가 해외로 유출된다.

(3) 입법례

일본은 상표법상 명문의 규정을 두지 않고 대장성 지침 및 공정거래위원회 고시,판례(파카사건, BBS사건) 등을 통해 제한적으로 허용하며 미국은 'Katzel사건' 이후 관세법을 입법하여 회색상품의 수입을 금지하였으나 판례는 일정한 예외를 두고 있다. 우리나라는 상표권에 관한 속지주의에 예외를 인정하여 일정한 조건하에서 진정상품의 병행수입이 제한적으로 허용되고 있다. 우리나라는 상표법 등 산업재산권법에는 진정상품의 병행수입에 관한 규정은 두지 않고 관세법 및 통관규칙, 공정거래위원회의 병행수입에 있어서의 불공정거래행위의 유형고시에서 병행수입 허용요건 등을 규정하고 있다.

3) 병행수입 허용요건

일반적으로 진정상품병행수입이 허용되기 위해서는,① 외국에서 당해 상표권자나 사용권자 또는 이들과 실질적으로 동일시할 수 있는 자에 의해서 표장이 적법하게 사용되어 제조·판매되어 시장에 유통되고 있는 진정상품일 것, ② 국내외상표권자가 동일인이거나 동일인과 동일시할 수 있는 특수한 관계에 있을 것, ③ 국내 상표품의 표장과 수입품의 표장 사이에 그 표시하고 보증하는 출처 및 품질이 서로 달라 오인·혼동이 생길 우려가 없을 것, ④ 국내 상표권자가 독자적으로 형성한 신용과 고객흡인력(Goodwill)을 훼손할 가능성이 없을 것 등을 들고 있다.[244]

마. 주요 수출대상 국가의 상표권 침해에 대한 구제제도

1) 일본

상표법은 상표에 화체된 업무상의 신용을 보호하고 거래질서의 유지를 통하여 건전한 산업의 발전을 도모하고, 독점배타권을 갖는 상표권을 부여한다. 따라서 제3자는 불가침 업무를 부담하고 침해자에게는 여러 가지 책임이 추궁된다. 그 침해에 대한 구제방법은 민사상의 구제로서 침해금지청구권, 손해배상청구권, 부당이득반환청구권, 신용회복조치청구권이 있고, 형사상의 구제로서는 침해죄, 양벌규정이 있다.

2) 중국

상표권의 침해행위란 영업의 목적으로 상표권자의 허가를 받지 않고 상표권자가 이미 등록한 상표를 사용하는 행위, 혹은 타인의 등록상표의 주요 부분을 자신의 상표로 만들어 동일하거나 유사한 상품에 사용함으로써 상표의 혼동을 일으켜 소비자를 기만하는 행위를 말한다.

침해행위를 구성하는 것은 상표를 직접 상품에 사용하는 행위뿐만 아니라 상품의 포장이나 용기, 광고 및 기타 선전활동에 사용하는 것도 포함한다.

상표권 침해에 대한 구제로서는 상표권을 침해당한 자는 중국 상표법에 의거 세 가지 방법으로 구제를 신청할 수 있다.

(1) 침해행위가 거주하는 현급 이상의 공상행정관리기구에 고발하여 그에 대한 조치를 요구할 수 있다.

(2) 직접 인민법원에 제소하여 인민법원에서 민사소송절차를 거쳐 침해에 대한 구제를 받을 수 있다.

(3) 위조행위의 상황이 중한 범죄를 구성할 정도일 경우 인민검찰청에 고소하여 위조행위를 한 책임자에 대한 형사처벌을 요구할 수 있고 실제 구제조치행위로서 행정제재, 민사적 구제, 형사제재 등이 있다.

3) 미국

상표권 침해에서 가장 중요한 요소는 혼동의 가능성이다. 1962년 연방상표법의 개정 이전에는 상표권 침해를 인정하기 위해서는 소비자들이 실제로 혼동을 일으키고 있음을

---

244) 공경식, 《상표법(p1us+)》, 한빛지적소유권센타, 2009, pp. 310-311.

입증하여야 했다. 그러나 1962년 연방상표법의 개정으로 혼동의 가능성만을 입증하면 상표권 침해를 입증할 수 있게 되었기 때문에 원고의 입증책임은 대폭 완화되었다. 혼동의 가능성만 입증되면 되기 때문에 실제 혼동이 일어났음을 입증하기에 필요한 요소들, 즉 손해의 입증, 상표의 완전한 동일성, 시장의 동일성 및 기타 요건들에 대한 입증의 필요가 완화되고 따라서 혼동의 범위가 넓어지게 되었다. 상표권 침해가 발생하는 경우 상표권자는 침해소송을 제기하여 금지명령을 발부받고 손해배상을 청구할 수 있다.

한편 침해소송에 대한 재판 관할로는 연방상표법에 의한 소송에 대하여는 연방법원과 주법원이 공동관할을 가지고 있다. 따라서 상표권자는 침해소송이나 부정경쟁행위소송을 주법원이나 연방법원 중에서 선택하여 제소할 수 있다.

바. 우리 수출기업의 상표분쟁에 대한 대응방안

1) 상표분쟁에 대비한 사전준비

(1) 수출국가의 상표제도 이해

해외에 상품을 수출하려면 우선 수출국의 상표제도를 이해하여야 한다. 우리나라 상표법은 등록주의, 선원주의, 심사주의, 출원공고주의, 1상표 1출원주의 등을 기본으로 하고 있으나 미국 등 다른 국가는 부분적으로 다른 법체계를 갖고 있다. 그러므로 수출국의 법제하에서 자기 상표가 적절히 보호되도록 대책을 세워야 한다. 우선 사용주의 국가의 경우는 직접적인 상표출원이나 광고선전 등 적당한 방법으로 사용 또는 선사용 증거를 확보하여 상품출원을 용이하게 하여야 한다. 이와 다르게 선출원주의 국가의 경우에는 상품수출이나 광고선전 단계보다 앞서서 우선적으로 상표를 출원함으로써 타인의 도용이나 타인에 의한 선출원을 방지하여야 한다. 해외에의 상표등록출원을 하는 방법으로는 통상의 상표등록출원의 절차와 마드리드 체제에 의한 국제출원절차로 나눌 수 있다.

- 통상의 해외에서의 상표등록출원 : 현재로서는 출원인은 우리나라에 상표등록출원을 하고 6개월 이내에 우리나라의 출원을 기본으로 하는 우선권을 주장하면서 외국에 출원하는 경우 출원일의 선후원판단과 관련하여 6개월 이내의 기간 소급되는 이익을 향유할 수 있다.

  또한 국내 상표등록출원 후 6개월이 지난 후라도 외국에 상표등록출원을 할 수 있으며, 다만, 이 경우에는 우선권의 이익을 향유할 수 없다. 따라서 외국에 상표등록을 하고자 하는 경우에는 반드시 국내 출원 후 6개월 이내에 하여야 선후원관계에서 6개월 이내의 기간의 이익을 누릴 수 있음을 유념하여야 한다. 이러한 통상의 국제출원은 출원인이 출원하고자 하는 각국에 그 나라의 고유언어로 출원서를 작성하여야 하며, 각국의 대리인에 의하여 각국의 고유화폐로 수수료를 납부하여야 하고, 각국별 절차에 의해 진행(1국가1출원시스템)된다는 점에서 비용과 시간이 많이 소요되는 단점이 있다. 따라서 이러한 단점을 보완하여 출원인의 편의를 증진 하고자 여러 나라에서의 상표등록출원절차를 하나의 출원절차로 진행할 수 있는 시스템의 마련에 대한 논의가 국제적으로 전개되었는데 지역적인 측면에서의 유럽공동체상표제도와 국제적인 측면에서의 마드리드 체제(마드리드 협정과 마드리드 의정서)가 바로 그 논의의 결과로 탄생한 다국가 1출원시스템이라고 할 수 있다.

• 유럽공동체 상표제도(CTM)를 이용한 상표등록출원 : 유럽의 각국은 유럽공동체(EU)를 형성하여 하나의 상표등록절차로 25개 회원국가들에 상표권의 효력을 발휘할 수 있는 유럽공동체 상표제도를 운영하고 있는데 이 제도를 활용하면 유럽 25개국에 개별적으로 상표등록을 하는 절차를 하나의 절차를 통해 할 수 있는 장점이있다. 다만, 유럽공동체 국가는 유럽공동체 상표제도와 각국의 상표제도를 중첩적으로 운영하고 있기 때문에 유럽공동체 각국에서 통상의 상표등록절차도 밟을 수 있다.[245]

• 마드리드 의정서에 따른 상표의 국제출원 : 2001년 개정상표법에 반영된 마드리드 의정서에 우리나라가 가입되어 마드리드 의정서 가입국에 대해서는 국내 특허청을 통해 하나의 국제출원서를 영어로 작성하여 출원하면 출원인이 국제출원서에 지정한 국가에 동일한 날자에 출원한 것으로 간주되기 때문에 국내 기업의 해외상표등록절차가 매우 간소화되는 한편 비용도 매우 저렴하게 출원할 수 있게 되었다. 다만, 이러한 국제출원을 하기 위해서는 국내에 기초가 되는 상표등록 또는 상표등록출원이 있어야 하기 때문에 국내에 등록상표나 출원상표가 있어야 하며, 국내에 아무런 등록상표나 출원상표가 없는 경우에는 마드리드 의정서를 통한 국제출원을 할 수 없다. WIPO사무국에서 국제등록부에 의해 각국의 권리관계를 일괄적으로 관리하므로 존속기간갱신,

---

245) 1996년 4월 1일 유럽공동체 상표디자인청이 공식적으로 개청됨에 따라 CTM을 이용한 해외출원제도가 탄생하게 되었다. 유럽공동체 상표디자인청의 공식명칭은 'OHIM'이며, 그 소재지는 스페인 알리칸테, 공식 언어는 영어, 프랑스어, 독일어, 이탈리아어, 스페인어이다. OHIM에서 EU의 상표 디자인의 출원과 등록절차를 관장한다.

명의변경, 주소이전 등의 절차를 각국마다 따로 할 필요없이 국제등록부만 변경하면 모든 지정국에 자동으로 반영된다.

(2) 조약에 대한 이해

상표제도의 국제화, 통일화 경향에 있어 우리나라 역시 예외일 수는 없다. 우리나라 경제의 국제화와 교역규모의 확대에 따라 우리 실정에 맞는 국제조약에 가입함으로써 우리나라의 기업과 상표출원인은 해외에서보다 간이하고 경제적으로 상표를 보호받을 수 있도록 하고, 상표에 관한 정보교류의 촉진으로써 상표권리전략수립에도 도움이 되도록 하여야 한다. 따라서 지식재산권의 국제적 보호를 도모하고자 하여 체결된 파리조약, 상표법조약, 마드리드 의정서 등 각종 상표관련 조약을 이해하고 숙지하는 것이 필요하다.

(3) 해외 수출 시 상표검색 강화

지식재산권은 그 실체가 직접 보이지 않으므로 그 권리의 존부를 간과하기가 쉬우며 더욱이 상표권은 상품의 대외명칭을 특정화한 것이어서 상표권자가 아닌 제3자의 타인에 의한 모방이나 도용이 용이한 특성이 있다.

해외시장에서 상표에 관한 분쟁이 발생하는 것은 그 해당국가에 등록된 상표권 등을 침해하는 상품을 수출 또는 판매하거나 타인의 등록된 상표를 도용, 모방하는 데에서 비롯되는 것이다. 해외시장에서 상표권을 관리하기 위해서는 우선 해당국가나 지역의 상표법제나 현지 정보를 사전에 충분히 조사, 분석함과 아울러 해당시장에서 분쟁의 소지가 될 만한 상표권 문제에 대한 정보를 검색하여 적시에 조치를 취하여야 한다.

2) 상표권 침해 시 법적 대응조치

(1) 침해자 조사 및 대응

자기 상표에 대한 침해품이 발견되었을 때에는 현지 법정대리인이나 또는 관계기관을 통하여 침해자의 신원 및 침해사실에 대한 사전증거를 은밀하고 신속하게 파악한 후 당해 국가기관에 신고하여 침해자를 단속·처리할 수 있다.

(2) 해외 현지에서 상표등록

상표권을 효율적으로 보호받기 위해서는 사전에 상표를 출원 및 등록을 해두는 것이 좋다. 대부분의 세계 각국은 내외국민을 불문하고 등록된 상표권에 대하여 당사자의 권리를 법률적으로 보호하기 때문에, 상표출원 및 등록 후에 권리침해가 발생한 경우에는 이를 쉽게 해결할 수 있다.

(3) 미등록상표의 양수 추진

진정한 권리자가 해외 현지에서 상표를 미등록한 경우에는 우선 무단 선등록한 침해자로부터 해당국가의 상표권을 양수받는 것이 좋다. 침해자가 요구하는 양도금액이 현지에서의 예상 공소가액과 비슷하거나 적다고 판단될 경우 상표권 양수협상을 추진하는 것이 비용이나 시간면에서 가장 효율적이다.

(4) 법적 대응

침해가 발생했을 때에는 우선적으로 법률전문가와 협의하여 법적 구제를 구하는 것이 효과적이다. 그리고 분쟁기관(대한상사중재원 등)을 활용하는 것도 바람직하다. 한편, 해외시장에서 상표권 침해자에 대한 처벌 또한 일과성에 불과하다. 그렇기 때문에 장기적으로는 국가 간 통상채널을 통해 당해 국가의 상표권 침해에 대한 침해의지 및 단속을 강화하도록 하는 것이 바람직하다.

또한, 타사로부터 상표권을 침해하였다고 주장하는 경고장을 받거나 소송을 당했을 경우 우선 등록상표의 이권내용을 상표등록원본을 통해 구체적으로 확인하고, 자기가 사용하는 상표가 그 등록상표의 보호범위에 저촉되는지를 전문가들과 함께 협의하여 다각적으로 검토하여야 한다.

III. 우리의 대응전략

지식기반경제시대(知識基盤經濟時代)에 진입한 오늘날에 있어서는 전통적인 제조업보다는 고부가가치를 창출해내는 지식산업이, 대기업보다는 속도변화에 대응능력이 앞선 중소기업이 각광받고 있으며, 정부의 직접적인 개입보다는 시장기능의 활성화에 정책적인 비중이 높아지고 있다. 그러나 이러한 지식기반경제시대에서는 새로운 지식의 창출이 활발히 이루어져 고부가가치를 가져오는 지식재산권을 확보하는 것이 국제경쟁의 관건이 되고 있다.

20년 가까이 세계통상과 무역질서의 핵심을 담당해온 UR 협정은 달라진 국제 환경에 맞춰 새롭게 조율해야 할 필요성이 높아졌다. 따라서, 전 세계 교역을 관장할 통일된 기준이 마련되지 않으면 블록 간 마찰이 통제불능으로 치달을 수도 있는 상황이다. 이러한 관점에서 '세계화의 블록화의 공존'이라는 21세기의 새로운 통상질서를 규율할 뉴라운드는 우리에게 새로운 기회이자 또 다른 도전이라 하겠다.

이제 세계 무역체제는 중국의 WTO가입, 기술발전의 기존 보호체제 내 수용문제, 선진국과 개도국의 이해관계 조정, 기존협정의 이행문제 등 새로운 변화와 발전을 모색하고 있는 듯하다.

앞으로 지식재산권 분야에 있어서도 우리나라를 비롯한 대부분의 협상 대상국들은 참가국들의 이해와 관심을 균형있게 반영할 수 있는 의제 선정과 21세기 새로운 무역질서에 부응할 만한 타협안 도출을 위해 각국이 신축적으로 협상에 임해야 한다는 점에 인식을 같이하고 있다고 할 것이다.

또한, 선진국의 지식재산권 정책의 변화와 WTO와 WIPO 등에서 논의되고 있는 여러 가지 이슈들은 수년 내에 국내법에 영향을 미치기 때문에 이러한 국제 환경 변화에 관심을 가지고 대처해야 한다.

그러면 우리의 지식재산권제도가 국가경쟁력 향상을 위한 기여도를 높이고 우리의 국익을 극대화시키기 위하여 우리는 어떠한 지식재산 정책을 전개해 나가야 할 것인가?

위에서 언급한 것처럼 선진국과 후발개도국의 중간에 서 있는 우리의 입장에서는 지식재산권의 보호와 사용 측면을 적절한 균형을 유지하면서 우리의 산업발전 수준에 따라 적절한 지식재산권제도를 채택해 나가는 것이 바람직할 것이나 여러 지식재산권제도가 국제규범으로 강화되는 현재의 추세 속에서 지식재산 국제규범의 틀을 벗어난 지식재산권제도를 채택할 수는 없다. 결국 개도국의 반발로 소기의 성과를 거두지 못한 미국을 중심으로 한 선진국은 '관세 및 무역에 관한 일반협정(GATT)' 체제에서는 지식재산권에 관한 규정이 없고 세계지식재산권기구(WIPO)가 주관하는 지식재산권 관련 조약이나 협약들 역시 분쟁해결을 위한 제도가 마련되어 있지 않았다는 점을 들어 우루과이라운드에서 본격적으로 논의를 시작해 무역 관련 지식재산권 협정을 채택하게 되는 전기를 마련하게 되었다는 점을 잊어서는 안 된다.

뉴밀레니엄 시대는 우리에게 새로운 사고와 개방을 요구하고 있다. 앞에서 살펴본 바와 같이 전자상거래, 생명공학 등은 21세기 국가경쟁력을 좌우하게 될 핵심 이슈로 등장함과 아울러 법무서비스 개방, 강제 대리문제 및 영어출원서류 심사 등 국제 지식재산권 환경이 바뀌고 있다. 국내에서는 특허출원 등의 증가로 인한 미처리건수 누적, 심사처리기간 단축 문제, 지식재산권 정보의 급증으로 인한 정보분석의 어려움 등 새로운 도전이 있다. 특히 오늘날 특허의 보유 여부는 단순히 우수한 기술력을 가지고 있음을 보여주는 형식적인 기능을 벗어나서, 기업의 생존을 위협할 수 있는 중요한 요소로 작용하고 있으며, 이제 특허침해는 손해배상의 문제를 떠나 제품판매가 원천적으로 금지될 수 있을 만큼 중요한 요소라는 점에서 특허분쟁에 대한 우리 기업들의 대비가 절실하게 요구되는 시점이라 할 것이다.

따라서 이제 기업은 자사의 제품이 판매될 국가들을 사전에 고려하여 해당 국가에서 특허권을 확보하는 등 효과적인 특허전략을 수립함으로써 경쟁사의 시장진입을 견제하는 한편 특허확보 실패로 인해 발생할 수 있는 불안요소들을 최소화해야 할 것이다.

우리 또한 이러한 지식재산권 및 서비스 분야 개방 문제가 WTO 뉴라운드시대에서는 단지 법률적인 측면이나 경제적 효과에만 국한되는 문제가 아니라 국제통상 차원에서 보고 대응해야 할 통상문제로 그 영역을 본격적으로 옮겨가게 될 것이다.

끝으로 우리나라 경제를 창조경제의 체제로 변화시키기 위해서는 이론적 기반을 제공하는 학계의 교수 등을 포함한 사회 각계각층의 전문가의 전문성과 열정이 필요하다고 본다.

[저자약력] 이 한 상

- 성균관대학교 대학원(경제학 박사)
- 일본 쓰쿠바대학(객원연구원)
- 미국 워싱턴대학(CASRIP -지재권연수)
- 공업단지관리청(수출자유지역관리소)
- 산업자원부(상역국·통상진흥국·감사관실)
- 특허청(심사1국 상표4과장, 의장2과장)
- 특허청심판소 심판관, 특허심판원 심판관
- 국가전문행정연수원(국제특허연수부)수석교수
- 우수산업디자인(GD)상품선정 심사위원
- 변리사시험 출제위원
- 한남대학교·건양대학교 겸임교수
- 현) 한국특허법무연구원 원장
      변리사·법원전문심리위원
      건양대학교 외래교수

[주요저서 및 연구논문]
- 지식재산권법(공저, 2001. 8. 25 제일법규)
- 산업재산권의 이론과 실무(공저, 2001. 4. 25 제일법규)
- 지식재산권의 생활법률(2001. 10. 30 제일법규)
- 산업재산권의 생활법률(2004. 6. 30 제일법규)
- WTO규범하의 상표권 보호제도에 관한 연구
- 주문자 상표부착 생산방식(OEM)에 따른 중소기업의 국제상표전략
- 전자상거래상 지식재산권의 보호문제에 관한 연구
- 21세기 의장의 중요성에 따른 개념정립 및 해석론에 관한 연구 외 다수

산업재산권의 일반이해

2014년 3월 5일 초판 1쇄 발행
2016년 7월 9일 초판 2쇄 발행

저   자 | 이한상
주   간 | 정재승
교   정 | 홍영숙
디자인 | 배경태
펴낸이 | 배규호
펴낸곳 | 책미래

출판등록 | 제2010-000289호
주   소 | 서울시 마포구 공덕동 463 현대하이엘 1728호
전   화 | 02-3471-8080
팩   스 | 02-6085-8080
이 메 일 | liveblue@hanmail.net

ISBN 979-11-85134-07-91 13360